V&R

Ralf Zwiebel / Gerald Weischede

Die Suche nach dem Stillen Ort

Filmpsychoanalytische Betrachtungen zum Buddhismus

Vandenhoeck & Ruprecht

Mit 59 Abbildungen

Bibliografische Information der Deutschen Nationalbibliothek

Die Deutsche Nationalbibliothek verzeichnet diese Publikation in der
Deutschen Nationalbibliografie; detaillierte bibliografische Daten sind
im Internet über http://dnb.d-nb.de abrufbar.

ISBN 978-3-525-40282-5

Weitere Ausgaben und Online-Angebote sind erhältlich unter: www.v-r.de

Umschlagabbildung: Nach einem Motiv aus dem Film »Frühling, Sommer, Herbst, Winter …
und Frühling« (2003) von Kim Ki-Duk / © Pandora Film

Abbildungen 10–41, 44, 45, 47–51, 56–59: © Pandora Film

© 2017, Vandenhoeck & Ruprecht GmbH & Co. KG, Theaterstraße 13, D-37073 Göttingen /
Vandenhoeck & Ruprecht LLC, Bristol, CT, U.S.A.
www.v-r.de
Alle Rechte vorbehalten. Das Werk und seine Teile sind urheberrechtlich
geschützt. Jede Verwertung in anderen als den gesetzlich zugelassenen Fällen
bedarf der vorherigen schriftlichen Einwilligung des Verlages.
Printed in Germany.

Satz: SchwabScantechnik, Göttingen
Druck und Bindung: ⊕ Hubert & Co GmbH & Co. KG,
Robert-Bosch-Breite 6, D-37079 Göttingen

Gedruckt auf alterungsbeständigem Papier.

Inhalt

1 Einleitung: Ein interkultureller Dialog 7
2 Filmpsychoanalyse: Eine kurze Einführung 12
3 Buddhismus und Psychoanalyse 18
    Grundannahmen des Buddhismus 21
    Grundannahmen der Psychoanalyse 23
    Gemeinsamkeiten und Unterschiede 25
4 Der Film: »Warum Bodhidharma in den Osten aufbrach«
(1989) von Yong-Kyun Bae 30
    Der Regisseur und sein Film 30
    Das Protokoll des Films 32
    Filmkommentar aus buddhistischer Sicht 43
5 Der Film: »Frühling, Sommer, Herbst, Winter … und Frühling«
(2003) von Kim Ki-Duk 55
    Einleitung 55
    Der Beginn des Films 56
    Frühling oder: Der Verlust des Paradieses 59
    Sommer oder: Die Hitze der Leidenschaft 65
    Herbst oder: Die Suche nach Heilung 69
    Exkurs zum Herz-Sutra 77
    Winter oder: Der weglose Weg 83
    Und Frühling oder: Wiederholung und Neubeginn 86
    Abschließende Bemerkungen 87
6 Der Film: »Samsara« (2001) von Pan Nalin 90
    Hintergründe zum Film 90
    Die Filmerzählung 91
7 Die Filme im Dialog mit den psychoanalytischen Grundannahmen 109
    Ein kurzer Überblick über die psychoanalytische Psychologie 109
    Die Visualisierung innerer Welten 114
    Die Abwesenheit des primären Objekts 117

Biografische Hinweise zu berühmten Zenmeistern
und einer buddhistischen Nonne 123
Schüler und Meister 127
Die Lebensphasen eines Meisters 130
Eine kurze Psychoanalyse des Meisters 135
8 Im Dialog mit den psychoanalytischen Wirkungsmodellen 138
Modelle der Wirksamkeit – aus überwiegend
psychoanalytischer Sicht 140
Bilder des Wandels in den besprochenen Filmen 144
Exkurs zur Bindung und Ent-Bindung:
Bipolarität von »Binden und Lösen« 147
Zurück zu den Filmen 159
»Frühling« 160
»Bodhidharma« 165
»Samsara« 170
Abschließende Überlegungen 179
9 Im Dialog mit den eigenen Erfahrungen 183
Mein ambivalenter Zugang zum Buddhismus (R. Z.) 183
Endlich: Meinen Weg gefunden (G. W.) 196
10 Ein Blick zurück 207
Literatur 214

1 Einleitung: Ein interkultureller Dialog

Die Psychoanalyse und der Film haben sich geschichtlich fast parallel entwickelt. Im Jahr 1900 erschien das berühmte Buch von Sigmund Freud, »Die Traumdeutung«, und im Jahr 1895 wurde der erste bewegte Film von den Brüdern Lumière in der Öffentlichkeit gezeigt.

Obwohl der Begründer der Psychoanalyse sehr zurückhaltend auf das neue Medium Film reagierte – er bezweifelte beispielsweise, dass man die Gedanken der Psychoanalyse mit filmischen Mitteln darstellen könnte –, begannen sich doch bald Psychoanalytiker für die neue Kunst zu interessieren. Es ist nicht möglich, im Rahmen dieses Buches die Entwicklung der Beziehung von Psychoanalyse und Film detailliert nachzuzeichnen. Man kann aber feststellen: Jetzt – gut hundert Jahre später – hat sich ein intensiver Dialog zwischen Filmkunst und Psychoanalyse entwickelt, sodass man mittlerweile von einer »Filmpsychoanalyse« sprechen kann, in der vor allem Spielfilme aus psychoanalytischer Perspektive untersucht und diskutiert werden (Schneider, 2008). Dabei geht es aber nicht nur darum, die Filme mit ihren Geschichten und den Entwicklungen der Protagonisten aus psychoanalytischer Sicht zu interpretieren, sondern die Filme selbst im Sinne visueller Narrationen als ein Forschungsmedium zu betrachten – in der Annahme, dass Filmkünstler mit ästhetischen Mitteln ähnliche Problemlagen des Menschen untersuchen wie der Psychoanalytiker in seiner klinischen Praxis.

Man kann daher die Filmkünstler auch als »Forscher« betrachten, die mit den Mitteln der Filmkunst aktuelle gesellschaftliche, psychologische und soziale Thematiken aufgreifen und aufgrund ihres eigenen Zugangs, ihrer intuitiven Begabung und ihrem Gespür für Unbewusstes dem »normalen« Forscher nicht selten weit voraus sind. Filmkünstler und Psychoanalytiker sind aus dieser Sicht als »Kollegen« zu bezeichnen. In ähnlicher Weise beschreibt dies der Filmwissenschaftlicher Georg Seeßlen in einer Arbeit über Martin Scorsese. Er geht davon aus, dass der Film das beste Medium für einen Dialog darüber ist, wie die Menschen die Welt und sich selbst sehen (Seeßlen, 2017).

Auch für den Buddhismus kann man in seiner Einstellung zur Filmkunst eine ähnliche Entwicklung vermuten: Viele praktizierende Buddhisten waren und sind wohl skeptisch, ob es sinnvoll ist, über den Buddha und die buddhistischen Lehren Filme zu machen bzw. den Versuch zu unternehmen, die buddhistische Lehre und Praxis mit filmischen Mitteln darzustellen. Dies gilt im Besonderen für die visuelle Darstellung zenbuddhistischer Ansätze, auf die wir uns hier besonders konzentrieren. Trotz dieser Skepsis ist in den letzten Jahrzehnten – insbesondere in den letzten zwanzig Jahren – eine Reihe von Spielfilmen und auch Dokumentarfilmen entstanden, die genau diesen Anspruch zu erfüllen suchen: nämlich die zentralen buddhistischen Annahmen darzustellen und zu erläutern. Es sind einige Filme darunter, die weite Beachtung gefunden haben und eine beachtliche künstlerische Qualität aufweisen.

So wie man bei der Filmpsychoanalyse von einer interkulturellen Begegnung sprechen könnte (Sabbadini, 2014), indem man den Film und die Psychoanalyse als unterschiedliche Kulturen auffasst, ist auch die Beziehung von Buddhismus und Psychoanalyse als eine interkulturelle Beziehung zu verstehen. Es gibt hier spätestens seit dem wegweisenden Werk von Fromm, Suzuki und de Martino (1971) einen wachsenden Dialog, in dem die unterschiedlichen Zugänge detailliert miteinander verglichen und auf Gemeinsamkeiten und Unterschiede untersucht werden (Hoffer, 2015; Zwiebel u. Weischede, 2015).

Diese ganze Thematik fällt in einen Bereich, der allerdings weit über das Spezifische von Buddhismus und Psychoanalyse hinausgeht: So könnte man von einem Dialog zwischen östlichem und westlichem Denken sprechen oder auch die mystischen Ansätze (die es seit Jahrhunderten in den unterschiedlichen westlichen und östlichen Traditionen gibt) und das moderne psychologische Denken, wie es vor allem in der Psychoanalyse entwickelt wurde, aufeinander beziehen und das Gemeinsame und Trennende vertiefend erforschen. Ein Beispiel ist die Arbeit von Dieter Funke (2011) mit dem Titel: »Ich – eine Illusion?«.

Es wurde bislang unseres Wissens allerdings kein ernsthafter Versuch gemacht, diese drei »Kulturen« – Film, Psychoanalyse und Buddhismus – aus der »interkulturellen« Perspektive zu untersuchen. Daher betrachten wir diese Untersuchung als innovativ und als eine neue Perspektive, die einen vertiefenden Zugang in diesem Dialog ermöglichen kann. Dabei werden wir uns auf drei moderne Spielfilme beschränken, die wir ausführlich darstellen und kommentieren, um einige der zentralen Thematiken näher zu erforschen. Die beiden ersten von uns besprochenen Filme sind stark zenbuddhistisch, der dritte tibetisch-buddhistisch orientiert.

In zwei früheren Arbeiten haben wir die Beziehung von Buddhismus und Psychoanalyse – und dabei vor allem Trennendes und Gemeinsames – genauer erörtert (Weischede u. Zwiebel, 2009; Zwiebel u. Weischede, 2015). Eine wesentliche Schwierigkeit der Darstellung beider Disziplinen ist die Beziehung von Gegenstand und Sprache: Eine zentrale Grundannahme in der Psychoanalyse ist die Auffassung, dass seelische Prozesse unbewusst und daher sprachlich nur schwer zu erfassen sind. Im Buddhismus spricht man von dem »Ziel« des »Erwachens«, das sprachlich ebenfalls nur zu umkreisen ist. Da es sich in beiden Disziplinen auch um eine elaborierte Praxis handelt, kann man sagen, dass man ein tieferes Verständnis wohl nur über die eigene Erfahrung gewinnt.

Bei dieser bekannten Schwierigkeit und Gegebenheit kamen wir auf den Gedanken, ob diese uns interessierende Thematik nicht über den Film eine größere Anschaulichkeit gewinnen könnte, zumal in den letzten Jahren vermehrt Spielfilme über den Buddhismus entstanden sind. Dies lässt sich ebenfalls über die Psychoanalyse und Psychotherapie sagen, wohl auch als Zeichen dafür, dass Psychotherapie und Psychoanalyse in der westlichen Welt zu einem festen kulturellen Bestand geworden sind. Man kann mittlerweile sogar von einem eigenen Subgenre »Psychoanalyse im Film« sprechen, das zuletzt in der Fernsehserie »In Treatment – Der Therapeut« größere Beachtung fand. Diesen Faden wollen wir aber hier nicht aufgreifen, sondern uns ganz auf die »buddhistischen« Filme konzentrieren, diese allerdings aus einer filmpsychoanalytischen Perspektive betrachten und untersuchen. Was darunter zu verstehen ist, wird im nächsten Kapitel genauer erörtert.

Nach einer jeweils kurzen Einführung in die Filmpsychoanalyse (2. Kapitel) und die Beziehung von Buddhismus und Psychoanalyse (3. Kapitel) werden wir drei wichtige Filme über Buddhismus ausführlich darstellen und kommentieren: »Warum Bodhidharma in den Osten aufbrach« (1989): 4. Kapitel; »Frühling, Sommer, Herbst, Winter ... und Frühling« (2003): 5. Kapitel; »Samsara« (2001): 6. Kapitel.[1]

Dabei geht es uns methodisch sowohl um eine Illustration zentraler buddhistischer Grundannahmen als auch um eine dialogische Auseinandersetzung mit dem Film im Sinne einer »forschenden Grundhaltung«, in der wir unsere eigenen offenen Fragen präzisieren und vielleicht sogar weiter klären können. Der Fokus bleibt auf die Beziehung von Buddhismus und Psychoanalyse gerichtet, obwohl diese explizit in den Filmen nicht abgehandelt wird. Unser Vorgehen bei dieser Untersuchung ist filmpsychoanalytisch, was wir noch genauer darstellen werden. Daher werden wir die Filme in den Kapiteln 7 bis 9 aus der Sicht unseres filmpsychoanalytischen Arbeitsmodells diskutieren. Dabei machen

---

1 Im Folgenden kürzen wir diese Filmtitel mit »Bodhidharma«, »Frühling« und »Samsara« ab. Einige der Filme, die sich zwar auch mit dem Thema beschäftigen, die wir aber nicht für so aussagekräftig halten, seien hier nur erwähnt: »Kundun« von Scorcese, »Little Buddha« von Bertolucci, »Erleuchtung garantiert« von Dörrie und »Zen Noir« von Rosenbush.

wir den Versuch, die latenten psychoanalytischen Thematiken in den manifest buddhistischen Bildern und Erzählungen aufzuspüren.

Da im Film grundsätzlich das Bild ein viel größeres Gewicht als das Wort bekommt, rückt eine Art Topologie als relativ neue Begrifflichkeit in den Vordergrund:
- die Unterscheidung eines »Sicheren Ortes« (als Metapher für die Identität oder ein kohärentes Selbst) und eines »Stillen Ortes« (als Metapher für das Realisieren eines »stillen oder schweigenden Geistes«);
- das bipolare Spannungsfeld zwischen diesen beiden, wie es etwa auch im Begriff von »Anfänger-Geist« und »Experten-Geist« beschrieben ist (oder auch in der Analyse des »ozeanischen Zustandes«);
- die Bipolarität von Einheit und Differenz als Ausdruck von Nondualität und Dualität;
- die Bipolarität von Bindung und Ent-Bindung – wir werden im Folgenden von Binden und Lösen sprechen;
- der Entwicklungsprozess von präpersonalen zu personalen und transpersonalen Erlebens- und Bewusstseinszuständen.

Wir wollen versuchen, eine zentrale Annahme zu verifizieren oder auch zu modifizieren:

Unter dem Begriff des *Sicheren Ortes* verstehen wir einen seelischen Zustand, der in einem günstigen Erziehungs-, Beziehungs- und Entwicklungsprozess entsteht und es dem Menschen ermöglicht, sowohl Getrenntheit als auch Verbundenheit zu erleben und zu leben, Gefühle von Vertrauen und Sicherheit und vor allem auch ein positives Selbstgefühl zu entwickeln. Es geht vor allem um die Fähigkeit, sich auf andere und die Welt einzulassen, aber auch eine eigene »Stimme« im Sinne von Individualität zu entwickeln. Man könnte von einem kohärenten Selbst, einer sicheren Identität, einer relativen Autonomie etc. sprechen.

Mit dem Begriff des *Stillen Ortes* versuchen wir einen mentalen und körperlichen Zustand zu beschreiben, der zwar auf diesem Sicheren Ort aufbaut, diesen aber immer wieder auch infrage stellt und damit relativiert. Dies werden wir mit der Bipolarität von Binden und Lösen präziser zu beschreiben versuchen. Während der Sichere Ort durch Gefühle, Gedanken, Erinnerungen und Absichten konstituiert ist, entspricht der Stille Ort einem Zustand, in dem diese psychischen Prozesse weitgehend in den Hintergrund treten bzw. dekonstruiert werden. Dies geschieht durch einen permanenten Übungsweg des Zulassens und Loslassens, wie er in der Meditation oder der Praxis der Achtsamkeit realisiert wird.

Der Sichere Ort bedarf einer grundlegenden Arbeit von Strukturierung oder Konstruktion, die vor allem auf Beziehungserfahrungen beruht. Daher könnte man die psychoanalytische oder therapeutische Situation als Modellsituation für diese Arbeit an einem Sicheren Ort verstehen.

Neben dem grundlegenden Streben des Menschen nach einem Sicheren Ort kann man aber auch vermuten, dass wir einen grundlegenden Wunsch nach Stille und Ruhe haben, da sich der Sichere Ort in der Lebenserfahrung immer wieder als gefährdet zeigt. Er erweist sich oft genug als illusionär, vergänglich und durch äußere und innere Ereignisse bedroht, sodass die Sorgen um diesen Sicheren Ort als entscheidende Leidensquelle anzusehen sind, als deren Folge eine noch tiefere Sehnsucht nach dem Stillen Ort als Sehnsucht nach der Überwindung menschlichen Leidens geweckt wird. Dies geschieht vor allem dann, wenn der Mensch realisiert, dass die leidvolle Instabilität des Sicheren Ortes zu einem wesentlichen Teil Ausdruck der eigenen mentalen Prozesse, also der Erinnerungen, Wünsche, Erwartungen und Gedanken ist. Dem liegt die Annahme zugrunde, dass mit einer Beruhigung dieser ständig aktiven mentalen Prozesse auch die Leidhaftigkeit des Lebens verringert werden kann bzw. dass es dann möglich wird, zwischen dem Leiden, das dem Leben innewohnt, und dem Leiden, das der Mensch selbst erschafft, zu unterscheiden.

Die Beziehung zwischen diesem Sicheren Ort – den vor allem die Psychoanalyse studiert – und dem Stillen Ort – der im Buddhismus kultiviert wird – ist nicht leicht zu beschreiben und führt oft zu Verwirrungen. Dies geschieht vor allem dann, wenn ihre gegenseitige Abhängigkeit und Durchdringung als grundlegende Bipolarität nicht verstanden wird, etwa wenn der Stille Ort ohne die innere Voraussetzung eines Sicheren Ortes angestrebt wird, ein Phänomen, das der Psychologe John Welwood als »spirituell bypassing« bezeichnet hat (Welwood, 1998). Die konstruktiven und rekonstruktiven Momente der Entwicklung des Sicheren Ortes und die dekonstruktiven Momente der Entwicklung des Stillen Ortes müssen dagegen ineinandergreifen, wenn sie sich nicht gegenseitig behindern oder sogar ausschließen sollen. Genau diese zentrale Frage untersuchen wir anhand der vorgestellten Filme genauer, da sie hier als wesentliche Frage auftaucht und »behandelt« wird. Uns interessiert dabei vor allem die Wechselwirkung zwischen diesen beiden »Orten«.

2 Filmpsychoanalyse: Eine kurze Einführung

Wie erwähnt, haben sich Psychoanalytiker früh für das Kino und den Film als neue Form der Kunst interessiert. In Deutschland hat es aber bis in die 1990er Jahre gedauert, bis sich dieses Interesse vertiefte und mittlerweile zu einem rechten Boom entwickelt hat. In fast allen deutschen Großstädten gibt es regelmäßig öffentliche Filmvorstellungen, in denen Psychoanalytiker mit dem Publikum von ihnen ausgewählte Filme besprechen und diskutieren. Auf psychoanalytischen Fachtagungen werden Filme besprochen und in Fachzeitschriften erscheinen regelmäßig Aufsätze über bekannte und weniger bekannte Kinofilme. Es gibt darüber hinaus eine wahre Flut von Büchern über das Kino und spezielle Filme aus psychoanalytischer Perspektive und schließlich finden Fachtagungen statt, auf denen ein Dialog zwischen Film, Filmregisseur, Filmtheoretiker, Filmkritiker und Psychoanalytiker gesucht wird. Hier ist die Herbsttagung in London zu nennen (»Europäisches Filmfestival für psychoanalytische Filme/European Psychoanalytic Film Festival«) oder die Frühjahrstagung in Mannheim: »Film und Psychoanalyse im Dialog«, bei der die Filme eines bestimmten Regisseurs aus verschiedenen Perspektiven diskutiert werden. Gerade die letzten Beispiele erinnern daran, dass es ganz verschiedene Zugänge zum Medium Film gibt: Filmwissenschaft, Filmkritik, Medientheorie, Kunstwissenschaft und eben auch Filmpsychoanalyse.

Vor allem die große Resonanz der öffentlichen Filmvorstellungen durch Psychoanalytiker zeigt, dass es ein wachsendes Bedürfnis des »normalen« Kinogängers gibt, über die Unterhaltung und vielleicht auch Ablenkung hinaus einen tieferen Zugang zum Filmerlebnis zu bekommen. Dies entspricht einer Bemerkung von Georg Seeßlen (2017): »Film ist nicht nur Unterhaltung und nicht nur Kunst, Film ist auch Kommunikation.«

Das intensivere Gespräch über einen Film ermöglicht dann eine vertiefte, lebendige Filmerfahrung, die einen Schutz vor der allgegenwärtigen medialen Bilderflut und darüber hinaus vielleicht auch eine Selbsterfahrung bietet, die einen Blick auf das eigene Leben gestattet.

Man kann es auch noch etwas präziser beschreiben und drei Ebenen der Filmerfahrung herausheben:

- Zum einen geht es sicherlich immer wieder um das Kino- bzw. Filmerlebnis selbst, das wohl einem tiefen Bedürfnis vieler Menschen entspricht. Geht man davon aus, dass der Mensch nur ein einziges Leben hat, das von Gelingen und Scheitern, von Begrenztheit, Unwiederholbarkeit und Endlichkeit bestimmt ist und das man eben auf seine einzigartige und zutiefst individuelle Weise leben muss, dann scheint das Kino bzw. der Film ein tiefes Bedürfnis zu befriedigen, an anderen, wenn auch fiktiven Leben teilzunehmen, die begrenzten eigenen Möglichkeiten durch die Vielstimmigkeit anderer Leben zu erweitern oder in der Phantasie zu überschreiten, andere Lebensmöglichkeiten durchzuspielen und an ihnen teilzunehmen.
- Der Rahmen vor allem öffentlicher Filmveranstaltungen, aber auch Tagungen und Publikationen eröffnet darüber hinaus einen Raum des Gesprächs und des Nachdenkens, der in dem gegenwärtig üblichen medialen Konsum kaum gegeben ist: einen Raum, in dem auf den Film und das Filmerlebnis ein »zweiter Blick« geworfen und damit der Flüchtigkeit des Filmerlebens ein Stück Dauer abgerungen wird.
- Und schließlich scheint uns der psychoanalytische Blick die Betrachtung auf den Zuschauer selbst zu wenden, denn das Kino- und Filmerlebnis ist in unseren Augen immer auch ein Stück Selbsterfahrung und Ermutigung zur Selbstreflexion. Der psychoanalytische Blick ermutigt, den Blick nicht nur nach »draußen« (in die – fiktive – Welt der Filmfiguren), sondern auch nach »drinnen« (in die eigene Welt des Filmzuschauers) zu wenden. So gesehen ist Kino neben Ablenkung und Unterhaltung auch ein Stück seelischer Arbeit und Selbstkonfrontation, die die eigene Sicht auf das Selbst und die Welt im günstigen Fall verändern können.

In dieser kurzen Einleitung geht es vor allem darum, zu beschreiben, was das Spezifische an der Filmpsychoanalyse ist. Was unterscheidet den normalen Filmzuschauer vom Filmpsychoanalytiker und was unterscheidet den Filmpsychoanalytiker vom Filmkritiker oder vom Filmwissenschaftler? Auch wenn es natürlich Gemeinsamkeiten und Überschneidungen gibt, seien hier die Spezifika herausgestellt: Im Gegensatz zum gewöhnlichen Kinogänger hat der Filmpsychoanalytiker ein Arbeitsmodell entwickelt, in dem bestimmte Grundannahmen über das Kino, den Film, die Kunst, das Filmerlebnis und die Filminterpretation in Beziehung zur Psychoanalyse enthalten sind.

Sehr vereinfacht könnte man diese Arbeitsmodelle, die teilweise sehr spezifisch oder auch persönlich sind, in einen methodischen und inhaltlichen Bereich unterscheiden:

In dem *methodischen Bereich* geht es vor allem um die Frage der Rezeption des Films durch den Zuschauer und speziell durch den Filmpsychoanalytiker. Es handelt sich dabei um einen komplexen Wahrnehmungs-, Erlebens- und Deutungsprozess, den man mit der Arbeitsweise in der analytisch-therapeutischen Situation vergleichen kann. Der Filmpsychoanalytiker nähert sich dem Film als einer »Quasi-Person« (also wie einem einzelnen Patienten in der Behandlung; siehe auch Schneider, 2008) in einer Haltung, die man auch als teilnehmende Beobachtung beschreiben könnte. Die Teilnahme steht für das Sich-Einlassen auf bzw. das Sich-bestimmen-Lassen durch den Film und seine Geschichte (bzw. in der Therapie den Patienten). Die Beobachtung steht für das Abstandnehmen, das Nachdenken und Reflektieren dieser im Wesentlichen emotionalen Erfahrung. Es ist dies die Beschreibung einer ästhetischen Erfahrung, die Martin Seel als »aktive Passivität« charakterisiert hat (Seel, 2014). Sehr einfach formuliert bedeutet dies, dass sich der Filmpsychoanalytiker – vergleichbar der Beziehung zu seinem Patienten – auf den Film als Ganzes einlässt, sich bewegen und berühren lässt, um gleichzeitig oder abwechselnd und nachträglich diese Erfahrung zu überdenken, zu reflektieren und in einen gedanklichen Kontext zu stellen. Es dürfte einsichtig sein, dass bei dem durchschnittlichen Filmzuschauer die »Teilnahme« überwiegt und nur gelegentlich diese angedeutete »theoretische« oder reflektierende Arbeit geschieht. Genau zu diesem weiteren Schritt wird der Zuschauer in den öffentlichen Filmvorstellungen angeregt.

Wie ist nun der *inhaltliche Bereich* zu verstehen? Es ist bekannt und auch vielfach anerkannt, dass es *die* Psychoanalyse nicht gibt, sondern dass man heute von einer Vielstimmigkeit der psychoanalytischen Theorie und Praxis sprechen kann, die sich natürlich auch im Zugang zur Kunst und zum Kino zeigt. Immer wieder wird darüber diskutiert, ob es so etwas wie einen »Common Ground« der Psychoanalyse gibt, und diese Frage ist auch für die Filmpsychoanalyse wesentlich. Man kann beispielsweise postulieren, dass es einige basale Charakteristika gibt, die das psychoanalytische Denken der meisten Psychoanalytiker verbindet. Wir haben in dem Buch »Buddha und Freud« (Zwiebel u. Weischede, 2015) unser psychoanalytisches Arbeitsmodell vorgestellt, das sich sehr an den Grundannahmen von Freud anlehnt, auf den viele Überlegungen und Modelle zurückgehen, die auch heute noch aktuell sind:
- So kann man beispielsweise als einen »Common Ground« die Annahme unbewusster seelischer Prozesse bezeichnen, die das Erleben und Verhalten der Menschen bestimmen. Für den Zugang zum Film würde dies bedeuten, dass man nicht nur den manifesten Bildern, Narrationen und anderen Gestaltungen des Films und seiner Protagonisten folgt, sondern sie auch als Ausdruck einer latenten, impliziten, d. h. eben unbewussten Dynamik versteht. Gemeint ist damit, dass es um die unbewussten Prozesse des Filmkünst-

lers, der Protagonisten und der Zuschauer geht. In einer früheren Arbeit wird dies als die »unbewusste Botschaft« des Films formuliert (Zwiebel u. Mahler-Bungers, 2007).
- Neben dieser Annahme unbewusster Prozesse spielt im psychoanalytischen Denken die grundlegende Konflikthaftigkeit menschlichen Lebens, die oft verwickelte Beziehung von Innen und Außen (also der äußeren und der inneren Wirklichkeit) und die Beziehung von Vergangenheit und Gegenwart eine unverzichtbare Rolle.
- Unverzichtbar bleibt auch die Beziehung der kindlichen Entwicklung zur Sexualität, die allerdings bis zum heutigen Tage kontrovers diskutiert wird. Wir werden sehen, dass dieser Gesichtspunkt für unser Thema eine bedeutsame Rolle spielt, denn in allen zu besprechenden Filmen scheint diese Thematik entscheidend berührt zu werden.

Der Filmpsychoanalytiker wird also in seiner *teilnehmenden Beobachtung* sich auf den Film emotional mehr oder weniger einlassen, aber gleichzeitig oder später einen distanzierenden, beobachtenden, reflektierenden Schritt machen, in dem er seine Wahrnehmung und das Erleben des Films mit seinem psychoanalytischen Denken und den damit verbundenen Grundannahmen in Verbindung zu setzen versucht. Es geht dabei aber nicht primär darum, die psychoanalytischen Theorien (etwa den Ödipuskomplex oder die Theorie des Narzissmus) wie eine Schablone über den Film zu legen und ihn damit zu deuten – es wäre dies ein Zugang, den man in der Wissenschaftstheorie als »top-down« bezeichnet –, sondern darum, immer grundsätzlich von dem Phänomen des Films und der eigenen Filmerfahrung auszugehen, die oft auch von einem Nicht-Verstehen und Nicht-Wissen geprägt ist. Das psychoanalytische Filmverstehen wird dann wie die klinische Situation auch als ein kreativer Prozess angesehen, der immer von einem Nicht-Wissen und damit einer generellen Fragestellung oder »forschenden Grundhaltung« (Leuzinger-Bohleber, 2007) auszugehen hat, weil sonst nur das entdeckt wird, was schon immer bekannt ist. In diesem letzten Fall würde man von einer Form der angewandten Psychoanalyse sprechen, in dem anderen Fall von »Filmpsychoanalyse« im engeren Sinn. Diese kann man daher als eine Art Forschungsmethode verstehen, die einen echten dialogischen Charakter von Film und Psychoanalyse ermöglicht. Aber auch die angewandte Psychoanalyse hat einen berechtigten Ort, etwa, wenn es um die Illustration von klinischen Phänomenen mit filmischen Mitteln geht, so beim Einsatz als didaktisches Medium in der Lehre.

Diese eher allgemeinen Überlegungen präzisieren wir nun noch weiter und stellen das eigene filmpsychoanalytische Arbeitsmodell kurz vor, das sich in einigen Arbeiten bewährt hat und das auch als Orientierung für die Besprechung der folgenden Filme dienen kann (wie wir es vor allem in den Kapiteln 7 bis 9 ausführen werden). Demnach kann man Filme in filmpsychoanalytischer Perspektive aus jeweils drei Kontexten betrachten, die es erlauben, Filmverständnis auf einer tieferen Ebene zu erreichen:

Der erste Kontext besteht in einer dialogischen Beziehung zwischen dem Film und den psychoanalytischen Grundannahmen. Hier werden der Film, die Filmbilder, die Geschichte, die Figuren des Films und das eigene Filmerleben mit den zentralen psychoanalytischen Theorien in Verbindung gesetzt: Es geht dann um die Analyse der im Film zentralen unbewussten inneren Konflikte oder auch Grundkonflikte, um die Frage nach dem Subtext des ganzen Films, der Beziehung von Vergangenheit und Gegenwart (etwa in der Entwicklung der Protagonisten) oder der Beziehung von innerer Realität und äußerer Wirklichkeit. Eine solche Überlegung wäre beispielsweise der Hinweis, dass die unterschiedlichen Figuren im Film jeweils unterschiedliche Dimensionen eines zentralen Grundkonflikts im Film darstellen, wenn auch aufgeteilt in verschiedene Rollen. Ein anderes Beispiel wäre das Aufspüren eines latenten Themas, das sich in einzelnen Szenen und Dialogen wiederfindet, aber nicht explizit ausgesprochen wird. Es ist dem Fluss der freien Assoziationen des Analysanden vergleichbar, denen der Analytiker folgt, aber immer auf die Brüche und Auslassungen achtend, um den latenten Subtext, die unbewusste Botschaft des Patienten, zu verstehen.

Der zweite Kontext besteht in einer dialogischen Beziehung zwischen dem Film und den Grundannahmen der psychoanalytischen Praxis. Dies berührt vor allem Fragen der Wirksamkeit, der Entwicklung, Zuspitzung oder Auflösung problematischer Lebenssituationen, die im Film dargestellt sind. Es handelt sich etwa um solche Fragen an den Film: Welche Veränderungen von menschlichen Problemlagen werden sichtbar und erkennbar? Welche Faktoren oder Bedingungen bewirken Veränderung? Gibt es eine Entwicklung zum Positiven oder Negativen? Tauchen Figuren im Film auf, die man im übertragenen Sinne als »Analytiker« oder »Therapeuten« betrachten kann, also Figuren, die eine förderliche Funktion im Fortgang der Filmgeschichte ausüben? Überhaupt berührt dieser Kontext die zentrale Frage, was im Leben der Menschen dazu beiträgt, dass es zu Prozessen der Entwicklung und Veränderung kommen kann, ein wesentlicher Punkt, der im Filmgeschehen natürlich vor allem für die Spannung des Zuschauers verantwortlich ist: Man will den Ausgang der Geschichte, das Ende – so oder so – erfahren.

Der dritte Kontext besteht in einer dialogischen Beziehung zum Zuschauer selbst, indem der Film als Spiegel der eigenen inneren Situation betrachtet wird: Hier wird der Film nicht auf die »Couch« gelegt, sondern der Film legt den

Zuschauer auf die »Couch« (Hamburger u. Leube-Sonnleitner, 2014). In diesem Zusammenhang kann der Film eine selbstreflexive, ja vielleicht sogar semitherapeutische Funktion bekommen, indem man eigene unverarbeitete, konflikthafte Konstellationen im Film erkennt und vielleicht auf eine andere Weise beginnen kann, sich mit ihnen auseinanderzusetzen.

Ein vertieftes Filmverständnis und Filmerleben des jeweiligen Films gelingt nach dieser Auffassung dann, wenn es möglich wird, allen drei Kontexten einigermaßen gerecht zu werden, also die theoretischen Grundannahmen, die Veränderungstheorie und die Selbstreflexion aufeinander zu beziehen.

Einer von uns (R. Z.) hat dieses Arbeitsmodell in mehreren Filmanalysen angewandt (Zwiebel u. Mahler-Bungers, 2007; Zwiebel, 2014; Zwiebel u. Hamburger, 2016; Zwiebel, 2017). Um nur ein Beispiel zu erwähnen: In dem Film »Spellbound« (dt. »Ich kämpfe um dich«) von Alfred Hitchcock aus dem Jahr 1945 geht es um einen Protagonisten (Gregory Peck), der als neuer Chefarzt in eine psychiatrische Klinik kommt und dort aber selbst psychisch auffällig wird. Seine Kollegin (Ingrid Bergman), die sich sogleich in ihn verliebt, versucht in der Folge, seine Problematik wie in einem Detektivroman aufzudecken, um ihn von seiner Krankheit zu heilen. Es gelingt ihr tatsächlich, mithilfe einer Traumanalyse sowohl ein kindliches Trauma des Protagonisten als auch einen beobachteten Mord aufzudecken und schließlich zur Heilung des Protagonisten beizutragen. In dem ersten Kontext ginge es dann um die Frage des Traumas und die Rolle der Vergangenheit auf die Gegenwart, die Rolle der kindlichen Schuld und den Unterschied zwischen neurotischer und realer Schuld. In dem zweiten Kontext ginge es vor allem um die Frage der therapeutischen Beziehung und welche Rolle die Zuneigung, Liebe oder auch Wiederbelebung und Erinnerung der ursprünglich traumatischen Situation für den Heilungsprozess spielen. In dem dritten Kontext betrachtet der Filmpsychoanalytiker seine eigenen klinischen Erfahrungen mit ihren erotischen und aggressiven Verstrickungen. Eine der Schlussfolgerungen in den Überlegungen zu »Spellbound« besteht darin, dass Hitchcocks Film zwar oft als eine frühe filmische Darstellung der psychoanalytischen Praxis, vor allem in ihrer amerikanischen Version, verstanden wird – und dies mag wohl auch Hitchcocks primäre Intention gewesen sein –, dass man aber als Subtext des Films eine harsche, ironische Kritik an der damals gängigen, medizinisch orientierten Praxis der Psychoanalyse erkennen kann, eine Kritik, die – und dies wäre der selbstreflexive Kontext – auch heute noch nichts von ihrer Aktualität für den praktizierenden Analytiker verloren hat (Zwiebel, 2007b).

Wir werden in den Kapiteln 7 bis 9 dieses Arbeitsmodell auf die zuvor besprochenen Filme anwenden und dabei die Fruchtbarkeit dieses Vorgehens zu belegen versuchen.

3 Buddhismus und Psychoanalyse

Vor etwa 2.500 Jahren wurde der indische Königssohn Gautama, der spätere Buddha, mit den existenziellen Leiden des Menschen konfrontiert: Geburt, Krankheit, Alter, Sterben. Nach der historischen Darstellung machte er sich auf den Weg, um die Ursachen dieses Leidens zu erkunden und es zu überwinden. Nach vielen Irrwegen fand er schließlich in einer intensiven Meditation die »Wahrheit« über die Quelle des Leidens und einen Weg der Überwindung, etwas, das auch als »Erleuchtung« beschrieben wird. Diese »Wahrheit« hat er in den sogenannten »Vier Edlen Wahrheiten« in seiner ersten Lehrrede formuliert. Es ist dies der Gründungsmythos des Buddhismus, einer Weltreligion, die sich von Indien nach Südostasien und in den fernen Osten ausgebreitet hat und im 20. Jahrhundert auch in der westlichen Welt Fuß gefasst hat.

Viele Jahrhunderte später, vor etwas mehr als hundert Jahren, war der Wiener Neurologe und Psychiater Sigmund Freud in seiner nervenärztlichen Praxis mit vielen Patienten konfrontiert, die an rätselhaften körperlichen Leiden, an Ängsten, Phobien, Zwängen und Depressionen litten, deren Ursachen nicht im Körperlichen, sondern in der Lebensgeschichte der Patienten zu finden waren. Er entwickelte eine ganz neue Gesprächssituation, in der der Patient sich seiner Verdrängungen bewusst werden sollte, ein Prozess, der selbst heilsame Wirkungen haben konnte. Er gilt als Gründer der Psychoanalyse, die als Fundament der modernen Psychotherapie gelten kann und sich im 20. Jahrhundert sowohl als klinische Methode als auch als Theorie des Unbewussten auf viele Bereiche des kulturellen Denkens, vor allem in der westlichen Welt, ausgebreitet hat.

Seit dieser Entwicklung der Psychoanalyse und der Ausbreitung des Buddhismus im Westen nimmt das Interesse zu, diese beiden Ansätze und Disziplinen miteinander zu vergleichen, die Unterschiede, aber auch die Gemeinsamkeiten herauszuarbeiten und zu erforschen. Berühmt ist bis zum heutigen Tag das schon erwähnte wegweisende Buch von Erich Fromm, Daisetz Teitaro Suzuki und Richard de Martino aus den 1970er Jahren (Fromm, Suzuki u. de Martino, 1971). Seitdem gibt es eine wachsende Literatur, auf die wir hier nur am Rande hinweisen wollen (Falkenström, 2003; Hoffer, 2015; Moncayo, 2012). Vor allem die beiden letzten Bücher von Barry Magid sind bedeutsame Schritte in diesem Dialog (Magid, 2013, 2008). Die beiden Bücher »Neurose und Erleuchtung« (Weischede u. Zwiebel, 2009) und »Buddha und Freud« (Zwiebel u. Weischede, 2015) stellen unseren eigenen Beitrag zu dieser Diskussion dar.

Beide Texte versuchen in einer zunehmend dialogischen Weise einen »Übersetzungsraum« zwischen Buddhismus (und hier insbesondere dem Zenbuddhismus) und der Psychoanalyse zu schaffen, in dem die unterschiedlichen Vokabulare untersucht und geklärt werden. So haben wir in »Neurose und Erleuchtung« gesprochen von der Psychoanalyse als analytischem Weg, von einer »Kultur der Reflexion« – als Einsicht in die lebensgeschichtlich geprägte innere Welt des Menschen – und vom Buddhismus als meditativem Weg, von der »Kultur der Präsenz« – als Kultivierung von Achtsamkeit und Mitgefühl. Dabei gehen wir davon aus und versuchen dies auch in Ansätzen zu zeigen, dass es zwischen diesen beiden Kulturen bedeutsame Überschneidungen, sozusagen einen »Zwischenbereich« gibt, der vergleichbare Phänomene in unterschiedlicher Sprache beschreibt. Diesen Ansatz haben wir in dem Buch »Buddha und Freud« weiter vertieft. Darin ist eine zentrale These, dass Menschen »über sich und die Welt Annahmen, Ansichten und Absichten entwickeln, die ihre Wahrnehmungen und ihr Handeln wesentlich steuern. Diese grundlegenden Annahmen und Absichten könnte man auch als ›Modelle‹ von Selbst und Welt bezeichnen, die im Gegensatz zu differenzierteren Theorien oft auch nur implizit sind« (Zwiebel u. Weischede, 2015, S. 17). Wir haben dies »Lebens-, Alltags- und Arbeitsmodelle« genannt.

Vergleichbar spricht der Frankfurter Philosoph Martin Seel in seinem Buch über Glück von »Lebenskonzeptionen« (Seel, 1999). Und in seinem eindrucksvollen Buch »Resonanz – eine Soziologie der Weltbeziehung« beschreibt Hartmut Rosa diese Entwicklung von Selbst- und Weltbildern als »kognitiv-evaluative Landkarten«, die das Terrain des Attraktiven (des Begehrens) und des Repulsiven (der Angst und Vermeidung) definieren und kartieren (Rosa, 2016, S. 214).

Mit diesem Grundgedanken gehen wir davon aus, dass die »Kultur« des Buddhismus und die der Psychoanalyse spezifische Arbeitsmodelle – oder eben »Lebenskonzeptionen« im Sinne von Seel oder »Landkarten« im Sinne von Rosa – entwickeln, die Ausgangspunkte von Problembeschreibungen und Praxisanleitungen sind. Genauer gesprochen, kann man Arbeitsmodelle als Grundannahmen, Zielvorstellungen und Praxisanleitungen beschreiben, die Professionelle oder Experten (z. B. Ärzte, Lehrer, Therapeuten, Pastoren etc.) in ihrer jeweiligen Arbeit zugrunde legen. Alltagsmodelle von Laien dienen der Bewältigung des jeweils konkreten Alltags, werden aus ihm heraus entwickelt und zusammen mit den Arbeitsmodellen dann zu Lebensmodellen, die sich auf das Leben als Ganzes, immer aber in seiner ganz konkreten Form, beziehen. So könnte man beispielsweise das jeweilige Menschenbild als Ausdruck eines spezifischen Lebensmodells beschreiben.

Als Beispiel erwähnen wir zwei konträre Lebensmodelle: Der Mensch ist triebbestimmt und egoistisch und kann nur durch Zähmung mittels Angst und Schuldgefühl ein soziales Ich entwickeln. Oder: Der Mensch ist in seiner Anlage »gut« und »bezogen«, wird aber durch Erfahrungen mit der Umwelt oder Unwissenheit, wie die Welt wirklich ist, in konflikthafte Emotionen hineingezogen.

Die »professionellen Arbeitsmodelle« beziehen sich auf einzigartige, konkrete und in der Regel berufliche Lebenssituationen, während »wissenschaftliche Arbeitsmodelle« aus jeweils konkreten Erfahrungen etwas Allgemeines oder auch Gesetzmäßiges zu schlussfolgern suchen.

Wir sind der Auffassung, dass es äußert kompliziert ist, »die verwobenen Zusammenhänge zwischen den Lebensmodellen, den Alltagsmodellen und den Arbeitsmodellen darzustellen. Wir vermuten, dass die Lebensmodelle bei den meisten Menschen gleichsam die basale Schicht darstellen, oft unbewusst sind und nicht reflektiert werden, sich aber in den Alltagsmodellen und auch in den Arbeitsmodellen der Experten und Professionellen manifestieren« (Zwiebel u. Weischede, 2015, S. 26).

Am anschaulichsten kann man diese komplizierte Frage nach den Arbeitsmodellen an dem gemeinsamen Schreiben unseres Buches darstellen: Auch wir als Autoren haben ein Arbeitsmodell, ohne das niemals ein Text zustande käme. Wir verwenden dafür die Metapher der bifokalen Gleitsichtbrille (S. 33 ff.), die folgendermaßen zu verstehen ist: Die Konzepte und Modelle des Alltags, der Psychoanalyse und des Buddhismus betrachten wir sowohl aus der »Nahsicht« (also bezogen auf die Annahmen über das Selbst, das Subjekt oder die Person) als auch aus der »Fernsicht« (also die Annahmen über die Objekte der Welt). In dieser Metapher der »Gleitsichtbrille« bilden die Gläser gleichsam die Filter, die die Wahrnehmungen, Gründe und Handlungen bestimmen. Dieses Modell impliziert auch, dass wir die Wirklichkeit in der Regel niemals ungefiltert wahrnehmen können, sondern diese Wahrnehmung immer durch die spezifische, subjektive Brille gefärbt ist. Vor allem ist anzunehmen, dass im Alltagsbewusstsein die »Filter« nicht reflektiert werden, in der Psychoanalyse aber gerade diese »Filter« untersucht werden (hier nimmt man an, dass die »Filter« lebensgeschichtlich und kulturell entstanden sind) und im Zenbuddhismus die Ermutigung unterstützt wird, die »Brille« ganz abzusetzen, d. h. in einen direkten, unmittelbaren Kontakt mit der lebendigen Wirklichkeit zu treten. Wobei sich aber diese letzte Formulierung schon wieder als problematisch erweist, da sie eine Unterscheidung von Subjekt und Objekt formuliert. Daher wäre es richtiger, zu sagen: Das Absetzen der »Brille« bedeutet, die lebendige Wirklichkeit selbst zu werden. Wir werden später bei der Diskussion der Bipolarität von Einheit und Differenz, von Nondualität und Dualität sowie von Binden und Lösen auf diese Frage genauer zurückkommen (siehe S. 147 ff.).

In »Buddha und Freud« (Zwiebel u. Weischede, 2015) postulieren wir aus dieser Sicht vor allem, dass es *den* Buddhismus und *die* Psychoanalyse nicht gibt, sondern dass Buddhisten und Psychoanalytiker Arbeitsmodelle entwickeln, die sich teilweise schon in ihrer eigenen Disziplin erheblich voneinander unterscheiden. So spricht man heute vor allem in der Psychoanalyse von einer Pluralität (die sich teilweise in unterschiedlichen Schulen niederschlägt), die aber auch im Buddhismus zu beschreiben ist: Hier gibt es mehrere große Richtungen, die sich im Laufe der geschichtlichen Entwicklung herausgebildet haben (die wir hier aber nicht näher beschreiben können). In unserem Buch »Buddha und Freud« machen wir jedoch den Versuch, so etwas wie einen jeweiligen »Common Ground« von Buddhismus und Psychoanalyse herauszuarbeiten:

Grundannahmen des Buddhismus

Bei unserem buddhistischen Arbeitsmodell gehen wir vor allem von den »Vier Edlen Wahrheiten« aus, da diese von allen Schulen und Richtungen wohl mehr oder weniger vertreten werden und sich auf den erwähnten Gründungsmythos des Buddhismus beziehen. Sie werden dem Buddha als grundlegende Einsichten zugeschrieben, die er im Laufe seiner intensiven, meditativen Studien herauskristallisiert hat und die man als Zusammenfassung seiner Erkenntnisse, aber auch seiner Lehre betrachten kann.

Die Grundlage und Grundannahme, die man aus buddhistischer Sicht als im Mittelpunkt stehend betrachten kann, ist die Erste dieser Vier Wahrheiten: »Das menschliche Leben ist immer von Leiden begleitet.« Leiden scheint ein grundlegendes Phänomen menschlicher Existenz zu sein, und man kann ihm sicher so etwas wie eine Art Universalität zubilligen. Diese grundlegende Erkenntnis scheint auf den ersten Blick banal, entpuppt sich aber bei genauerem Studium als zentral, erscheint das Leben doch als ein »fortgesetzter Prozess, den Bereich des menschlichen Leidens möglichst ›klein‹ zu halten« (Zwiebel u. Weischede, 2015, S. 49). Dies stimmt allerdings nur aus der Sicht des »normalen« Alltagsbewusstseins. Bei genauer Analyse stellt sich nämlich heraus – und dies wird noch deutlicher herauszuarbeiten sein –, dass Leiden ja immer in einem dualen Verhältnis zu Nicht-Leiden oder Leidensfreiheit steht. Generell wird Leiden assoziiert mit Nicht-leiden-Wollen, da Leiden grundsätzlich in dem polaren Verhältnis von affin und aversiv steht. Aus der Sicht und Erfahrung des vollständigen Annehmens der jeweiligen Situation – d. h. jenseits dieser affinen-aversiven Polarität –, nämlich des Annehmens im Sosein, im »So ist es!«, ist das Leiden nur *eine* Form menschlichen Lebens und Erlebens, eine unter vielen. Oft auch mit Schmerzen verbunden, aber wenn ganz »angenommen«, führt es nicht zu einer Bewertung. Barry Magid schreibt in seinem bemerkenswerten Buch »Ending the pursuit of happiness« über die »geheime Praxis« (die heimlichen Erwartungen im Sinne von kurativen Phantasien an die buddhistische Praxis) und formuliert demgegenüber: »Buddhism offers us a vision of a life in which originally nothing is lacking. Desire on the other hand, always seem to arise from an experience of something missing. Does fulfilling our desires genuinely restore us to wholeness or does it send us on an endless, frustrating quest for what we can never have?« (Magid, 2008, S. 6).

Leiden ist dann aus der Sicht verwirklichter Praxis nicht mehr das Dulden und Hinnehmen eines Zustandes, sondern das aktive Annehmen dieses Zustandes, der so seinen Schrecken verliert, nicht (mehr) abgelehnt wird und so als Teil des menschlichen Lebens annehmbar wird. Um noch einmal Magid zu zitieren: »Practice is characterized by a deep acceptance or surrender to life as it is. Sometimes this takes the form of coming to terms with sudden tragedy, loss, or illness. Life suddenly demands we give up what we cherish the most« (Magid, 2008, S. 13).

Mit den »Vier Edlen Wahrheiten«[2] hat der historische Buddha ein Arbeitsmodell geschaffen, das wissenschaftliches, analytisches, kraftvolles und zielgerichtetes Handeln mit Meditation und Achtsamkeit verbindet und sich zum Ziel setzt, das menschliche Leiden, das aufhebbar ist, aufzuheben und das nicht aufhebbare liebevoll anzunehmen. Oswaldo Giacoia Jr. nennt dies, in Anlehnung an Nietzsche, die »amor fati«, die Liebe zum Schicksal (Giacoia, 2016, S. 8).

Bei der Bearbeitung und Aufhebung menschlichen Leidens gibt es zumindest aus buddhistischer Sicht zwei große Hindernisse, die nur mit viel Arbeit und Geduld beiseite geräumt werden können: die grundlegende Tendenz des Menschen, anzuhaften, nach etwas zu verlangen, und die Tendenz möglicher (geistiger) Täuschungen. Um die Vier Wahrheiten in der heutigen Zeit besser verstehen zu können, haben wir uns mit den Arbeiten von Stephen Batchelor, einem bekannten zeitgenössischen buddhistischen Gelehrten, befasst, welcher

---

2 1. Die Wahrheit vom Leiden; 2. Die Wahrheit von der Entstehung des Leidens; 3. Die Wahrheit von der Aufhebung des Leidens; 4. Die Wahrheit vom Weg zur Aufhebung des Leidens.

versucht, diese Wahrheiten zu entmystifizieren. Ihm geht es immer wieder um die Frage, wie die traditionell überlieferten Praktiken in der Gegenwart ganz konkret umgesetzt und eingeübt werden können. Er nennt dies den notwendigen Schritt vom Buddhismus 1.0 – als der traditionellen und glaubensorientierten Form – hin zum Buddhismus 2.0 als der praxisbasierten Form. Batchelor formt im Laufe seiner Ausführungen die »Vier Edlen Wahrheiten« um zu »Vier Aufgaben«:

»1. Erkenne das Leiden und nimm es an, verstehe es vollständig.
2. Lass das Verlangen los, das in Reaktion auf das Leiden entstanden ist. Das vollständige Verstehen selbst führt zum Loslassen des Verlangens.
3. Erfahre das Abklingen und Vergehen des Verlangens.
4. Dies ermöglicht und erlaubt dann, den Achtfachen Pfad zu kultivieren« (Batchelor, 2012, S. 99, eigene Übersetzung; zit. nach Zwiebel u. Weischede, 2015, S. 83).[3]

In unseren »Auseinandersetzungen« als zwei Kollegen, die in zwei sehr unterschiedlichen Traditionen verwurzelt sind, ist es uns immer wichtig, klar zu benennen, aus welcher Richtung wir kommen. Für die buddhistische Richtung bedeutet dies immer, die Tradition des Zenbuddhismus (in Kapitel 4 beschäftigen wir uns ausführlicher mit den Wurzeln und der Definition des Zen) als Grundlage zu betrachten.

Grundannahmen der Psychoanalyse

Für die Psychoanalyse nehmen wir das freudsche Arbeitsmodell als Basis, betrachten wir die Aussagen von Freud doch immer noch als zentrale Grundannahmen der psychoanalytischen Theorie und Methode.

Im Rahmen dieses freudschen Arbeitsmodells stellen wir (Zwiebel u. Weischede, 2015) die Grundlagen der Psychoanalyse dar: von der Neurose über das Bewusste und Unbewusste, den Traum, die Triebtheorie, die Übertragung, den Narzissmus, den Widerstand und die Sexualität bis hin zur Psychoanalyse als Methode. Wir legen dar, dass die Psychoanalyse als eine Methode zur Untersuchung unbewusster Prozesse, als eine klinische Behandlungsmethode und als

---

3 Es ist äußerst interessant, dass in dem erwähnten Buch von Hartmut Rosa (2016) Angst und Begehren als elementare Formen der Weltbeziehung des Menschen detailliert beschrieben und diskutiert werden. Der Autor legt eine wissenschaftlich-soziologische Studie zur Beziehung von Selbst und Welt vor, während der Buddhismus als eine transformative Praxis beschrieben werden kann (siehe auch Elberfeld, 2004).

eine allgemeine psychologische Theorie aufzufassen ist (Freud, 1923a). Dabei ist herauszustellen, dass die Faktoren der kindlichen Entwicklung mit ihrer Strukturierung der inneren Welt des Subjekts, die Rolle der Körperlichkeit und die Konflikthaftigkeit der unterschiedlichen Wünsche und Bedürfnisse sowohl für die »normale« als auch für die gestörte lebenslange Entwicklung von zentraler Bedeutung sind. Das neurotische Leiden in Form von Ängsten, Zwängen, Depressionen, körperlichen Funktionsstörungen etc. entsteht nach diesem Modell aus einem Zusammenspiel dieser komplexen inneren und äußeren Faktoren, als deren zentrale Grundlage man konflikthafte Emotionen ansehen kann (also beispielsweise ängstigende Wünsche, die verdrängt werden müssen, aber in symptomatischer Form einen Ausdruck finden).

Man könnte so von einem »neurotischen Lebens- und Alltagsmodell« sprechen, das aus einer »Brille« mit ihren Filtern besteht, die sich vorwiegend aus früheren Erfahrungen der Entwicklung zusammensetzen und die in die aktuelle Wirklichkeit übertragen und dort wiederholt werden. Andere Menschen und man selbst in der Beziehung zu ihnen werden dann weniger so gesehen und erlebt, wie sie »wirklich« sind, sondern überwiegend aus der Sicht der vergangenen, kindlichen Erfahrungen, was üblicherweise als Übertragung bezeichnet wird.

Es kommt dann zu einem Ausbruch des Leidens, wenn die gebildeten Lebens- und Alltagsmodelle in der konkreten Lebenswirklichkeit scheitern. Im Streben nach Glück und dem Vermeiden von Unglück erweist sich das Leben dann als wenig befriedigend, »die Versagungen überwiegen, der Mensch ist unglücklich und verzweifelt« (Zwiebel u. Weischede, 2015, S. 135). Das Scheitern der Alltagsmodelle zeigt sich besonders in den Liebesbeziehungen, in den familiären Beziehungen und im beruflichen Alltag. Wenn diese Lebens- und Alltagsmodelle früher oder später an der Realität zerschellen, erlebt der Mensch eine »Ent-Täuschung«, bei der das kindliche Ich-Selbst, vor allem mit seinen »unsterblichen Kindheitswünschen«, in unüberbrückbare Spannungen gerät zu dem erwachsenen Leben – ein erwachsenes Leben als das Meistern der Spannungen »zwischen den eigenen Wünschen und Erwartungen und den Ansprüchen der anderen und der Gesellschaft und Kultur als Ganzen« (S. 136). Susan Neiman hat aus philosophischer Sicht über den Prozess des »Erwachsenwerdens« die notwendige Fähigkeit besonders herausgestellt, die Kluft zwischen *Sein* (den Tatsachen der Wirklichkeit) und *Sollen* (den Wunschvorstellungen und Idealen) zu tolerieren (Neiman, 2015).

Gemeinsamkeiten und Unterschiede

Sowohl Freud als auch Buddha betrachten Hass/Aggression und Verblendung/Täuschung/Nicht-Wissen als wirksame Faktoren bei der Entstehung der jeweiligen Persönlichkeit und ihrem Leiden. Der Ansatz von Freud allerdings war immer gerichtet auf den Versuch, diese menschlichen Strukturen aus entwicklungspsychologischer Perspektive zu erklären, während aus buddhistischer Sicht diese Strukturen als etwas »Vorgefundenes«, gleichsam Anthropologisches untersucht werden.

»Der Unterschied in den beiden Ansätzen liegt in der Ausgangssichtweise begründet: Die Arbeitsfragen von Freud lauten: Wie kommt es entwicklungsgeschichtlich dazu, dass der Mensch leidet; was sind die kindlichen und gesellschaftlichen Bedingungen einer solchen Entwicklung? Was muss mit den daraus entstandenen Leiden gemacht werden? Die Antwort von Freud: Diese Entwicklung muss ins Bewusstsein gehoben werden. Die Arbeitsfrage des Buddha hingegen lautet: Was tut der erwachsene Mensch, dass er diese einmal entwickelte Struktur aufrechterhält? Die Antwort des Buddha: Der Mensch haftet an. Er muss sich dieser Anhaftung bewusst werden und sie dann (Schritt für Schritt) aufgeben. Diese Bewusstwerdung wird hier verstanden als Erkenntnis (wie bei Freud), aber auch als Aufhebung von geistiger Täuschung« (Zwiebel u. Weischede, 2015, S. 137).

Bezogen auf das Arbeitsmodell der »Gleitsichtbrille« geht es in der Psychoanalyse um das Studium der Brille selbst mit ihren spezifischen Filtern, was einen Einsichtsprozess ermöglicht, der selbst verändernde Kraft haben kann, etwa wenn Übertragungen und Wiederholungen aus der Kindheit erkannt und aufgegeben werden können. Im Buddhismus wird das Anhaften an der »Gleitsichtbrille« als das Hauptproblem für das Leiden angesehen. Zwar wird auch das Studium der Brille praktiziert, der entscheidende Befreiungsschritt wird allerdings in dem Loslassen der »Brille« überhaupt gesehen. Daher kann man auch sagen, dass das Phänomen der »Täuschung« sowohl in der Psychoanalyse als auch im Buddhismus als zentral für das Glück und Unglück des Menschen angesehen wird. Wir werden in Auseinandersetzung mit den drei Filmen näher auf das zentrale Problem der »Bindung« zu sprechen kommen (siehe auch Kapitel 8).

Die großen philosophischen Fragen »Wer bin ich?«, »Was bin ich?« oder die Aufforderung »Erkenne dich selbst!« tauchen natürlich auch immer wieder in unserer gemeinsamen Arbeit auf, speziell, wenn wir uns mit der Frage nach dem Ich-Selbst beschäftigten. Diesen Begriff des »Ich-Selbst« verwenden wir als Bezeichnung für die Person, das Subjekt, das Ich, das Selbst. Das »Ich« steht dabei für den mehr bewussten, verfügbaren Teil des Subjekts, das »Selbst« mehr für den unbewussten, unverfügbaren Teil der Person. Auch der Philosoph Gernot Böhme hat mit der Bezeichnung des »Ich-Selbst« den Versuch gemacht, das polare Spannungsfeld der Person in ein bewusstes Ich und ein weitgehend unbekanntes, unbewusstes Selbst auf den Begriff zu bringen (Böhme, 2012). Dabei ist das Ich die gesellschaftlich verlangte, intellektuell konsistente, moralisch verantwortliche Person, die dem Einzelnen nicht gegeben ist, sondern entwickelt werden muss. Das »Selbst« dagegen ist jenes von Nietzsche so genannte »große Selbst«, der Leib, das Unbewusste, dem der Einzelne in »betroffener Selbstgegebenheit« (Böhme, 2012) gleichsam ausgeliefert ist.

Im psychoanalytischen Prozess wird daran gearbeitet, dem Ich-Selbst in seiner spannungsvollen Bipolarität mehr zu einer Integration zu verhelfen, sodass ein einheitliches Selbstgefühl mit Dauer und Kontinuität entsteht. Wir können hier auch von einer »Rekonstruktion des Ich-Selbst« sprechen bzw. in manchen Fällen sogar von einer »Konstruktion« des Ich-Selbst. Man könnte, wie eingangs erwähnt, auch von der Entwicklung eines »Sicheren Ortes« reden: Dies wäre eine Beschreibung der inneren Welt des Subjekts, in der gute Erfahrungen verinnerlicht sind und ein grundlegendes Vertrauens- und Sicherheitsgefühl in das Selbst und die Welt besteht. Es ist eine klinische Erfahrung, dass nicht wenige Patienten mit einem schweren psychischen Leiden in einer Verfassung sind, die Heinz Weiss folgendermaßen beschreibt: »Nicht selten wechseln diese Zustände in rascher Reihenfolge ab, so dass der Patient wie ein Getriebener das Gefühl hat, nirgendwo einen sicheren Ort zu finden« (Weiss, 2015, S. 916).

Es wird genau diese Frage nach dem »Sicheren Ort« sein, die uns im Verlauf unserer Arbeit weiter beschäftigen wird. In dem Vokabular von Hartmut Rosa (2016) würde man den »Sicheren Ort« auch als eine subjektive Verfassung beschreiben können, in der sich die Person in einer positiv-resonanten Beziehung zum eigenen Körper, zum Selbst und zur Welt überhaupt befindet – dies etwa im Gegensatz zu einer Position, in der eine Form von Entfremdung dominiert.

Aus buddhistischer Sicht und Erfahrung dagegen ist so etwas wie ein »Ich-Selbst« im Sinne einer substanziellen, dauerhaften Struktur nicht existent, eine Illusion. Zwar wird nicht geleugnet, dass ein »Ich-Selbst« für das praktische Leben absolut notwendig ist, allerdings ist bei genauerer Untersuchung »eben nichts zu finden wie ein Selbst, auch nicht das ›wahre Selbst‹. Zu finden sind Beziehungen, Abhängigkeiten, Durchdringung, Gegenseitigkeit. Prozesse eben, die nicht wahr oder falsch sind« (Zwiebel u. Weischede, 2015, S. 150).

Wenn der Mensch beginnt, diese Erfahrung an sich heranzulassen, entstehen in der Regel Angst und Unruhe, die oft verleugnet werden. Das immer wieder erneute Anhaften an der Idee eines festen Selbst, eines sich nicht wandelnden

Kerns, beschrieben als feste Persönlichkeit, führt immer wieder in der Erfahrung der Vergänglichkeit zu menschlichen Qualen, die, obwohl oft verleugnet, sich dann in Angst vor dem Sterben oder in Schuldgefühlen zeigen. Die buddhistische Praxis betont daher (mehr) den Wandel und die Bewegung des »Ich-Selbst«, zu dem dann der Übende eine eher loslassende Haltung entwickeln kann. Dies haben wir als »Dekonstruktion des Ich-Selbst« beschrieben und das Sitzkissen als den Ort empfohlen, wo dies passieren darf und sogar sollte.

Veränderung aus buddhistischer Sicht geschieht also auf der einen Seite durch Erkenntnis und Einsicht, so wie in der Psychoanalyse durch die Bewusstwerdung der alten Wahrnehmungs- und Beziehungsmuster, auf der anderen Seite aber auch durch eine meditative Praxis, die wir als das stille Sitzen auf dem Kissen beschreiben (Zwiebel und Weischede, 2015, S. 181 f.). Hier überlässt sich der Praktizierende Prozessen, die ihre »heilsamen Wirkungen« dadurch erzielen, dass in keiner Weise eingegriffen wird und die meditative Praxis absichtslos wird.

Diese »heilsame Wirkung« besteht dann genau in dem bedingungslosen Zulassen dieser Zerfallsprozesse, welche zu einer Neukonstruktion des Ich-Selbst führen, in die ein »Ich« oder ein »Akteur« eben nicht eingreift. Der Meditierende oder Übende erfährt sich so als nichts anderes als die »erfahrene und lebendige Bewegung meiner Selbst. Indem ich mich selbst als diese Bewegung erfahre, vergesse ich zunehmend das ›Ich‹, das dazu tendiert, sich als konstanter Faktor über diese Bewegung zu erheben. Indem die lebendige Bewegung sich mehr und mehr kennenlernt und dadurch das sich über dieser Bewegung erhebende ›Ich‹ zurückgenommen wird, kann die lebendige Bewegung, als die ich selber bin, in den Vordergrund der Aufmerksamkeit treten« (Elberfeld, 2010, S. 58).

Dies würde auch heißen, dass es sich um eine entscheidende Verschiebung in der Polarität des Ich-Selbst zum Selbst hin handelt. Insofern verstehen wir auch die Aussage von Shunryu Suzuki, dass es auch im Buddhismus vorwiegend um das Unbewusste geht, wenn auch vielleicht anders aufgefasst als in der Psychoanalyse. Bei dieser Aussage beziehen wir uns vor allem auf das Teisho von Suzuki über das Unbewusste im Buddhismus (Zwiebel u. Weischede, 2015, S. 253).

Aus unserer Sicht bilden das alltägliche »Ich-Selbst« der Psychoanalyse und das »Nicht-Selbst« der östlichen Traditionen keine Gegensätze. Vielmehr scheint es so, dass die Bildung und Festigung des lebenspraktischen Ichs (mit seinen von der Psychoanalyse beschriebenen Ich-Funktionen und Selbstrepräsentanzen) in der Polarität des Ich-Selbst eine Basis ist für das spätere Loslassen des Ichs, das ja im Alltagsbewusstsein als etwas Festes und wenig Veränderliches angesehen wird. Das schafft die Grundlage für die direkte Erfahrung, dass das Ich-Selbst weitgehend lebendige, prozesshafte Bewegung ist. Wir verstehen daher sowohl die Psychoanalyse als auch den Zenbuddhismus als »Übungswege«, die emanzipatorischen Charakter haben. Es ist »die Befreiung von Fixierungen und Verdrängungen auf der einen Seite und die Befreiung von illusionären Ansichten eines gleichsam substanziellen, dauerhaften Ich-Selbst auf der anderen Seite« (S. 152).

Shunryu Suzuki und seinem Buch »Zen-Geist, Anfänger-Geist« haben wir gerade in unseren dialogischen Auseinandersetzungen viel zu verdanken. Die von ihm geprägten Begriffe Anfänger-Geist, Kleines Selbst und Großes Selbst bringen viele Anregungen in unsere Diskussionen. Gleichzeitig sind es einige der »Brücken«, die es uns ermöglichen, die Psychoanalyse und den Zenbuddhismus als Praxis- oder Übungswege miteinander zu vergleichen. Einsicht und Präsenz sind dabei zentrale Elemente dieser beiden Übungswege.

Suzukis Auseinandersetzung mit der Vergänglichkeit und damit mit der Unbeständigkeit – als andauerndem Wandel und dem daraus resultierenden Glück und Leiden –, ist ein Beispiel dafür, wie vollendete Praxis nahtlos in den menschlichen Alltag integriert werden kann. Dabei hat er immer tiefes Mitgefühl und große Weisheit zur Grundlage seines Denkens und Handelns gemacht. Viele seiner Aussagen und Erkenntnisse sind wohl nur möglich durch die Betrachtung der Welt aus dem »Schweigenden Geist« heraus. Ein Geist, der in seiner Nicht-Reaktivität die Welt zunehmend unvoreingenommen erlebt und so etwas wie ein Urbedürfnis des Menschen zu sein scheint. Diesen Aspekt werden wir als die Entwicklung eines »Stillen Ortes« beschreiben und dies in der Beziehung zum »Sicheren Ort« genauer untersuchen.

Unsere gemeinsamen Arbeiten sind durchdrungen von der Überzeugung, dass Buddhismus und Psychoanalyse sich gegenseitig »brauchen«, eine Überzeugung, die bislang von wenigen geteilt wird. Am klarsten hat bislang unseres Wissens der schon erwähnte Zenlehrer und Psychoanalytiker Barry Magid diese Überzeugung formuliert: »Zen needs psychoanalysis as much as psychoanalysis needs Zen. In particular, Zen needs psychoanalysis to keep it emotionally honest. The danger of emotional dishonesty – or I might say ignoring emotional reality – can come from a number of directions, of which I'll mention just two« (Magid, 2008, S. 17).

Die beiden Gefahren sind nach Magid die emotionale Dissoziation oder Vermeidung (im Sinne einer affektiven Abspaltung elementarer emotionaler Wünsche und Bedürfnisse) und die Vorstellung einer »erleuchteten Sicht« der Wirklichkeit, ohne das Weiterwirken unbewusster Prozesse und psychischer Organisationsprinzipien zu erkennen. Dies gilt beispielsweise für das Weiterbestehen und Weiterwirken von Charakter- und Persönlichkeitsstrukturen der Praktizierenden, die trotz großer Übungsfortschritte sich in erstaunlich dissozialen Verhaltensweisen manifestieren können.

Andererseits betont auch Magid, dass Psychoanalyse Zen braucht: »So I'd suggest that Zen can help psychoanalysis realign itself with philosophy in the open-ended investigation of these kinds of basic questions (How should I live, what is the meaning of happiness, freedom or justice) to which we all must come to our own individual, personal answers« (Magid, 2008, S. 19).

4 Der Film: »Warum Bodhidharma in den Osten aufbrach« (1989) von Yong-Kyun Bae

Der Regisseur und sein Film

Der Regisseur, Bae Yong-Kyun, wurde 1951 in Daegu in Südkorea geboren. Er ist gleich mit diesem seinen ersten Film, der stark zenbuddhistisch geprägt ist, bekannt geworden. Er lebt jetzt als Maler und Professor in Südkorea und hat noch einen weiteren Film unter dem Titel »The people in white« (1995) gedreht (siehe Wikipedia). Der Film »Warum Bodhidharma in den Osten aufbrach«[4] ist also sein erster Spielfilm. Dessen Herstellung dauerte sieben Jahre und wurde mit einer einzigen Kamera gefilmt. Er bekam den Goldenen Leoparden und den Preis der Ökumenischen Jury bei den Filmfestspielen in Locarno. Die Kritik reagierte überwiegend positiv.

Dieser Film beinhaltet kaum eine Filmerzählung im üblichen Sinne. Den Inhalt könnte man in wenigen Sätzen zusammenfassen: Ein alter Zenmeister lebt in einer Einsiedelei mit einem kleinen Waisenjungen, dessen er sich angenommen hat. Zu ihm wird ein junger Mönch als Unterstützung geschickt, der sich als Mönch ins Kloster begeben hat, um aus einer unglücklichen, verzweifelten Notsituation seines Alltags mit einer blinden Mutter und seiner Schwester herauszukommen und die Befreiung zu suchen. Der Zuschauer verfolgt das Leben dieser drei Menschen in der abgeschiedenen Natur: Der Meister strebt ebenso wie sein junger Schüler Kibong, der Mönch, nach der Erleuchtung durch intensives Meditieren in einem einfachen und kargen Leben. Der kleine Junge lebt in seiner Kindlichkeit in dieser idyllischen Einöde und erlebt auch die Freuden und Schrecken der Kindheit: das Spiel mit anderen Kindern, die ihn quälen; sein Versuch, sich einen Vogel einzufangen, den er versorgen kann, der aber stirbt. Das Geschrei der Vogelmutter verfolgt

---

4   Der offizielle deutsche Filmtitel »Warum Bodhi-Dharma in den Orient aufbrach?« (DVD) scheint uns eher etwas verwirrend, wir benutzen ihn deshalb nicht. Der englische Titel »Why has Bodhi-Dharma left for the East?« (DVD Arte-Edition) stimmt mit dem unsrigen eher überein.

ihn lange, offenbar als Ausdruck des inneren Gewissens. Der Zuschauer hört viele essenzielle buddhistische Belehrungen des Meisters, der langsam krank und schwächer wird, und es zeichnet sich ab, dass er bald sterben wird. Er gibt seinem Schüler strikte Anweisungen für sein Begräbnis, die der Schüler nach dem Tod des Meisters auch einhält. Am Ende hört der kleine Junge nicht mehr auf die »anklagenden« Rufe der Vogelmutter, und der Zuschauer sieht in der Ferne einen Mann – sehr wahrscheinlich Kibong – mit einem Ochsen durch die Felder ziehen.

Eine Schwierigkeit der genaueren Darstellung ergibt sich durch die für diesen Film einzigartige Kombination von Bild und Wort: In sehr langen Einstellungen werden die Natur, bestimmte Einzelheiten der Einsiedelei, aber auch der Stadt gezeigt, begleitet von einer sphärischen Musik, Glockenschlägen und den vielen Stimmen der natürlichen Umwelt. Dazwischen hört der Zuschauer die Belehrungen des Meisters, manchmal direkt, manchmal auf dem Off. Diese behandeln in teilweise sehr poetischer Art zentrale Annahmen der buddhistischen Lehre, die um die Befreiung des Menschen aus der Not und vom Leiden handeln. Eine Handlung im üblichen Sinne findet kaum statt, auch gibt es praktisch keine Alltagsdialoge: Es handelt sich um eine besondere Mischung aus dem Gezeigten und Gesagten, die vielleicht eine verborgene Kongruenz haben, die aber nicht immer leicht zu erkennen ist. Hinzu kommt, dass es viele Szenen gibt, die parallel geschnitten sind: Der Zuschauer sieht den jungen Mann (den späteren Mönch) in der Stadt, während im nächsten Bild der Meister nach dem Kleinen ruft. Es gibt auch einige Traumszenen, die aber nicht kryptisch wirken, sondern sehr klar den Fortgang des Filmes kommentieren. Damit ist die Linearität der Zeit nicht durchwegs eingehalten: In Rückblenden sieht man den späteren Schüler in seiner alltäglichen Notsituation oder wie er den Auftrag vom Abt des Klosters bekommt, als Hilfe zum alten Zenmeister in die Einsiedelei hinaufzusteigen. Eine Rolle spielt wohl auch die Erwartung des Zuschauers nach einer kohärenten Geschichte und Erzählung, die für den durchschnittlichen Zuschauer eindeutig enttäuscht wird. Dennoch entsteht eine gewisse Spannung, an der man selbst spürt, wie man immer auf der Suche nach einer »Geschichte« ist: Wie geht es weiter? Was wird aus dem Jungen und dem Schüler? Dabei wird eine existenzielle Grundsituation gezeigt und eine meditative Haltung des Zuschauers evoziert, wenn er in den Sog der Bilder eintaucht.

Das Protokoll des Films

Wir haben im Rahmen dieser Filmbeschreibung eher zufällig entdeckt, dass es in der Synchronisation des Films zwei verschiedene Übersetzungen der koreanischen Sprache gibt. Da ist zum einen die deutsche Synchronisation und da sind zum anderen die deutschen Untertitel. Wir haben uns entschieden, die deutschen Untertitel für das Protokoll wiederzugeben, weil sie uns klarer und eindeutiger erscheinen. Es klingt dabei allerdings ein grundsätzliches Übersetzungsproblem zwischen den asiatischen und den westlichen Sprachen an, das in der Beschäftigung mit den östlichen Traditionen eine wichtige Rolle spielt (Elberfeld, 2004).

In den ersten Bildern des Films sieht man den späteren Schüler in der Stadt (im Alltag) und in anderen Bildern den Meister mit dem kleinen Jungen Haei-Ji in der Einsiedelei hoch in den bewaldeten Bergen. Ganz konkrete Dinge wie die Teezubereitung, das defekte Fenster, das Spiegeln des Gesichts im Wasser werden gezeigt. Man hört den Meister aus dem Off: »Es gibt weder einen Anfang noch ein Ende. Noch gibt es beständige Substanzen. Was nicht geboren wird, kann nicht sterben.«

Dem folgt eine Szene, in der Kibong sich beim Holzhacken verletzt – das Blut tropft auf den Stamm – und Haei-Ji einen Stein nach dem jungen Vogel wirft und ihn einfängt, um ihn »fürsorglich« in einen Verschlag einzusperren. Während man in die schier unendliche Landschaft schaut, sieht der Zuschauer den zukünftigen Zenschüler Kibong in seiner alltäglichen häuslichen Situation: Ein Trödler schaut in seine Behausung und sucht, ob er etwas mitgehen lassen kann, und der Blick des Schülers fällt auf das Bild seines Vaters, ein Bild, das erahnen lässt, dass dieser nicht mehr lebt. Später erfährt man, dass nur noch die blinde Mutter und die Schwester leben.

Auch die folgenden Bilder, Worte und Dialoge stehen in gewisser Weise unter dem obigen Motto des Meisters:

Haei-Ji fragt den Schüler: »Ist am Fuß des Bergs ein großer Tempel? Und was ist weiter unten?«

Schüler: »Die Welt.«

Haei-Ji: »Die Welt? Und Sie, kommen Sie aus der Welt?«

Schüler: »Natürlich. Und du kommst auch aus der Welt, Haei-Ji.«

Haei-Ji: »Und der große Meister?«

Schüler: »Auch er.«

Haei-Ji: »Warum haben wir uns alle aus der Welt zurückgezogen?«

Schüler: »Weil man in der Welt keinen Frieden hat, das Herz nicht frei ist.«

Haei-Ji: »Warum«?

SCHÜLER: »Weil das Herz der Menschen zu klein ist, um alle Dinge dieser Welt aufzunehmen. Eigentlich ist es groß genug, aber es ist von ihrer Vorstellung vom Selbst gefüllt.«

Abbildung 1: Kibong beim Holzsammeln

Und es folgt ein weiteres Gespräch zwischen Haei-Ji und dem Schüler über Haei-Jis Beziehung zu den Eltern: Die Frage, ob er seine Mutter vermisse, verneint Haei-Ji, da er ja keine Erinnerung an sie habe und daher auch kein Grund gegeben sei, traurig zu sein. Und dazu passend kommt ein wenig später die Stimme des Meisters aus dem Off: »Die menschlichen Beziehungen werden mit Fesseln und Ängsten behaftet, und es ist traurig, dass man immer wieder verliert, was man liebt. Aber dein Herz verspürt nichts? Du verspürst keine Traurigkeit? Dann hast du dein Herz geleert und deine Ängste vertrieben.«

Dabei sieht der Zuschauer die Vogelmutter (wohl als Ausdruck des schlechten Gewissens von Haei-Ji) und in der nächsten Szene, wie der Meister dem Kleinen einen Milchzahn unter Schmerzen entfernt. Der gezogene Zahn landet auf dem Dach des Hauses und der Kleine versorgt auf fürsorgliche Weise den von ihm gefangenen Vogel. Dann taucht der Blick des Zuschauers in ein schwer durchdringliches Dickicht, in dem vage ein Tier, wohl eine Kuh oder ein Ochse auftaucht, was aber nicht leicht zu erkennen ist. Überhaupt ist in dem

Abbildung 2: Der Meister zieht den Milchzahn

Abbildung 3: Haei-Ji fängt den Vogel

Film sehr vieles ins Dunkel getaucht, und es ist für den Zuschauer schwierig, sich zu orientieren und die Einzelheiten zu erkennen.

Man sieht den Schüler in der meditativen Haltung und in den folgenden Bildern meint man seine Gedanken während der Meditation zu erkennen: die Erinnerungen an sein früheres Leben, sein Brüten in dem dunklen Zimmer, die blinde Mutter, seine Schwester und dazu hört man die Stimme des Schülers: »Das Schicksal hat mir die Bürde meiner Familie auferlegt. Wäre es nicht gegen die Moral, wenn ich mich diesem Schicksal entzöge, um meinen Weg zu gehen? Aber mich dürstete nach der Freiheit meiner Seele. Ich konnte nicht zwei Dinge gleichzeitig tun. Ich musste die enge Wohnung verlassen, in der sich das Leiden wie Staub ausgebreitet hatte, um wieder zu mir zu finden. Die Welt, die Moral, die Liebe der Meinen erschienen mir wie Fesseln, die ich lösen musste. Ebenso die Begierden und die weltlichen Freuden. Ich will unbedingt zur Erleuchtung gelangen, den Weg der vollkommenen Freiheit gehen.«

In wechselnden Bildern von der Kirschblüte und dem Anblick des deprimierten Schülers in seiner häuslichen Umgebung hört der Zuschauer eine weitere Stimme, die sich als die Stimme des Klosterabtes erweist: »Wenn man die Nichtigkeit der Dinge versteht, betritt man den Weg, der zu Buddha führt. Sei

Abbildung 4: Der Schüler in Meditation

du still [...] Ich stelle dir einen Meister vor, der dir die Augen öffnen und den Weg zeigen wird.«

Hier nun erfährt der Zuschauer auch etwas von der Vorgeschichte des Zenmeisters: Er hat sich vor Jahren in die Einsiedelei hoch auf dem Berg zurückgezogen, um intensiv zu meditieren. Er wird von den anderen als »Leuchtturm« angesehen, der ihnen den Weg zeigt. Vor Jahren zog er sich beim intensiven Meditieren – so erzählt es der Abt dem Schüler – eine Frostbeule zu, was der Meister selbst als Zweifel an seinem Glauben ansah. Schließlich erbettelte er sich das Geld zusammen für die notwendige Behandlung in der Stadt und traf dort auch einen zweijährigen Waisenjungen, um den sich niemand kümmerte. Den hat er dann mit in seine Einsiedelei genommen und sorgt seitdem für ihn. Jetzt habe er wieder eine Frostbeule und benötige wohl Hilfe.

Es folgen wieder wechselnde Bilder und Einstellungen, oft ins Dunkel getaucht, die Vogelmutter und ihr Ruf, Haei-Ji, der mit einem Stock einen Stein aufhebt, das Rauschen des Blätterwaldes, die weinenden und ängstlichen Rufe des Kleinen nach dem Schüler, die Lichter der Einsiedelei in der Ferne, das Schlagen des Han (ein Holzblock wird mit einem Schlegel geschlagen und erzeugt einen weit hörbaren Klang). Und dann sieht der Zuschauer den Meister und Kibong am Bach sitzen und hört die Unterweisungen des Meisters:

»Wenn du den Mond in dir befreist, wird er den Himmel und die Erde beleuchten und sein Licht wird die Schatten des Universums verjagen. Wenn du das verstehst, wirst du alles verstehen. Dann wird sich die Neuigkeit im gesamten Universum verbreiten. Wenn du das weißt, wirst du alle Dinge ergründen; du wirst ein Universum erhalten, in dem Tag und Nacht eins sind. Diese Einheit wird vollkommen sein, und alles wird in Erfüllung gehen. Es wird keine Hindernisse geben, es herrscht eine vollkommene Freiheit.

Hier ist ein Stück Holz mit dem Kopf eines Kranichs, dem Schwanz eines Drachens, dem Rücken eines Rehs, der Brust einer Echse. Es hat keinen Namen oder Vornamen. Es ist dein Gesicht vor deiner Geburt, dein Körper vor der Geburt deiner Eltern. Damit musst du die Frage von der Geburt lösen.

Wenn der Mond mein Herz verlässt, wohin geht dann der Meister meines Seins?

Kibong, ich gebe dir dieses Koan. Du musst Eifer und Ausdauer beweisen, um es zu verstehen, und es mir zeigen. Wenn du an dieses Koan denkst, Tag und Nacht, und dich beim Meditieren konzentrierst, gelangst du schließlich zur Erleuchtung. Das Koan ist ein Mittel, um das Meer von Leidenschaften und Illusionen zu durchqueren, um die Wurzeln des wirklichen Ichs zu finden.«

Haei-Ji ist mit seinem gezogenen Zahn beschäftigt, und der Meister sagt ihm, dass dies einmal ein Teil von ihm war, an dem er offenbar immer noch hänge; dabei gebe es keinen Unterschied zwischen einem Stein auf der Straße und diesem Zahn, wie es auch keinen Unterschied zwischen Leben und Tod und dem Ich und dem anderen gebe.

Der Mönch bittet seinen Meister, sich bei der Arbeit zu schonen, dieser aber sagt, er würde sich schämen, zu essen, wenn er nicht dafür auch gearbeitet habe, aber er sagt auch, dass sein Leib und seine Seele geschädigt seien, weil sein Glauben nicht stark genug sei. Wahrscheinlich spricht er hier die Schwierigkeiten seiner meditativen Praxis an und drückt seinen tiefgehenden Zweifel aus, ob er die Erleuchtung erreichen werde bzw. erreicht habe. Dennoch will der Schüler ein Heilmittel besorgen, aber der Meister hält dies für sinnlos, weil sein Körper verbraucht sei.

In der nächsten Szene sieht der Zuschauer spielende Kinder im Wasser, die Haei-Ji auf grausame Weise unter Wasser tauchen und der wohl für einen Moment Todes- und Vernichtungsangst erlebt. Diese Angst wird verstärkt durch den Anblick des toten Vogels, den er zu Beginn mit dem Stein eingefangen hat: Er blickt auf das Skelett und die Maden, weicht entsetzt zurück und zusätzlich erschrocken durch den Ruf der Vogelmutter stürzt er sich in die Fluten, um zu fliehen, und kämpft gegen das Ertrinken. Für einen Moment fürchtet der Zuschauer, er könne wirklich ertrunken sein, denn er treibt reglos im Wasser, dann jedoch wird er ans Ufer getragen. Er weint voller Verzweiflung, in seiner

Abbildung 5: Haei-Ji, von den Kindern gequält

Einsamkeit hört er den Ruf der Vogelmutter. Kurze Zeit später hat er sich offenbar im Dunkel des Waldes verlaufen, er irrt umher, bis er auf einen Ochsen trifft, dem er nacheilt, ohne ihn aber einzuholen.

Der junge Mönch ist in die Stadt hinabgestiegen, um das nötige Geld für die Heilmittel für den Meister zu erbetteln. Der Zuschauer erlebt das hektische Treiben der Stadt und begleitet den Mönch zu seinem Elternhaus. Die Mutter ruft nach der Schwester, sie sitzt blind und hilflos in ihrem Verschlag, aber Kibong gibt sich nicht zu erkennen und der Zuschauer kann seine konflikthafte Qual nachvollziehen, den Konflikt zwischen seiner Verpflichtung der Mutter gegenüber und seinem eigenen Wunsch nach Befreiung. Auf dem Rückweg wird er auch noch von Räubern ausgeplündert. Dazu kommt eine Stimme aus dem Off:

»Er verließ den Königpalast und ging allein in den Wald. Dieser Aufbruch, der eines Tage vor über 2.500 Jahren stattfand, war keine Flucht vor der Welt. Als er die Zeit überwunden hatte, ist er zu allen Menschen zurückgekehrt. Er ist nicht weggegangen, er ist zu uns allen zurückgekehrt. [...] Wissen Sie, dass er wegging, um ganz zu uns zurückzukehren?

Durstig nach der Vollkommenheit des anderen Ufers wurde ich Eremit, um mich vom Staub und den Verunreinigungen der Welt zu befreien; doch ich begriff, dass das nur möglich war, wenn ich die Schande, den Staub, den Schmutz und sogar die Leidenschaften des Lebens liebte. Ich musste alle Wesen begreifen. [...]

Ist es leicht, sich gegen Wirklichkeit und Schicksal aufzulehnen, so ist es schwierig, sie zu lieben. Wie schön ist die Welt doch für den, der sie zu lieben versteht! Die Welt ist keineswegs unvollkommen; ich glaube, die Unvollkommenheit liegt in unserer Sprache, unserem Wissen, unserem Bewusstsein.

Ist die Erleuchtung nicht ein Traum? Ich habe die Welt verlassen, weil ich daran glaubte. Aber wenn ich sehe, welche Dinge ich geopfert habe, erscheinen sie mir voller Groll, und ich habe Angst, in die Hölle voller Gewissensbisse zu fallen. Die Kreaturen retten? Was heißt das für all jene, die Vater, Mutter, Frau und Kinder verlassen haben, weil sie an die Erleuchtung glauben? Wer ist Buddha? Wer ist es nicht? Heißt es nicht, er sei weder Buddha noch Kreatur? Ich kehre in die Welt und den Strudel des Lebens zurück!«

Diesen Zwiespalt zwischen der alltäglichen Welt (Samsara) und der klösterlichen Welt (Nirwana), der offenbar auch auf einer schwer zu überwindenden Täuschung des dualistischen Denkens beruht, erlebt der Zuschauer nach der Rückkehr des Schülers aus der Stadt, wo er vom Meister mit Schlägen erwartet wird. Dieser blickt auf die Bäume des Waldes und spricht zum Schüler:

»Oh, du Schwalbe aus dem Süden, wo entlang führt der Weg zur Heimat? Haben die Narzissen die Mäuler geöffnet, um das Reiskorn zu verschlingen, das du mitgebracht hast? Die Sterne balancieren den Himmel aus [...] muss ich nicht in den Bergen bleiben, damit Dummköpfe wie du mich besuchen können? Behalte das Koan zwischen den Zähnen, selbst wenn du in ein Flammenmeer stürzt! Wer sich entschließt, die Welt zu verlassen, muss bis zum Ende gehen! […] Wenn du zur Erleuchtung gelangst, kannst du eine Freiheit genießen, die dem Wind auf dem Gipfel gleicht, und einen Frieden, der dem Felsen gleicht, der unerschütterlich dem Sturm trotzt. Der Ort, wo du dich gerade befindest, ist der reine Boden. Was wirst du nun tun? Sieht der Oberflächliche, von der Welt gefangene Betrachter einen Unterschied zwischen Hölle und reinem Boden? Antworte! Wenn der Mond mein Herz verlässt, wohin geht dann der Meister meines Seins?«

Abbildung 6: Der Meister und der Schüler Kibong

Und der Meister wirft dem Schüler den Stab vor die Füße, den dieser dann aufnimmt. Es bleibt vieles im Dunkel: Haei-Ji irrt im Gewitter rufend herum, der Schüler erkrankt und sieht in einer Fieberphantasie, wie der Meister sich im Fluss an einen Felsen klammert, dann aber losgerissen wird – oder loslässt? Danach erwacht der Schüler besorgt und fragt nach dem Meister. Auch ihm geht es jetzt schlecht und der Schüler bereitet die Medizin für ihn, die Haei-Ji ihm bringt, während er wieder von den Rufen des Vogels begleitet wird.

Der Meister liegt im Bett, der Schüler ist bei ihm. Der Meister erklärt, dass der Schüler sich schuldig fühle, sei ein Irrtum: »Die Bande, die mich an den Körper binden, beginnen sich zu lösen. Der Körper ist vergänglich, er geht seinen Weg, wenn es so weit ist, wenn die Zeit gekommen ist. Es ist Zeit für mich, meinen Leib zu verlassen.« Der Schüler antwortet ihm verzweifelt, dass es noch zu früh sei, der Meister dürfe nicht gehen, ohne ihm den Weg gezeigt zu haben: Wie lange solle ihn noch die Dunkelheit umgeben? Wenn er nicht weiterkomme, an wen solle er sich wenden?

Abbildung 7: Der Stab des Meisters

MEISTER: »Sei unbesorgt, es ist nicht deine Schuld. Der Moment ist gekommen. Und wenn der Moment gekommen ist, geht der bedeutungslose Körper seinen Weg.«
SCHÜLER: »Sagen Sie so was nicht, Sie müssen noch bei uns bleiben! Ich verstehe noch zu wenig vom Zen. Sie müssen mir den Weg zeigen, bevor Sie uns verlassen. Wer sonst sollte mir den richtigen Weg zeigen?
MEISTER: »Berge und Flüsse, Pflanzen und das Universum, hier und dort, es ist alles im selben Raum. Gehen ist Kommen, Kommen ist Gehen. Weht der Wind nicht auch, wie er will? Mein Körper verwandelt sich in seinen ursprünglichen Zustand zurück, das Blut und der Eiter meiner Wunden fallen rosafarben vom nächtlichen Himmel. Ich bin körperlich nicht vor-

handen im Universum [...] und doch bin ich alles, was es gibt im Universum.«

Dann setzt er sich auf und gibt dem Schüler seine Anweisungen: »Hör mir jetzt gut zu. Du wirst tun, was ich dir jetzt sage. Wenn ich nun sterbe, erhältst du meine Leiche und ich möchte, dass du sie an ihren Ursprungsort zurückbringst. Verständige nicht die Mönche im Tempel, es würde sie stören. Du musst alles allein machen. Ich will keine Zeremonie, lass mich bekleidet wie ich bin. Du weißt doch: Diese Kiste, das ist ein perfekter Sarg! Achte darauf, keinen Brand zu entfachen in den Bergen, Kibong. Du hast für mein Begräbnis nur eineinhalb Tage Zeit. Das ist sehr wichtig, und du musst dich daran halten. Diese Aufgabe ist das Koan, das ich dir anvertraue. Es ist für dich eine unerlässliche Übung. Sobald ich tot bin, musst du dich also beeilen. Wenn sich die Verbindungen lösen, die die Teile des Körpers verbanden, dann löst sich dieser auf in Erde, Wasser und Wind. Wohin also geht der Meister meines Seins?«

Der Mönch schlägt die Densho-Glocke (die Hauptglocke in einem Kloster) und rezitiert: »Der Klang der Glocke vertreibt die Leidenschaften, er führt zu mehr Weisheit und schließlich zur Erleuchtung. Er holt jene Menschen aus der Unterwelt, die geloben, zur Erleuchtung zu gelangen und die Menschen zu retten.«

Kibong sitzt dann mit dem Meister am Fluss und rasiert ihm den Schädel. Es scheint, dass es dem Meister wieder besser geht, und er sagt: »Die Körper, die zum Nichts zurückgerufen werden, tanzen in der Harmonie der Töne und Farben wie Schaumblasen. Ist es ein Traum oder Wirklichkeit? Am Anfang war dieser Hof leer. Und als der Traum zu Ende war, war die Erleuchtung da.«

Kibong und Haei-Ji gehen mit der Erlaubnis des Meisters ins Kloster hinunter, weil dort ein großes Tempelfest stattfindet. Dort sieht man eine geheimnisvolle, in weiße, fließende Gewänder gehüllte Figur in einer leeren Halle tanzen. Die folgenden Sequenzen sind kaum in Worte zu fassen, weil sie schnell geschnitten zwischen dem Kloster und dem Tänzer und der Natur wechseln. Es ist der Tanz zwischen zwei Welten, der normalen Welt und der Welt des Todes. Mit wehenden Gewändern bewegt sich der Tänzer zwischen diesen beiden Welten hin und her. Das Leben erscheint wie ein Traum: Was ist Traum, was ist Wirklichkeit? Das ist wieder eine dieser wunderbar umgesetzten Filmsequenzen über das fliehende, nicht festzuhaltende, grenzenlose Leben, das eigentlich nur getanzt werden kann. In der letzten Einstellung dieser Szene entschwindet der Tänzer aus einer dunklen Fläche hinweg in den Horizont des Bildes. Welche Welt hat er verlassen, in welche tanzt er hinein?

Schließlich kehren Kibong und Haei-Ji von dem Fest zurück und finden den toten Meister, der offenbar in der Meditation gestorben ist. Nun folgt der Schüler den Anweisungen des Meisters für das Begräbnis, das in seinem Verbrennen in einer sargähnlichen Kiste besteht. Der Zuschauer hört die Stimme des Schülers in diesen langen Szenen aus dem Off: »In den Zyklen von Anfang und Ende sind Leben und Sterben dasselbe, doch das Leben gehört jenen, die bleiben. Im ewigen Strom ohne Ende gibt es weder Geburt noch Tod. Für die, die bleiben, ist der Tod ein unlösbares Problem.«

Abbildung 8: Haei-Ji in Sorge

Man sieht Haei-Ji mehrfach in Großaufnahme, eine Mischung aus Trauer und Angst, und als er den Ruf des Vogels hört, wird sein Blick noch unruhiger. Die Szene mit dem Verbrennen des Meisters dauert mehrere Minuten lang: Man könnte meinen, die ganze Welt des Waldes schaut dem Verlöschen des Meisters zu: Kibong, Haei-Ji, der Ochse, der Vogel, der Wald und der Zuschauer kommen in einen Zustand, in dem sie sich in der Tat dem Rätsel des Todes ausgesetzt fühlen – was wird aus dem Meister? Zwischendurch sieht man auch für einen Moment das Auge des Ochsen und nach dem Verlöschen des Feuers den Schüler, wie er nach den Resten in der Asche sucht. Er zerbröselt die übrig gebliebenen Knochen und verstreut die Asche im Wasser, in dem sofort die Fische auftauchen, um diese aufzunehmen, aber er streut auch Asche auf die Blätter der Bäume.

Abbildung 9: Kibong in Trauer

Jetzt erscheint alles viel heller in dem Film. Haei-Ji bekommt den Nachlass des Meisters und der Mönch sagt ihm, er werde ins Kloster hinabsteigen, um ihm einen neuen Gefährten zu holen. »Wohin gehen Sie?«, fragt der Kleine, aber schon ist Kibong fort, nachdem er einen langen Blick in den Himmel geworfen hat. Haei-Ji kehrt mit den Habseligkeiten des Meisters in die Klause zurück und legt diese in das brennende Feuer. Der Rauch als Zeichen der Flüchtigkeit zieht nach oben. Zuletzt sieht der Zuschauer Haei-Ji am Brunnen, an dem er sich selbst versorgt. Wie so oft ruft der Vogel mit seiner klagenden Stimme vom hohen Ast, aber der Kleine achtet nicht mehr darauf und geht in das Haus zurück.

Im letzten Bild sieht man den Vogel, wie er wie freigelassen in die Lüfte entschwebt, über einer weiten Landschaft, in der ein Bauer – es könnte sehr gut Kibong sein – einen Ochsen durch das Feld führt.

Filmkommentar aus buddhistischer Sicht

Grundlage der in diesem Film dargestellten buddhistischen Praxis ist die der *Zenmeditation*: Der chinesische Begriff »Chan« stammt aus dem sanskritischen »Dhyana« (Meditation), wurde dann in Japan ab etwa dem 12. Jahrhundert als

Zen(buddhismus) weiterpraktiziert und bezeichnet die meditative Versunkenheit und die Sammlung des Geistes, »in der alle dualistischen Unterscheidungen wie Ich/Du, Subjekt/Objekt, wahr/falsch aufgehoben sind. [...] Das Charakteristische des Zen lässt sich in vier kurzen Aussagen zusammenfassen:
1. (Eine) besondere Überlieferung außerhalb der (orthodoxen) Lehre
2. Unabhängigkeit von (heiligen) Schriften
3. [...] das unmittelbare Deuten (auf des) Menschen Herz
4. (führen zur) Schau des (eigenen) Wesens (und zur) Buddha-Werdung. [...]

Das Zazen ist daher keine ›Methode‹, die den in Unwissenheit [...] lebenden Menschen zum ›Ziel‹ der Befreiung hinführt, sondern unmittelbarer Ausdruck und die Aktualisierung der in jedem Menschen in jedem Augenblick gegenwärtigen Vollkommenheit« (Lexikon der östlichen Weisheitslehren, 1994, S. 470 u. 472).

Eine der Fragen, die sich den Meditierenden – zumindest zu Beginn ihrer Praxis – immer wieder stellt, ist: Warum meditiere ich? Diese Fragen nach dem Sinn und Zweck der Meditation stehen im Mittelpunkt dieses Films. Eine Antwort, die der Film gibt, lautet: Gehe ins Kloster, meditiere und lege deine ganze Kraft in die Beantwortung all deiner Fragen. Eine andere Antwort, die der Film bereithält, lautet: Liebe das Leben, so wie es ist. Dies zu erkennen und zu verwirklichen, ist vielleicht nur im Kloster möglich, dann aber ist es »gelebte Liebe« und nicht mehr abhängig von bestimmten Orten oder besonderen (Meditations-)Praktiken. So heißt es an einer Stelle: »Durstig nach der Vollkommenheit des anderen Ufers wurde ich Eremit, um mich vom Staub und den Verunreinigungen der Welt zu befreien; doch ich begriff, dass das nur möglich war, wenn ich die Schande, den Staub, den Schmutz und sogar die Leidenschaften des Lebens liebte. Ich musste alle Wesen begreifen. [...] Ist es leicht, sich gegen Wirklichkeit und Schicksal aufzulehnen, so ist es schwierig sie zu lieben. Wie schön ist die Welt doch für den, der sie zu lieben versteht.«

Für den Laien wirkt der Titel des Films »Warum Bodhidharma in den Osten aufbrach« zunächst befremdlich. Dieser greift ein altes Thema der zenbuddhistischen Praxis auf: Warum brachte Bodhidharma (der Legende nach) den Buddhismus von Indien nach China? Oder: Warum kam Bodhidharma aus dem Westen?

Bodhidharma war ein Schüler von Prjnatara, dem letzten indischen Lehrer innerhalb der buddhistischen Lehrlinie und wurde von diesem nach China geschickt, um dort den Buddhismus zu lehren. Bodhidharma gehört in der buddhistischen Tradition zu den »Zengiganten« und taucht in vielen Legenden, aber auch in vielen Koans auf.

Koans (chinesisch: öffentlicher Aushang) sind in der Regel kurze Aussagen oder Handlungen eines Zenmeisters, die in der Regel verstandesmäßig nicht begriffen werden können. Ein Koan sollte jenseits von Worten erschlossen werden und fordert eine intensive Auseinandersetzung mit dem Text, um grundlegende Sichtweisen wie die der Dualität oder die eines festen Ich-Selbst in direkter Erfahrung als »getäuschte Wahrnehmung« zu »erkennen«.

»Diese Texte, die ja keine wissenschaftlichen, diskursiven Traktate sind, sondern eher poetisch-assoziative Texte, nimmt der Praktizierende in seine meditative und alltägliche Praxis, indem er seine konkreten Erfahrungen der Lebensereignisse auf dem Hintergrund dieser Texte ›untersucht‹« (Zwiebel u. Weischede, 2015, S. 43).

Koans führen so zu direkten Erfahrungen, nicht mehr beeinflusst durch das Bewusstsein, und werden so zu »gelebten Antworten«. Weiter unten plädieren wir dafür, den ganzen Film als eine Art Koan zu betrachten, der den Zuschauer an den Lösungsversuchen der großen menschlichen Fragen und Dilemmata direkt teilnehmen lässt.

Im Folgenden wollen wir noch auf einige wichtige Aspekte von Bodhidharmas Wirken, so wie es in der buddhistischen Literatur dargestellt wird, eingehen:

»In der Tradition des Zen heißt es, dass Bodhidharma bei seiner Lehrtätigkeit in China nur eine Schrift benutzte – das Lankavatara-Sutra –, weil es seiner Ansicht nach dem damaligen Zustand der chinesischen Zivilisation entsprach. Dieser Text gehört zu denjenigen, die von der buddhistischen Schule die ›Yoga-Übung‹ (yogacara) oder auch ›die Lehre vom Bewusstsein‹ (vijñanavada) genannt wird. Die *Lehre vom Bewusstsein* repräsentiert eine recht weit verbreitete Auffassung im Buddhismus, die nicht auf eine Schule beschränkt ist und häufig bei der Zenlehre Anwendung findet. Diese Lehre vertritt die Ansicht, dass die Phänomene so, wie wir sie erkennen und wahrnehmen, in sich keine objektiven Realitäten darstellen. Sie sind vielmehr mentale Konstrukte aus selektierten Daten, herausgefiltert aus einem unvorstellbaren Universum reinen Vorhandenseins« (Book of Serenity, 1988, Einleitung, S. XII; eigene Übersetzung).

Zu Bodhidharmas »vier erleuchteten Schülern gehört Huike, der auch Shenguang genannt wurde und als der zweite Patriarch des Zen bekannt ist. Die Tradition beschreibt mithilfe folgender Geschichte über Huikes Erleuchtung eine der wichtigsten Meditationstechniken des Zen: Er bat Bodhidharma darum, seinen Geist zur Ruhe zu bringen. Bodhidharma versprach es, wenn er ihm seinen Geist bringen würde. Huike sann darüber nach und sagte dann: ›Wenn ich meinen Geist suche, kann ich ihn nicht finden.‹ Worauf Bodhidharma antwortete: ›Ich habe deinen Geist für dich zur Ruhe gebracht‹« (S. XVII).

Im folgenden Koan wird Bodhidharmas Zusammentreffen mit dem Herrscher Wu beschrieben:

»*Herrscher Wu von Liang fragte den Großen Lehrer Bodhidharma: ›Was ist die höchste Bedeutung der heiligen Wahrheiten?‹ Bodhidharma sagte: ›Leer – es gibt nichts Heiliges.‹ Der Herrscher sagte: ›Wer bist du, der mir gegenübertritt?‹ Bodhidharma sagte: ›Weiß nicht.‹ Der Herrscher verstand nicht. Bodhidharma überquerte anschließend den Yangtse-Fluss, kam nach Shaolin und wandte sich für neun Jahre einer Wand zu*« (Book of Serenity, 1988, Koan 2, S. 6 f.; eigene Übersetzung).

Das wohl berühmteste Koan ist das folgende:

»Longya fragte Cuiwei: ›Was bedeutet es, dass der Gründungslehrer aus dem Westen gekommen ist?‹« Cuiwei sagte: ›Reiche mir das Meditationsstützbrett.‹ Longya nahm das Stützbrett und reichte es Cuiwei: Cuiwei nahm es und schlug ihn damit. Longya sagte: ›Schlag mich, wenn du willst, aber es gibt keine Bedeutung im Kommen des Gründers aus dem Westen.‹ Longya fragte auch Linji: ›Was bedeutet es, dass der Gründungslehrer aus dem Westen gekommen ist?‹ Linji sagte: ›Reiche mir das Kissen.‹ Longya nahm das Kissen und reichte es Linji: Linji nahm es und schlug ihn damit. Longya sagte: ›Schlag mich, wenn du willst, aber es gibt darin keine Bedeutung, dass der Gründer aus dem Westen gekommen ist.‹ Später, als Longya Abt eines Klosters war, fragte ihn ein Mönch: ›Lehrer, damals, als du die beiden Meister über den Sinn von Bodhidharmas Kommen aus dem Westen gefragt hast, haben sie es klar gemacht oder nicht?‹ Longya sagte: ›Es war in Ordnung, wie sie es klargestellt haben, aber es gibt keinen Sinn darin, dass der Gründer aus dem Westen gekommen ist‹« (Book of Serenity, 1988, Koan 80, S. 340 f.).

Dietrich Roloff (in Cong-Rong-Lu, 2008, S. 418) kommentiert das Koan folgendermaßen: »Wenn es die Absicht der Buddha-Lehre ist, uns Freiheit zu schenken, dann muss jeder Versuch, jedes Bemühen, unserem Tun einen Sinn zu setzen, als kontraproduktiv gelten, weil es uns nur in eine neue Unfreiheit führt, in den Zwang, diesen Sinn zu erfüllen – oder zu scheitern! Und an diesem Scheitern zu leiden, weil wir genau das verfehlt haben, was uns und unserem Tun Halt und Richtung hat geben sollen. Wir müssen also lernen, müssen uns dazu erziehen […] nach einem Sinn gar nicht mehr, oder besser gesagt: gar nicht erst zu suchen. Und eben dazu wollen die Schläge, die Cui-wie und Lin-ji mit Stützbrett und Sitzkissen dem noch recht draufgängerischen Long-ya versetzen, den Anstoß geben: Jeder dieser beiden Schläge, als Antwort auf die Frage nach dem Sinn des Kommens aus dem Westen, besagt: ›Wir verbitten uns solche Dummheiten; und du selbst tätest besser daran, dich mit solchem Unsinn nicht mehr abzugeben‹.«

Der Film führt den Zuschauer mitten hinein in die »*Sinnsuche*«, der sich unsere drei Protagonisten unterworfen haben. Der Zuschauer wird gleichsam in diese Sinnsuche mit einbezogen, in der es erst einmal keine klaren Antworten gibt. Der Film selbst wird so zu einer Art Koan: Ständig kann sich der Zuschauer fragen, was denn die Bilder wohl meinen, was die Aussagen des Meisters wohl bedeuten und worum die Protagonisten eigentlich ringen. Wir könnten vielleicht sagen, dass der ganze Aufbau und Ablauf des Films darauf angelegt ist, den Zuschauer nach und nach wegzuführen von einer immer nur fragenden Haltung und einem Verstehenwollen hin zu einem Sich-Einlassen auf die Bilder und Stimmungen des Films. Es ist gleichsam das Einsteigen in eine Art meditativen Zustand, der es dem Zuschauer vielleicht ermöglicht, sich selbst als Suchenden zu erleben. Die schönen Naturbilder, die langen Filmschnitte, die Worte des Meisters aus dem Hintergrund, all dies lädt den Zuschauer ein, sich mit auf diesen Prozess einzulassen, der viel mit Stille, Ankommen und Nicht-Verstehen zu tun hat. Der Zuschauer wird gleichsam aufgefordert, sein diskursives Nachdenken über die Bilder und Sätze aufzugeben zugunsten einer Nicht-Dualität, die es ihm ermöglicht, selbst zu dem Kleinen, zu Kibong oder sogar zum Meister zu werden – man könnte auch sagen: den »inneren Meister« zu entdecken. Alle Gegensätze werden aufgehoben, und man erkennt sich selbst in all diesen Personen: die kindlichen Ängste und Wünsche, die Loslösung aus den familiären Bindungen mit dem Wunsch nach der »Freiheit der Seele« und schließlich die Frage nach dem großen Rätsel des Todes. Das macht vielleicht auch den Kontrast des Films zwischen den verführerischen Bildern und dem Text verständlich: die Worte als ständige Versuchung, die Welt zu »begreifen«, und die Erfahrung, dass dieses »Begreifen« nur gelebt werden kann.

Kommentieren wir nun die weiteren geschilderten Szenen und Aussagen des Films. Die ersten Bilder und die Sentenz des Meisters über das »Sein« stehen hier in einem deutlichen Spannungsverhältnis: Einerseits wird in den Bildern der ständige Wandel und die Vergänglichkeit gezeigt – etwa auch die Verletzlichkeit des Körpers, der Tod des Vaters von Kibong, die sich ständig wandelnde Natur, das Wehen der Bäume –, andererseits sagt der Meister, dass dies eine Täuschung sei, dass Anfang und Ende, Geburt und Tod nicht existieren. Als Zuschauer wird man hier also gleich zu Beginn in eine Art Dilemma geworfen, in dem man einerseits im Alltagsbewusstsein verharrt, in dem Anfang und Ende eben tatsächlich existieren (auch der Film hat einen Anfang und ein Ende), während andererseits im »Erwachen« alle (Alltags-)Täuschungen aufgehoben sind: Es ist die direkte Erfahrung der Aufhebung aller Gegensätze. An dieser Stelle können wir den ganzen Film, wie schon gesagt, als ein Koan auffassen, der uns immer wieder mit scheinbar unüberbrückbaren Gegensätzen konfrontiert, deren »Auflösung« aber nur in der direkten Erfahrung möglich ist: Dualitäten von Ich/Du, Wahr/Falsch, Leerheit/Form lösen sich auf und werden nicht mehr als Widersprüche erfahren, sondern als gleichzeitig wirkende Prozesse ein und desselben Momentes.

An der Stelle des ersten Dialoges des Films (über das Herkommen) ist die unterschiedliche Übersetzung bedeutsam, denn im gesprochenen Text ist statt von der Welt von Indien die Rede.

In diesem kurzen Dialog wird eines der großen menschlichen Mysterien angesprochen: Was ist die Welt? In einem Koan und seinem Kommentar wird dieses Thema aufgegriffen:

»*Dizang fragte Xiushan: ›Woher kommst du?‹ Xiushan sagte: ›Aus dem Süden.‹ Dizang sagte: ›Wie steht's heutzutage mit dem Buddhismus im Süden?‹ Xiushan sagte: ›Es gibt eingehende Diskussionen.‹ Dizang sagte: ›Wie lässt sich das damit vergleichen, dass ich hier die Felder bestelle und Reis zum Essen zubereite?‹ Xiushan sagte: ›Was kann man bezüglich der Welt tun?‹ Dizang sagte: ›Was nennst du die Welt?‹*«

»*Gelehrte pflügen mit der Feder, Redner pflügen mit der Zunge. Wir Bettelmönche in Flickenroben schauen faul einem weißem Ochsen auf weitem Land zu, ohne dem wurzellosen, glücksverheißenden Gras Beachtung zu schenken. Wie soll man seine Tage verbringen?*« (Book of Serenity, 1988, Koan 12, S. 51 f.; eigene Übersetzung)

Wie wollen wir unsere Tage verbringen? Dieser Film – und das gilt auch für die beiden anderen zu besprechenden Filme – macht deutlich, dass wir nicht wie scheinbar naturwüchsig in einem Leben verharren müssen, das uns als völlig »normal« erscheint. Die Protagonisten in all diesen Filmen haben die Frage »Wie soll man seine Tage verbringen?« offenbar eindeutig beantwortet. Sie alle haben sich aus der Welt zurückgezogen, um sich intensiv mit den grundlegenden Fragen des Lebens und des Sterbens zu beschäftigen. Sie haben das, wovon viele Menschen »träumen« oder worüber sie scherzhaft lästern, weil sie es ja doch nicht verwirklichen, tatsächlich in die Tat umgesetzt. In allen drei Filmen, aber speziell in diesem, wird deutlich, dass dies wirklich keine leichte Entscheidung ist und der dann folgende »Weg«, der oft als »Ausweg« oder »Hoffnungsweg« betrachtet wird, ein dorniger und steiniger Pfad sein kann. Dieser Weg erfordert den vollständigen Einsatz von Körper und Geist. Dafür braucht es Vertrauen, Mut und Durchhaltevermögen.[5]

---

5 »Die menschlichen Beziehungen werden mit Fesseln und Ängsten behaftet, und es ist traurig, dass man immer wieder verliert, was man liebt. Aber dein Herz verspürt nichts? Du verspürst keine Traurigkeit? Dann hast du dein Herz geleert und deine Ängste vertrieben« (Zitat aus dem Film).

Im Film gibt es eine Sequenz, in der ein meditierender Mönch zu sehen ist kombiniert mit schnell wechselnden Bildern von Kühen und Ochsen. Dies wirkt zunächst sehr befremdlich auf den Zuschauer, aber nach einiger Zeit wird deutlich, dass hier die Auseinandersetzung des meditierenden Mönches mit seinem Geist dargestellt wird, begleitet von dramatischer Musik. Es scheint wie ein Ringen mit dem eigenen Geist. In der buddhistischen Meditation wird der Geist oft verglichen mit einem Ochsen, den es zu zähmen gilt. Weiter unten stellen wir die »Zehn Ochsenbilder« als zehn Schritte der Befreiung genauer dar. Es ist hier ein filmisch gelungener Versuch, die meditative Erfahrung zu visualisieren: die Unruhe des Geistes – dargestellt durch den schnellen Wechsel der Bilder – und das Ringen um Stille. Das ist oft ein langer Prozess, dem sich die Meditierenden in all seiner Dramatik immer wieder stellen müssen.

Und dann plötzlich ein Wechsel: Ganz ruhige Momente tauchen auf, in denen der meditierende Mönch in einem warmen Licht gezeigt wird. Auch die dramatische Musik hat aufgehört: Der Geist ist (endlich) ruhig geworden.

Die Kirschblüten und der bedrückte Mönch, was für ein Gegensatz! Wieder eines dieser beeindruckenden filmischen Bilder: die Gleichzeitigkeit von Schönheit, Vollkommenheit und Einsamkeit. Inmitten der wunderbaren Welt ist der Mensch einsam und verlassen. Er »sieht« im wahrsten Sinne des Wortes nicht. Er ist (noch) nicht erwacht.

Dies klingt nun in der Tat wie aus einem Lehrbuch des Zenbuddhismus und die Bilder des Films kommentieren es in aller Deutlichkeit: Vieles ist in Dunkel getaucht, und das ist auch eine der wesentlichen Aussagen des Meisters. Das »Dunkel« könnte eine visuelle Darstellung der vielen *Täuschungen* und Selbsttäuschungen sein, die Ursache für das vielfältige Leiden des Menschen sind: das Herumirren in der »Düsternis«. Shunryu Suzuki Roshi beschäftigt sich in seinem Buch »Branching Streams Flowing in The Darkness« (1999) mit diesen sich verzweigenden Strömen, die in der Dunkelheit fließen: Vieles, speziell im Zen, findet im »Dunkeln« statt, die Meditationshalle ist abgedunkelt, die Übertragung der Lehrlinie und der Lehrerlaubnis an den Schüler findet in der Nacht, ganz außerhalb der Öffentlichkeit statt. Über vieles im Leben wissen wir nichts, es liegt im Dunkeln.

Dazu heißt es im Koan 20: »Nicht-Wissen ist am nächsten« (Zwiebel und Weischede, 2015, S. 176). Ist dies vielleicht auch ein Hinweis auf das Unbewusste, das ebenfalls im »Dunkeln« liegt? Die Blindheit der Mutter Kibongs mag in diesem Zusammenhang auch nicht zufällig sein: Die Menschen des Alltags sind »blind«, weil sie die Wirklichkeit nicht erkennen – sich an Vergängliches hängen und anhaften, und dann leiden, wenn sie es unvermeidlicherweise verlieren.

Als eine zentrale Täuschung wird immer wieder die Trennung von Ich und Welt angesehen, die ein Ergebnis des dualistischen Denkens ist. Der Meister stellt dem Schüler die Aufgabe, über das grundlegende Problem von Leben und Tod meditierend nachzudenken – es werden damit die beiden zentralen Praktiken im Zenbuddhismus thematisiert: intensive Meditation und Koanpraxis –, was aber eine paradoxe Aufgabe darstellt, stellt das Denken doch selbst das größte Hindernis auf dem Weg zur Erleuchtung dar.

Der Zuschauer erlebt hier eine doppelte Entwicklung: Bei dem Kleinen wird die traumatische Konfrontation mit der Vergänglichkeit in der Kindheit gezeigt – das drohende Ertrinken, der Anblick und die Erfahrung des Todes – und die damit verbundene Verwirrung (das Umherirren im Wald), die aber eine Art Suche und einen Wunsch weckt, sich aus diesem »Dickicht« zu befreien (der auftauchende Ochse als Symbol der Befreiung, der Entdeckung des »wahren Selbst«).

Dies erinnert an die bereits erwähnten *Zehn Ochsenbilder* aus dem Zenbuddhismus. Sie stellen einen bekannten Bilderzyklus dar, der den spirituellen Weg eines Zenpraktizierenden zeigt: »Der Hirte hat den Ochsen verloren und steht allein auf weiter Flur (1. Bild), aber kann der Mensch sein Selbst verlieren? Er sucht und erblickt die Spur des Ochsen (2. Bild), es gibt eine Vermittlung, eine Hilfe, bei der auch religiöse Dinge wie Sutren und Tempelklöster eine Rolle spielen können. Den Spuren nachgehend, findet er den Ochsen (3. Bild), aber noch ist es nur ein fernes, intellektuelles Wissen oder intuitives Fühlen um den Ochsen, er zähmt das Tier mit heißem Bemühen (4. Bild) und weidet es mit sorgfältiger Wachsamkeit (5. Bild). Diese zwei Stufen beinhalten die Übung in der Zenhalle, die harte, peinvolle Übung bis zum Erfassen der Erleuchtung und die unabdingbare Übung des Erleuchteten. Der Übende erlangt volle Sicherheit, schon schwingt sich der Hirte auf den Rücken des Ochsen und kehrt, die Flöte spielend, triumphierend heim (6. Bild), die Freude des Hirten und der erhobene Kopf des schon nicht mehr nach Gras gierenden Tieres zeigen die erlangte volle Freiheit an. Beide sind nun eins, der Hirte in seiner Freiheit bedarf nicht mehr des ›Ochsen‹, er vergisst ihn wie nach dem berühmten Wort Chuang-tzus Falle und Netz unnütz werden, wenn der Hase und der Fisch gefangen sind. So ist der Hirte allein, ohne den Ochsen (7. Bild). Nun verschwinden beide, Ochs und Hirte, im gründenden und umfassenden Nichts des Kreisrunds (8. Bild). Wenn der Hirte wieder erscheint, sind alle Dinge um ihn so, wie sie sind (9. Bild) – der Alltag des Erleuchteten. Und der Hirte kommt herein in die Stadt und auf den Markt und beschenkt alle ringsum (10. Bild). Der Erleuchtete lebt mit allen seinen Mitmenschen und wie alle seine Mitmenschen, aber die Güte, die er ausstrahlt, rührt von seiner Erleuchtung her« (Dumoulin, 1985, S. 261 f.).

Einige Bemerkungen zum Begriff der *Entwicklung* aus buddhistischer Sicht: Aus der Perspektive des Sotozen ist Zen keine Stufenleiter, so wie es die Zehn Ochsenbilder scheinbar andeuten. Die Praxis des Zen berührt mehrere Punkte:

Es geht um das Aufheben des geistigen Leidens. Für diesen Prozess bedarf es sinnvoller Mittel, Upaya genannt, Kunstfertigkeit, kunstfertige Anwendung. (Upaya bedeutet aber auch, Mittel anzuwenden, die nicht unbedingt der Zentradition entsprechen, dennoch wirksam sind.) Diese werden aber nicht in einer stufenförmigen Art und Weise angewendet, sondern jedes Mittel selbst ist das Verwirklichen des Weges. Jeder Praktizierende klärt im Laufe seiner Praxis, welche (neue) Richtung er seinem Leben geben will. Diese Einsicht und die daraus abgeleitete Entscheidung, Mitgefühl und Weisheit in das Zentrum des Lebens zu stellen, führt dazu, dass sowohl das Sitzen auf dem Sitzkissen als auch der Alltag als Achtsamkeit in den Dienst der Verwirklichung dieser Richtung gestellt wird. Diese Praxis birgt in sich noch einen anderen Aspekt, der die Zenpraxis so einzigartig macht: Der jetzige Augenblick, das *Ankommen im Jetzt,* steht immer wieder im Mittelpunkt aller buddhistischen Praktiken. Dies können wir als den Gegenpol zum Geist beschreiben, dessen vornehmste Aufgabe es zu sein scheint, den Menschen geistig immer wieder aus der jetzigen Situation herauszuziehen, ihn geistig immer wegzuführen vom jetzigen Augenblick hin in die Zukunft oder Vergangenheit.

Das Jetzt ist der jeweilige jetzige Augenblick. Dazu bedarf es keiner »Entwicklung«. Jetzt ist jetzt. Dogen Zenji drückt dies in einem Koan folgendermaßen aus: »*Brennholz wird zu Asche, und die Asche kann niemals wieder zu Brennholz werden. Trotzdem sollten wir die Asche nicht als das Spätere und das Brennholz als das Frühere ansehen. Ihr müsst nämlich verstehen, dass das Brennholz im Dharma seinen eigenen Platz als Brennholz einnimmt. Es hat (zwar) ein Vorher und ein Nachher, aber trotzdem existiert das Vorher unabhängig vom Nachher*« (Dogen, 2001, S. 58).

Es gibt Ursache und Wirkung, aber wenn dies als lineares Konzept begriffen wird, dann wird die Wirkung zur Ursache für eine nächste Wirkung. So betrachtet, müssten wir doch eigentlich die Zukunft voraussagen können. Wieso können wir das nicht? Wir können es nicht, weil wir nicht wissen, was die Wirkung hervorbringt. Dieser ganz kurze Augenblick »dazwischen«, zwischen Ursache und Wirkung, hat sehr viel »Offenes«, das es unmöglich macht, etwas vorherzusagen. Somit ist jeder Augenblick für einen Moment »offen«, es kann in sehr verschiedenen Richtungen weitergehen. Dieser Augenblick ist neben der Verbundenheit, den gegenseitigen Beziehungen und gegenseitigen Einflussnahme gleichzeitig auch ein komplett unabhängiger, ohne Beziehung existierender, völlig offener Augenblick. Er ist »ohne Anfang und ohne Ende«. Er ist verwirklichte Soheit. Um genau diesen *Augenblick der Soheit* geht es im Zen. Diese Soheit kann ohne jegliche Vorbereitung und ohne Lernstufen sofort verwirklicht werden. Natürlich gibt es schlechtere und bessere Voraussetzungen oder auch Vorbereitungen dafür, dass dies auch passiert. Aber aus der Sicht des Sotozen braucht es das alles nicht. Die Verwirklichung des jetzigen Augenblicks ist jederzeit möglich.

Der Zuschauer erfährt nur wenig über die Biografie der drei Protagonisten: So hört man von dem Kleinen nur, dass er seine Eltern verloren und dieses frühe Trauma der Getrenntheit erlebt hat – was er aber selbst in gewisser Weise negiert: Wie soll er die Mutter vermissen, wenn er sich gar nicht an sie erinnert? Gleichzeitig versucht er jedoch, den kleinen Vogel zu »bemuttern«, was man so deuten könnte, dass er seine abwesende Mutter in sich trägt.

Hier taucht ein Aspekt im Film auf, den man als *»Fürsorge«* bezeichnen könnte. In den zwischenmenschlichen Beziehungen spielt diese Fürsorge eine zentrale Rolle als ein Begehren, aber auch eine Angst (bzw. als Schuldgefühl), diese Fürsorge zu verlieren oder zu verweigern: Der Kleine sorgt sich um den Vogel, der Schüler um seinen Meister, gibt aber die Fürsorge für seine Mutter und Schwester auf, der Meister sorgt sich um seinen Schüler (»Ich muss ja hier bleiben, falls ein Dummkopf wie du sich nach hier oben verirrt«).

Aber zeigt sich darin nicht auch das menschliche Dilemma? Fürsorge bedeutet sowohl Abhängigkeit als auch Verpflichtung, und dies stellt die Bindung zwischen den Menschen her, die aber zugleich als »Fessel« oder Unfreiheit empfunden wird.

Wie lassen sich also der Wunsch nach Bindung und der Wunsch nach Freiheit verbinden oder sind sie im Grunde ebenfalls ein Koan des Lebens? Am Ende des Films könnte man ja in den Bildern eine Art Befreiung sehen: Kibong verlässt die Klause und folgt dem »Ochsen« (seinem Geist) am lockeren Zügel, der Kleine verbrennt die Kleidung des Meisters und hört nicht mehr auf die klagenden Rufe der Vogelmutter, der Meister ist von seinen körperlichen Bindungen befreit.

Kreisen unsere Überlegungen in diesem Buch nicht auch in gewisser Weise um diese zentrale Frage? Der »Sichere Ort« ist ein äußerer und innerer Ort der Bindung, der Verbundenheit mit dem anderen: in der äußeren und inneren Realität. Bei der gleichzeitigen Ambivalenz dieser Situation gegenüber besteht die Sehnsucht nach einem »Stillen Ort« als einem äußeren und inneren Ort, an dem die Fesseln der Bindung gelöst sind, die vielen äußeren und inneren Stimmen der Erwartung, Forderung, Verpflichtung etc. schweigen.

Aber sind die Fesseln nicht ebenso wie die Freiheit von diesen Fesseln eine Täuschung? Sind diese Vorstellungen nicht Ausdruck des *dualen Denkens,* das immer zwischen Polaritäten hin- und herschwankt? Wenn man aus einer nondualen Sicht die Verbundenheit oder Nicht-Getrenntheit von allem erkennt und erlebt, dann würde die »Freiheit der Seele« bedeuten, dass sich auch diese Konzepte als »leer« erweisen. Freud schreibt in seinem Brief an Lou Andreas-

Salomé vom 30. Juli 1915 – den Dichter Grabbe in dessen Drama über Hannibal zitierend –, dass man aus dieser Welt nicht fallen könne.⁶ Das könnte man als einen kryptischen Hinweis auf Freuds Erahnen der Nondualität verstehen: Alles ist mit allem verbunden und in gegenseitiger Abhängigkeit.

Auf diese Weise könnte man zu einer differenzierenden Sicht der Fürsorge kommen: Aus dualer Sicht ist der andere getrennt von mir und ich wende mich ihm als Sorgender zu, was die Trennung und Asymmetrie der Beziehung aufrechterhält (mit den begleitenden Gefühlen der Angst und Schuld, wenn die Fürsorge sich als mangelhaft erweist). Aus nondualer Sicht tritt das Individuelle zurück, so wie es sich auch in dem ritualisierten Spruch zeigt: »Die Leiden der Wesen sind unendlich, ich gelobe, sie alle zu befreien.« Aus dualistischer Sicht erscheint der Spruch paradox, als unmögliche Aufgabe; aus nondualer Sicht bedeutet die Befreiung eines Wesens die Befreiung aller Wesen!

Dies drückt sich auch in der Frage aus, welche Bedeutung der Eremit eigentlich für die Welt haben kann. Kreist er nicht nur um seine eigene, individuelle Befreiung? Nein, denn wenn ein »Dummkopf« wie Kibong sich in die Klause verirrt, dann erfährt er die Fürsorge seines Meisters. Diese Form der Fürsorge löst sich vom Einzelnen (und begrenzt sich nicht wie im Alltag auf die Menschen, mit denen man sich verbunden fühlt) und weitet sich auf die Welt aus. Das ist es wohl, was im Buddhismus als die Entwicklung von Mitgefühl als ein Ideal des Bodhisattva beschrieben wird. Diese Form der Fürsorge bekommt dann auch etwas Situatives: Je nach präsenter Situation greift man unterstützend ein und tut das Notwendige – so wie Kibong sich fürsorglich um die Bestattung seines Meisters kümmert –, denn das ist das gerade Naheliegende und Notwendige.

Diese Überlegungen führen gleich wieder in die Filmgeschichte zurück: Der Mönch kehrt in den Alltag zurück, um seinem Meister mit Medikamenten zu helfen, wird aber mit seinem Zwiespalt konfrontiert, den *Schuldgefühlen* seiner Familie gegenüber. Dies spiegelt sich auch in der Geschichte des historischen Buddha, der ja als Prinz seinen Palast, seine Frau und seinen Sohn verlassen hat, um dem Leiden der Menschheit auf die Spur zu kommen und zu seiner Überwindung beizutragen. Aber auch der Kleine ist von Schuldgefühlen geplagt, weil er annehmen muss, dass er für sein Leiden, aber auch das Leiden in der Welt verantwortlich ist (wir interpretieren diese zentrale Passage aus psychoanalytischer Perspektive, S. 165). Entscheidend bleibt die Fokussierung hier auf das Leiden: die Vernichtungsangst und die Verlassenheitsangst bei Haei-Ji, die Schuldgefühle und der Zweifel beim jungen Mönch, ob er sich wirklich die Fesseln der Blutsbande lösen darf, um eines vielleicht doch selbst-

---

6   http://gutenberg.spiegel.de/buch/-6433/22; siehe auch Freud, 1930, Anfang von Kap. 1.

süchtigen Wunsches willen. Aber geht er nicht damit den Weg des Buddhas? Und ist Weggehen wirklich Weggehen? Solange das Denken, die Sprache, das Bewusstsein nicht von Täuschung gereinigt ist – oder sollte man lieber sagen: von seinen »dunklen« Seiten befreit ist –, bleiben Fesseln und Bindung wirksam, und der Weg zur Freiheit ist versperrt.

5 Der Film: »Frühling, Sommer, Herbst, Winter ... und Frühling« (2003) von Kim Ki-Duk

Einleitung

Aus unserer Sicht handelt es sich bei Kim Ki-Duks Film »Frühling, Sommer, Herbst, Winter ... und Frühling« (2003)[7] um einen für das Thema von Buddhismus und Psychoanalyse höchst bedeutsamen Film, wenn man den Versuch macht, den latenten »Text« dieser Filmgeschichte und der Filmbilder herauszuarbeiten. Betont sei der selbstreflexive Kontext des Filmverständnisses. Manche Filme kann man als »ungeträumte Träume« des Zuschauers verstehen, die der Regisseur gleichsam für den Zuschauer mit seinen Filmbildern »träumt« (Zwiebel, 2008). Hier wird das Träumen in einem erweiterten Sinn verstanden, nämlich als Verarbeitung von emotionalen Erfahrungen in Bildern, Vorstellungen, Phantasien, Gedanken und erlebbaren Emotionen. In diesem Sinne wollen wir auch den Versuch machen, diesen Film des südkoreanischen Regisseurs als einen »ungeträumten Traum« aufzufassen, der uns als Zuschauer einen Zugang zu bislang nicht durchdachten oder erlebbaren Aspekten der eigenen inneren Welt gestattet. Die Beachtung dieser selbstreflexiven Komponente bedeutet: Wir betrachten den Film nicht nur zentrifugal, d. h. mit einem Blick nach außen, auf die Filmbilder hin, die man entsprechend interpretieren kann, sondern auch zentripetal mit einem Blick nach innen. Man könnte auch sagen, dass wir die Filmbilder als Spiegel der eigenen Subjektivität auffassen, was wohl dann am besten gelingt, wenn man diese Bipolarität von Selbst und Film in der Schwebe halten kann. Das Filmerlebnis wird damit zu einer Form der Selbstanalyse, Selbstreflexion und Selbstverständigung.

Als eine mögliche selbstanalytische Frage ließe sich etwa Folgendes formulieren: Was sind die Gründe für unser persönliches Interesse an der Psychoanalyse und am Buddhismus, an dem Versuch, diese beiden doch auf den ersten Blick so fremden Ansätze oder Methoden zusammenzubringen? Wie

---

7   DVD Arthaus 2014.

schon in der Einleitung ausgeführt, ist dies der wesentliche Blick auf die vorgestellten Filme.

Da unsere Arbeit nicht filmwissenschaftlich oder filmkritisch orientiert ist, sei nur am Rande erwähnt, dass Kim Ki-Duk ein weltweit bekannter Regisseur aus Südkorea ist, der bereits eine Reihe von auch im Westen sehr beachteter Filme gedreht hat: »Die Insel« (2000), »Binjip« (2004), »Samaria« (2004) und »Der Bogen« (2005) sind nur einige der wichtigen. Insgesamt hat Kim Ki-Duk bis heute zwanzig Spielfilme geschaffen. Es sind Filme, die im modernen Südkorea spielen und in denen Sexualität, nicht selten vermischt mit Grausamkeit und Brutalität, besonders auch gegen Frauen, eine wichtige Rolle spielt. Man könnte vielleicht sagen, dass Sexualität und Grausamkeit die zentralen Themen auch der anderen Filme sind, insbesondere auf dem Hintergrund der Modernisierung und Verwestlichung Südkoreas. Gerade daher erscheint es bemerkenswert, dass der Regisseur bislang wenig von filmpsychoanalytischen Autoren beachtet worden ist.

Abbildung 10: Blick auf den Bergsee mit seinem Floßtempel

Der Beginn des Films

Es ist sehr wahrscheinlich, dass Kim Ki-Duk vom »Bodhidharma«-Film beeinflusst ist, da der Film »Frühling« eine recht ähnliche Struktur hat; in gewissem Sinn könnte man fast von einem Remake sprechen. Der Titel »Frühling, Sommer, Herbst, Winter ... und Frühling« ist bereits als Anspielung auf ein zentrales

Thema zu verstehen, das im östlichen Denken vielleicht noch stärker als im westlichen Denken eine wesentliche Rolle spielt: die Zeit, der Wandel und die Vergänglichkeit und wie sie sich in den Phänomenen der Natur und der Menschen, ihren Veränderungen und der ewigen Wiederkehr manifestiert. Alles ändert sich, nur die Veränderung ist das, was wirklich beständig und sicher ist; daher kommt nach den verschiedenen Jahreszeiten am Ende auch wieder ein neuer Frühling.

Wir könnten denken, dass es sich hier nur um eine Anspielung auf die zyklische Natur der Zeit handelt – etwa im Gegensatz zur linearen, fortschreitenden Zeit. Wie man gleich sehen wird, stehen die Jahreszeiten in dem Film aber nicht nur für die Veränderungen in der Natur, sondern auch als Metapher für den Lebenszyklus von Kindheit, Jugend, Erwachsenenalter, Alter und Tod. Auch das menschliche Leben ist also durch *ständige Veränderung* gekennzeichnet, durch ein Werden und Vergehen. Die *Wiederkehr,* die Frage nach der Wiedergeburt spielt im östlichen Denken eine besonders große Rolle und auch sie taucht am Ende des Films auf, als nämlich der kleine Schüler aus dem Anfang des Films am Ende wieder auftaucht und ein neuer Lebenszyklus zu beginnen scheint – etwa wie die angenommenen Wiedergeburten der tibetischen Meister.

Beginnen wir mit der formalen Gestalt des Films, so lässt sich Folgendes sagen: Der Film spielt an einem einzigen Ort, nämlich an einem kleinen See in einer einsamen, bergigen Waldlandschaft, auf dem sich in der Mitte ein kleiner Tempel auf einem Floss befindet, der nur mit einem Boot zu erreichen ist.

In diesem Tempel leben ein buddhistischer Meister und sein kleiner Schüler, der vielleicht fünf oder sechs Jahre alt ist. Wir erfahren nichts über die persönliche Biografie und auch sonst wird kaum gesprochen; alles wird »gezeigt«: ein knarrendes Tor mit entsprechenden symbolischen Türwächtern und einer Öffnung in den See, das offenbar nur eine symbolische Funktion hat (das »torlose Tor«), ebenso wie die Türen innerhalb des Tempels, denn dort gibt es keine Wände. Die Buddhafiguren, inner und außerhalb des Tempels, die Verehrung des Buddhas, das alltägliche, praktische Leben, das im Kräutersammeln, Fegen des Tempels, Essen, Schlafen und Meditieren besteht. Diese Radikalität eines einzigen Ortes der Handlung ist noch konsequenter durchgeführt als im Bodhidharma-Film. Aber das Überpersönliche oder Exemplarische der Figuren ist in beiden Filmen vergleichbar.

Weckt dies nicht leicht die Phantasie des Zuschauers und seine Träume von einem Ort, an dem man sich völlig geschützt fühlt, ein Ort des Rückzugs, der Kontemplation? Vielleicht auch einen Ort mit einem »Meister«, der einen in die Geheimnisse des Lebens einführt? Hier klingt der Titel unseres Buches an: die Suche und die Sehnsucht nach einem »Stillen Ort«, der hier als ein äußerlicher, realer Ort visualisiert wird.

Der Zuschauer erlebt in den ersten Minuten ein ungewöhnliches Paar von einem Meister und einem Schüler: ein erwachsener, schweigsamer, wenn auch überwiegend freundlicher Mann und ein kleiner Junge, verspielt, voller Lebendigkeit und Witz. Man könnte daran denken, dass es im tibetischen Buddhismus gar nicht so ungewöhnlich ist, die kleinen Jungen in das Kloster zu geben, damit sie dort eine gründliche buddhistische Erziehung bekommen. Dieses Thema wird in dem Film »Samsara« wieder auftauchen und ist dort zentral.

Die besondere Lage des Tempels auf dem See, seine Abgeschlossenheit und das besondere Paar von Meister und kleinem Schüler lassen aber auch noch einen anderen, sicherlich spekulativen Gedanken zu: Könnte man dieses Bild als Metapher für die innere Situation des individuellen Menschen betrachten, der sich isoliert, abgetrennt, eingeschlossen, einsam gegenüber den anderen Menschen erlebt, die er auch wie sich selbst als »Insel« empfindet? Jeder Mensch als eine einsame Insel, in seiner abgeschlossenen inneren Welt lebend und nur ganz schwer von außen erreichbar. In seiner Innenwelt mag es auch eine innere Beziehung zwischen einem Kind – d.h. seiner Vergangenheit, seinen kindlichen Wünschen und Ängsten – und einem Erwachsenen und Meister geben, einem Erwachsenen, der nach Verstehen, Rationalität, Transzendenz oder Erwachen strebt.

Eine ähnliche Interpretation haben wir im Bodhidharma-Film vorgeschlagen: das Kind, der Schüler und der Meister sind dann gleichsam *innere Repräsentanten* auch des Zuschauers, die allerdings in unterschiedlicher Potenzialität bereitliegen (siehe Kapitel 7). Dann verweisen diese Bilder mehr auf die innere Situation des Menschen und die große Spannweite zwischen seiner kindlichen Welt – Wolfgang Mertens spricht von den »unsterblichen Kindheitswünschen« (Mertens, 1999, S. 13) – und den Wünschen nach Freiheit, aber auch Verbundenheit, also vielleicht letztlich einem religiösen oder spirituellen Impuls nach Befreiung und Erlösung – oder wie hier thematisiert: nach einem Ort der Stille.

Bei einem solchen Verständnis eröffnet sich schon zu Beginn des Films die Thematik von Buddhismus und Psychoanalyse: die Psychoanalyse mit ihrer Betonung der frühen Entwicklung (die Betonung liegt auf der präpersonalen und personalen Entwicklung, um eine Formulierung von Ken Wilber [1988] aufzugreifen), der Bedeutung der verinnerlichten, unbewussten konflikthaften Welt und der Buddhismus als eine soteriologische Disziplin, als ein Weg der Befreiung und des »Erwachens« zur Wirklichkeit (im Sinne einer transpersonalen Entwicklung).

Dazu passt dann auch das Boot, das ja als ein Bild der Überfahrt von Samsara – der alltäglichen, leidvollen Welt – zum Nirwana – der Welt des Erwachens und der Leidfreiheit – im Buddhismus häufig verwendet wird. Die Anfangsbilder könnte man dann als die aktive Suche nach einem Meister und einem »Gefährt«, einem inneren *Weg,* verstehen.

Frühling oder: Der Verlust des Paradieses

Aber irgendwann muss der Schüler diese kleine Insel mit dem Tempel verlassen: Der Junge macht sich allein auf den Weg und erkundet die nähere Umgebung. Er zieht hinaus in die Welt. Er begegnet einer Schlange im Wald, die er ohne Angst anfasst und wegwirft. Später werden noch einige Male Schlangen auftauchen, die bekanntlich eine große symbolische Bedeutung haben (als Symbol der Versuchung, der phallischen Sexualität, als Symbol der Täuschung, Weisheit etc.). Der Zuschauer folgt dem Kleinen – alle Personen, die im Film noch auftreten werden, haben keine Namen, sie sind also keine individuellen Personen, sondern stehen für grundlegende Prototypen, wie das Kind, der Jugendliche, der Meister, der Alte, die Mutter etc. – auf seinen weiteren Erkundungen, und es kommt zu einer folgenreichen Szene: Der Junge fängt mit spielerischer Freude, während er übermütig das Wasser durchstreift, einen Frosch, einen Fisch und eine Schlange, fesselt sie mit einem Bindfaden, an den er einen Stein hängt und lässt die Tiere wieder los, die sich nun aber gefesselt und beschwert nur mühsam im Wasser und auf dem Land fortbewegen können.

Er scheint sich köstlich zu amüsieren, wie sich die Tiere abmühen, mit dieser Last fertigzuwerden. Dabei wird der Junge von seinem Meister unbemerkt

Abbildung 11: Die gefesselten Tiere

beobachtet, ohne dass dieser in die Handlung eingreift. Wie soll man seinen Blick interpretieren? Sorgenvoll oder kritisch, voll mitfühlendem Verständnis oder ablehnend? Vermutlich wird dies jeder Zuschauer anders sehen.

Bleiben wir aber bei dem Bild, dass der Zuschauer hier auch die Innenwelt des Menschen betrachtet, so können wir sehr klar den Gegensatz oder Konflikt sehen: die Freude des Kleinen, die Welt und die Natur zu entdecken, seine Kraft und Macht auszuprobieren, vielleicht auch eine Lust am Quälen und Leiden von anderen Lebewesen zu entdecken, noch ohne das schmerzliche Gefühl der Gewissensbisse, da Empathie und Mitfühlen noch nicht ausreichend entwickelt sind – und die Welt der Erwachsenen, welche von der Schuld bereits wissen und die Folgen solcher Taten einzuschätzen wissen, der Blick des Gewissens, des Mitgefühls, der Blick des Meisters.

Und ist hier nicht sogleich eine Grundsituation des Menschen angesprochen, die man durchaus auch als tragisch bezeichnen kann? Bei der Eroberung und Entdeckung der Welt, der Begegnung und dem Tun mit dem anderen oder auch gegen den anderen wird man *unweigerlich schuldig,* da man auf die Menschen und die Welt einwirkt und auf diese Weise auch mögliches Leiden verursacht: Handeln führt unvermeidlich auch zu Verletzungen, ob gewollt oder auch unbeabsichtigt.

Es ist davon auszugehen, dass die Psychoanalyse und der Buddhismus diese Grundsituation beide anerkennen, wenn auch teilweise unterschiedlich interpretieren: Die Psychoanalyse beschreibt den kindlichen Sadismus aus der Sicht der Triebtheorie oder/und als Folge von erlebten Traumatisierungen, die ein konstitutionelles aggressives/destruktives Potenzial des Menschen aktivieren. Im Buddhismus steht eher die Unwissenheit im Vordergrund, die zu den konflikthaften, negativen Emotionen und Anhaftungen führt. In diesem Fall könnte man sagen, dass der Junge noch nicht erkannt hat, dass es sich bei den Tieren ebenfalls um fühlende Wesen handelt und dass es keine absolute Trennung zwischen ihm und den Lebewesen gibt.

Aber auch diese Vorstellung ist für die moderne Psychoanalyse nicht mehr so fremd: Unabhängig von der Annahme eines angeborenen Aggressionstriebs könnte man auch bedenken, dass ein Kind erst im Alter von vier bis sechs Jahren eine »Theorie des Geistes« entwickelt hat, in der es erkennt, dass auch andere Menschen (und vielleicht auch andere Lebewesen) über eine mentale Welt mit Absichten, Vorstellungen, Gefühlen und Wünschen verfügen und damit auch Freude und Leid wie es selbst empfinden – vielleicht ist dies die basale Quelle von entwickeltem Mitgefühl.

Es sei hier daran erinnert, dass in »Bodhidharma« eine ähnliche Sequenz vorkommt: Der kleine Junge fängt mit seinem Stein den jungen Vogel und sperrt ihn ein, allerdings mit dem Wunsch, ihn selbst zu bemuttern. In einer anderen Szene wird er aber mit der Grausamkeit seiner Spielkameraden konfrontiert und erlebt dabei eine elementare Todesangst. In beiden Filmen kann man diese Szenen wie die Visualisierung der menschlichen Grausamkeit betrachten, wobei die Deutung ihrer Quellen offenbleibt: Ist es eine ursprüngliche Lust am Quälen, ein reaktiver Impuls aus einer Mangelsituation heraus oder ist es das Nebenprodukt des Spieltriebes bzw. des Impulses, die Welt zu erobern?

Es handelt sich also um eine typische, gleichsam normale kindliche Situation, in der es noch keine ausgeprägte Empathie für andere fühlende Wesen gibt – jedenfalls nicht in weiterentwickelter Form – und in der das Kind auf unschuldige Weise schuldig wird: vielleicht eine Anspielung auf die grundlegend konflikthafte, eventuell sogar tragische Situation des Menschen. Diese Szene erscheint absolut zentral für den Film, weil sie ja so vieles im weiteren Verlauf impliziert: die Schuld, der Versuch der Vergebung, die Wiedergutmachung etc. Die Frage nach der Quelle dieser kindlichen Tat bleibt offen.

Eine psychoanalytische Antwort wäre der konstitutionelle kindliche Sadismus, eine Antwort des Buddhismus die Unwissenheit. Beide möglichen Antworten können auch den weiteren Verlauf der Geschichte erklären: Der Meister bindet dem schlafenden Jungen einen schweren Stein auf den Rücken; als er erwacht, beklagt er sich über die Schwere des Steins, der ihn fast am Gehen hindert. Der folgende Dialog zwischen dem Meister und dem Jungen ist aufschlussreich:

JUNGE: »Auf meinem Rücken ist ein Stein.«
MEISTER: »Quält er dich sehr?«
JUNGE: »Ja. Ich kann nicht laufen.«
MEISTER: »Wie geht es der Schlange, dem Frosch?«
Und dann sagt der Meister diesen schockierenden Satz: »Wenn die Tiere sterben, wirst du diesen Stein dein ganzes Leben auf dem Rücken tragen.«

Auf den ersten Blick mag man dies wie eine Handlung der »schwarzen Pädagogik« auffassen und sich empört abwenden. Dies würde aber einem zu konkretistischen Verständnis entsprechen. Für uns ist dieses Bild eher ein sehr verdichtetes, universales Bild der kindlichen Last, die jeder Mensch mit in sein erwachsenes Leben trägt, die eine Folge seiner kindlichen Rücksichtslosigkeit, seiner Unwissenheit, seiner Unreife und seiner unverstandenen kindlichen Erfahrungen und Aktivitäten ist. In der Tat spielt es eine wichtige Rolle, wie die Eltern mit dieser kindlichen Seite umgehen, ob sie diese Last verstärken oder durch Verstehen und Einfühlung mildern. Der Stein symbolisiert also

Abbildung 12: Der Stein auf dem Rücken des Jungen

aus unserer Sicht die unvermeidliche menschliche Schuld, die in der Kindheit beginnt und ein ganzes Leben andauert, wie es der Meister auch ausspricht: »Wenn die Tiere sterben, wirst du diesen Stein dein ganzes Leben auf dem Rücken tragen.«

Als der Junge dann den toten Fisch und die tote Schlange findet, begräbt er sie und weint fürchterlich, weil er jetzt den Schmerz seiner schuldhaften Taten spürt; mit dieser Last geht der Junge also in sein weiteres Leben.

Aus einer etwas anderen Perspektive könnte man auch denken, dass der Junge mit der Sterblichkeit und Vergänglichkeit konfrontiert worden ist, eine ebenfalls schockierende Erfahrung der Kindheit, die wie ein Stein auf dem Menschen lastet. In »Buddha und Freud« sprechen wir von der *traumatischen Erfahrung der Vergänglichkeit,* die womöglich darüber entscheidet, wie man im Leben mit den Phänomenen von Wandel und Vergänglichkeit umgehen lernt (Zwiebel u. Weischede, 2015, S. 250 ff.).

In jedem Fall endet dieser »Frühling«, diese Kindheit mit einem »beschwerten«, eben auch leidenden Kind, das von nun an eine Last zu tragen hat, die es das ganze Leben beschäftigen wird. Öffnet man sich dem Film in der eingangs formulierten selbstreflexiven Bewegung, so kommen einem möglicherweise eigene Erinnerungen an die Kindheit, in der man mit Tod, den eigenen »Untaten« und der daraus resultierenden Schuld konfrontiert war.

Ich (R. Z.) erinnere mich – sicherlich als eine Art Deckerinnerung –, wie ich als Vier- oder Fünfjähriger einen kleinen Spatz, der zahm geworden war, auf dem nackten Küchenboden der elterlichen Wohnung in einer stürmischen Bewegung

Frühling oder: Der Verlust des Paradieses 63

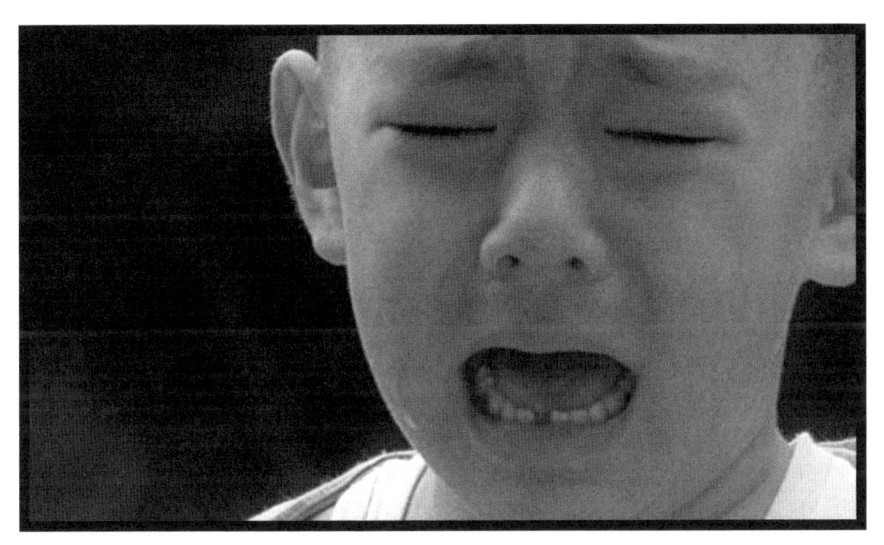

Abbildung 13: Der über seine Taten weinende Junge

totgetreten habe. Dieses Bild bleibt für mich unvergesslich und taucht immer wieder dann auf, wenn ich mir meiner dynamischen, impulsiven Natur bewusst werde, oft in konkreten Lebenssituationen, in denen ich mich dann zurücknehme, bremse oder sogar ein Schuldgefühl wegen meiner Lebendigkeit spüre.

Der mit einem Stein belastete Rücken ist ein wichtiges Bild, das sich auch in vielen modernen psychosomatischen Zusammenhängen finden lässt; man denke nur an die große Häufigkeit von Rückenproblemen, die oft als fehlender »Rückhalt« in belastender Lebenssituation zu deuten sind. Aber wir erinnern auch an die überlieferte chinesische Geschichte von dem alten Mönch, der einen Weisen mit einem schweren Bündel auf dem Rücken trifft und der die Erleuchtung erlebt, als der Weise diese Last einfach abwirft (Zwiebel u. Weischede, 2015, S. 77 f.)

Und wir können bereits an dieser Stelle eine weitere Verbindung zwischen Buddhismus und Psychoanalyse herstellen: Nach Auffassung mancher Autoren suchen Patienten die Psychoanalyse auf, um die inneren, beschädigten Objekte – in der unbewussten, inneren Welt sieht sich das Subjekt als schuldigen Täter – zu heilen und ihre Schuld wiedergutzumachen. Dieser Gedanke stellt die Verbindung her zur Überlegung, die Filmbilder auch als Ausdruck einer inneren Wirklichkeit zu betrachten. Nicht selten re-inszeniert sich dieses ganze *innere Drama von Schuld und Wiedergutmachung* in der Beziehung zum Analytiker, der symbolisch getötet werden, aber auch überleben muss, damit der Analysand eine wirklich emotionale Einsicht in diesen Zusammenhang von Grausamkeit, Schuld und Wiedergutmachung bekommt und sich ein Stück von dieser »Last«

befreien kann. Man könnte auch fragen, ob dies nicht ein Aspekt des »gewachsenen Felsens« ist, den Freud in einer seiner letzten Arbeiten als größten Widerstand gegenüber der analytischen Arbeit ansah (Freud, 1937, S. 99). Eine weitere Überlegung ist es, ob der spirituell Suchende nicht von einer gleichen Motivation angetrieben wird, denn auch er sucht eine Befreiung, die möglicherweise mit dem erfahrenen Tod, der Todesangst und der Last der Lebensschuld in Verbindung steht. In »Buddha und Freud« sprechen wir von dem Unterschied zwischen *Loswerden und Loslassen:* Das Bild einer Last, die die Menschen auf dem Rücken tragen, taucht auch dort auf. Die Sehnsucht nach einem »Stillen Ort« ist in der Vorstellung ein Ort, an dem diese Lasten abgeworfen, losgelassen werden können. Allerdings zeigt sich, dass dies wohl nur begrenzt möglich ist; möglich ist aber ein anderer Umgang mit diesen Lasten (Zwiebel u. Weischede, 2015, S. 143, 268).

Hier eine kurze Bemerkung zum Begriff der *Verantwortung* und das damit einhergehende Gesetz von Ursache und Wirkung: Generell wird aus buddhistischer Sicht davon ausgegangen, dass der erwachsene Mensch für seine Taten verantwortlich ist. Die Frage danach, ob es überhaupt ein handelndes »Selbst« gibt, das für sein Tun verantwortlich zeichnet, wird aus der Sicht einer Zweiweltentheorie, die mit dem Relativen und dem Absoluten operiert, eindeutig beantwortet: Im Relativen gibt es ein handelndes Selbst als Täter und Verantwortlicher. Aus der Sicht des Absoluten allerdings stellt sich das Selbst nicht als eine feste Entität, sondern als in andauerndem Wandel begriffenes Selbst dar: Nichts Festes, nur Prozesse sind zu finden. Dies entbindet den Menschen, auch wenn er sich dieser Tatsachen nicht bewusst ist, *nicht* davon, für alle seine Taten die Verantwortung zu übernehmen. Es ist im eigentlichen Sinne kein Paradox, sondern es sind zwei Seiten ein und desselben jeweiligen Augenblicks: Das Selbst ist sowohl ein im Relativen handelndes Subjekt als auch eines, in dem nichts Festes vorfindbar ist. Der Begriff der Leerheit, der ja nichts anderes als die Tatsache beschreibt, dass nirgends etwas »Festes, Unveränderbares« vorzufinden ist, trifft auf die gesamte menschliche Existenz, aber auch auf die ganze umgebende Welt zu: Alles, was vorzufinden ist, ist Bewegung und Veränderung. Eine erwachsene Person hat demnach die gesamte Verantwortung für ihr Tun, speziell dann, wenn sie absichtsvoll handelt, und die daraus entstehenden Konsequenzen voraussehbar sind.

Etwas anders stellt sich dies aus der Sicht des kleinen Jungen dar. Wie ausgeführt, hat er beim Quälen der Tiere nicht erkannt, dass es sich bei ihnen ebenfalls um fühlende Wesen handelt und es eine absolute Trennung zwischen ihm und den übrigen Lebewesen nicht gibt. Er handelt aus erwachsener Sicht nicht mit Absicht und hat daher auch keine Verantwortung, allerdings werden diese Handlungen ganz sicher Auswirkungen auf sein weiteres Leben haben. Aus psychoanalytischer Perspektive wird das Kind also auf »unschuldige Weise«

schuldig, weil es die Konsequenzen seiner Handlungen noch nicht abschätzen kann. Dies wird symbolisiert in dem Stein auf dem Rücken, den alle Menschen als Folge der »unschuldig-schuldigen« Kindheit mit sich tragen.

Bei einer erwachsenen Person stellt sich die Situation ganz anders dar. In der Regel beabsichtigt sie willentlich, etwas zu tun, und hat als Erwachsener die Einsicht, die möglichen Folgen dieser Absichten zu erkennen. Die Einsicht in die jeweilige Situation, und dies ist ein entscheidender Augenblick, eröffnet die Möglichkeit, sich anders zu entscheiden und dann anders zu handeln. Möglicherweise handelt die Person weiterhin nach Reiz-Reaktions-Mustern, möglicherweise auch auf der Basis von Gewohnheiten, Vorlieben und Abneigungen. Aber hat sie einmal begonnen, mithilfe der Psychoanalyse, aber auch durch das Selbststudium auf dem Sitzkissen, sich gründlich zu studieren, hat sie die Wahl, und wir können diese Wahl auch als eine neue Freiheit beschreiben, andere und vielleicht auch neue Entscheidungen zu treffen.

Sommer oder: Die Hitze der Leidenschaft

Aus dem weinenden Kind ist ein junger Mann geworden: Es ist Sommer, in dem es die meiste Zeit regnet. Er sieht im Wald zwei kopulierende Schlangen, die das kommende Geschehen als Anspielung auf seine erwachende Sexualität ankündigen. Das kranke und leidende junge Mädchen, das von seiner Mutter zum Meister zur Behandlung oder Läuterung gebracht wird, ist nun wohl als die »Schlange der Versuchung« zu betrachten, die Versuchung, die das sexuelle Begehren des jungen Mannes weckt. Die junge Frau sucht Heilung von ihrem rätselhaften Leiden, sie betet zum Buddha, und der Meister ist der Ansicht, dass ihr Leiden seelischer Natur ist. Der junge Mönch verliebt sich in sie und versucht, sie zu erobern. Es kommt zur sexuellen Begegnung, die der Meister offenbar erst einmal nicht mitbekommt, aber schließlich entdeckt er die Liebenden, wie sie auf ihrem Boot selig eingeschlafen sind und es mit ihnen herantreibt.

Wiederum folgt ein kurzer, aber bedeutsamer Dialog zwischen dem Meister und dem jungen Mönch, seinem Schüler:
SCHÜLER: »Meister, ich habe gefehlt.«
MEISTER: »Das ist der Lauf der Dinge.«
Und zu der jungen Frau: »Und du, bist du wieder gesund?«
»Ja«, antwortet sie, und der Meister sagt: »Das waren die Kräuter. Da du nun geheilt bist, kannst du gehen.«
Und dann sagt er einen weiteren fundamentalen Satz: »Aus Begierde entsteht Abhängigkeit, und daraus entstehen Mordgedanken.«

Abbildung 14: Das Liebespaar

So ein einfacher, aber doch so wahrer Satz! Er scheint den Umfang des menschlichen Dramas wie in einer Nussschale zusammenzufassen: Wenn ich jemanden (oder etwas) schon nicht besitzen kann, dann soll es auch sonst niemand dürfen – daher töte ich oder zerstöre. Es ist eine Feststellung ohne Wertung, aber eine Feststellung, die sich im Film bald bewahrheiten wird. Gier, Unwissenheit und Hass werden im buddhistischen Denken als die wesentlichen geistigen Gifte angesehen, die das Leiden des Menschen verursachen; hier wird noch die Abhängigkeit betont, die ja auch im psychoanalytischen Denken eine zentrale Rolle spielt.

Im Fortgang des Films zeigt sich dies auch sogleich, denn mit dem Abschied von seiner jungen Geliebten wird der Mönch mit einem kaum erträglichen Trennungsschmerz konfrontiert. Dies ist seine Abhängigkeit, die ihn schließlich dazu treibt, seinen Meister zu verlassen und seiner jungen Geliebten zu folgen. Nicht unbedeutend erscheint aber, dass er die kleine Buddhastatue mit sich nimmt – ein Symbol der bislang verinnerlichten Lehre durch den Meister, die ihn schließlich auch wieder zu ihm zurückführen wird. Wieder sehen wir also am Ende des »Sommers« einen Leidenden, diesmal verursacht durch Leidenschaft und die damit gegebene Abhängigkeit und den Trennungsschmerz.

Im »Sommer«, in der Jugend und dem jungen Erwachsenenalter, wird somit eine weitere »Fessel« als Ausdruck der Gebundenheit des Menschen gezeigt, die Fessel der Leidenschaft in Form des sexuellen Begehrens, der damit verbundenen Abhängigkeit und der Tötungswünsche. Es sei hier vor allem auch die *körperliche Gebundenheit* betont: Der Körper ist die »Fessel« des Menschen, denn mit dem Körper nehmen wir die Welt wahr, konstruieren das Bild von uns selbst und der Welt, wirken auf die Welt ein und fürchten um sein Ende, sodass wir fast alles für sein Überleben zu tun bereit sind. Diese körperliche Gebundenheit konfrontiert den Menschen mit dem zweiten zentralen Affekt neben dem Schuldgefühl, von dem schon die Rede war: nämlich mit der Angst, die sich vor allem als *Angst vor Verlust* (des Körpers, des Lebens, des Liebesobjektes, der Achtung und Anerkennung durch die anderen, der Selbstachtung) manifestiert.

Wie nah oder wie weit liegen hier psychoanalytisches und buddhistisches Denken beieinander oder auseinander? In der Psychoanalyse gehen wir wegen dieser biologischen Grundsituation von der grundlegenden Konflikthaftigkeit der menschlichen Entwicklung aus, die sich vor allem eben in den Wünschen des Menschen ausdrücken und die unvermeidlich mit Angst und Schuldgefühl verbunden sind: Warum sagt der Mönch zum Meister, dass er gefehlt habe? Welches »Unrecht« hat er denn begangen? Kommt das Schuldgefühl vom Meister, denn dieser sagt ja gerade im Gegenteil, auch das sexuelle Begehren sei der Lauf der Dinge? Erlebt der Mönch sein sexuelles Begehren und seine sexuellen Handlungen aus seiner kindlichen Sicht, also wie das Fesseln und Quälen der Tiere, sodass dies mit der Last der Schuld – der Stein, den er für immer auf seinem Rücken trägt – behaftet ist? Begegnen wir nicht damit einem Rätsel, das wir in der klinischen Arbeit auch immer wieder sehen: die Angst, Scham und Schuld, mit der sexuelle Wünsche, Phantasien und Handlungen verbunden werden, ohne dass wir immer die Quelle dafür angeben oder gar auf rigide Erziehungsmaßnahmen der Eltern zurückführen können. In jedem Fall hängt diese Konflikthaftigkeit mit der körperlich-seelischen Natur des Menschen zusammen, die Bindung durch den Körper und die dadurch bedingte Triebhaftigkeit, Bedürftigkeit und Abhängigkeit.[8]

---

8 Betrachtet man diese Filmepisode nicht so sehr als Abstraktion einer grundlegenden menschlichen Situation (etwa das Erwachen zur genitalen Sexualität), sondern konkreter als eine besondere, individuelle Lebensphase, in der sich der Mönch und Schüler mit seinem Meister befindet, taucht eine andere schuldhafte Dimension auf. Man könnte dann nämlich auch sagen, dass sich der Schüler in einer gleichsam präödipalen Welt befindet und sein Meister Mutter und Vater zugleich für ihn darstellt. Mit dem Erwachen der Sexualität und der Hinwendung zum Mädchen bricht er die enge Beziehung zum Meister auf. Seine Schuld ist danach als eine Trennungs- und Individuierungsschuld zu sehen. Man beachte beispielsweise die Nähe des Meisters und Schülers beim gemeinsamen Schlafen. Diese ganze Frage der Ödipalität könnte man noch einmal vertiefen: Der Schüler lebt ja in einer dualen Situation, die der üblichen familiären Grundsituation, die in der Regel triangulär gedacht ist, nicht entspricht. Vertiefen könnte man auch die Rolle der infantilen Sexualität in dieser besonderen Situation, die aus psychoanalytischer Sicht vor allem zur Konflikthaftigkeit der erwachsenen Sexualität beiträgt (z. B. als Übertretung des ödipalen Gebots). Hier ergeben sich auch wichtige Verbindungen zum Film »Samsara«.

Im Buddhismus würde man diese Entwicklung sicherlich anders formulieren: Hier ist es die *Unwissenheit* (über die Leidhaftigkeit, die Leerheit und die Vergänglichkeit – eben auch des Körpers), die zu dem Anhaften und den dann daraus folgenden negativen, konflikthaften Emotionen führen. Noch weitergehender sieht man wohl die Dichotomie von Körper und Geist als »falsche Wahrnehmung« oder problematische Konzeptualisierung an. Wir werden im nächsten Abschnitt sehen, dass dies in dem Herz-Sutra des Films eine zentrale Rolle spielt.

Ein weiterer Gesichtspunkt ist die Frage, ob im buddhistischen Denken nicht zwischen einer Sexualität unterschieden wird, die selbstzentriert und aus der Fixierung an ein Selbst bzw. an eine Vorstellung von einem Körper resultiert und dies als tendenziell unheilvoll betrachtet wird, und einer Sexualität, die ihrerseits ein *Mittel der Befreiung* sein kann, etwa wie im tantrischen Buddhismus, in dem die Unterscheidung zwischen Körper und Geist wie alle anderen Unterscheidungen überwunden werden sollen. Danach würde man nicht die sexuelle Handlung an sich, sondern den Kontext, in dem sie stattfindet, als entscheidend ansehen. Es geht um die Einstellung des Handelnden, die die Qualität der Handlung bestimmt.

Als wesentlicher Unterschied bleibt allerdings, dass in der psychoanalytischen Auffassung die *volle Triebbefriedigung ein erwünschtes Ziel* ist (also die Befreiung zur orgiastischen Befriedigung durch Überwindung von neurotischer Angst, Schuldgefühl und Hemmungen), während im Buddhismus die Sexualität dem Ziel des »Erwachens«, der Überwindung der leidvollen menschlichen Situation, untergeordnet ist und insofern als Problem angesehen wird, da es eine *Bindung an die lustvolle Erfahrung* schafft, die im Kern die Quelle von Leid und Unglück ist. Visuell zeigt sich dies im Film in der Symbolik des Bootes: Dieses ist einmal als Weg der Befreiung anzusehen, als Mittel, von »Samsara« – als der alltäglichen Welt – zum anderen Ufer, zum »Nirwana« – als Ausdruck der Befreiung – zu gelangen. Gleichzeitig ist es im Film auch das Symbol der Liebe und des Begehrens. In »Bodhidharma« wird diese Thematik nicht so klar erkennbar, dagegen spielt sie in »Samsara« ebenfalls die zentrale Rolle.

Es gibt wohl keinen Zuschauer dieses Films, der neben der Schönheit, Lust und Erfüllung die Konflikte und Qualen, die mit Liebe und Sexualität verbunden sind, nicht erlebt hat. Vermutlich gibt es hierbei auch ganz wesentliche Unterschiede zwischen den Geschlechtern, die die Psychoanalyse ja auch detailliert beschrieben hat. Was der »durchschnittliche« Zuschauer vielleicht nicht realisiert, ist, dass seine bewussten sexuellen Erfahrungen und Erlebnisse sehr stark von den frühkindlichen Erfahrungen geprägt oder gefiltert sind. Im Film scheint uns dies das Bild des Steins auf dem Rücken zu sein, um diese Hypothek oder Last darzustellen.

Die beiden sexuellen Szenen im Film erinnern auch an die gewaltsame Natur, die dem sexuellen Akt in einer gewissen Weise innewohnt: Dazu passt, dass die beiden ihre körperliche Begegnung nicht gerade nur lustvoll zu erleben scheinen, ein gewisses Maß an Leiden, Qual und Aggression scheint bei dem Akt mitzuschwingen. Im Film wird auf diese Dynamik auch hingewiesen: Nach der ersten sexuellen Vereinigung kann die junge Frau nur unter Schmerzen laufen, und der junge Mönch trägt sie auf dem Rücken. In psychoanalytischer Terminologie könnte man von der anal-sadistischen Qualität der Sexualität sprechen, die eine wesentliche, wenn auch konflikthafte Komponente der sexuellen Wünsche und Handlungen bleibt.

Wir erinnern hier daran, dass dies eine besondere Thematik in Kim Ki-Duks Filmen zu sein scheint, sicherlich in extremster Weise in »Die Insel«. Bei einer intensiveren filmpsychoanalytischen Betrachtung würde man vielleicht auch die anderen Filme von Kim Ki-Duk heranziehen; die Beziehung des Autors zu Gewalt und Grausamkeit ist in jedem Fall bemerkenswert.

Abbildung 15: Der Abschied nehmende, trauernde Schüler

Herbst oder: Die Suche nach Heilung

Wir sind jetzt im »Herbst« und der Meister ist alt geworden. Er hat eine weiße Katze in seinem Rucksack, liest etwas in der Zeitung und der Zuschauer ahnt, dass dies mit seinem früheren Schüler zu tun hat. Dann taucht dieser auch schon auf, gehetzt wie auf der Flucht. Sein Meister holt ihn mit dem Boot ab und wieder folgt einer dieser knappen Dialoge.

MEISTER: »So, hast du eine glückliche Zeit verbracht? Oder? Erzähl mir eine lustige Geschichte. Das wirkliche Leben scheint qualvoll zu sein.«
SCHÜLER: »Lass mich in Ruhe, ich bin verzweifelt!«
MEISTER: »Was quält dich denn so?«
SCHÜLER: »Mein einziges Vergehen war Liebe, ich wollte nichts als diese Frau.«
MEISTER: »Na und?«
SCHÜLER: »Sie hatte noch einen anderen Mann außer mir.«
MEISTER: »Ach so.«
SCHÜLER: »Aber das ist unmöglich, sie wollte nur mir treu sein, ich konnte das nicht ertragen.«
MEISTER: »Das weltliche Leben ist aber so. Da heißt es lernen, loszulassen. Das, was dir gefällt, gefällt auch anderen.«
SCHÜLER: »Diese Hure, diese verdammte Schlampe!«
MEISTER: »Ist das so unerträglich?«

Die Aussage des Meisters hat sich also bestätigt: Begehren führt danach nicht nur zu Mordgedanken, sondern manchmal zu wirklichem Mord, wie in diesem Fall: So ist das im weltlichen Leben. Die einzige Hilfe scheint das »Loslassen« zu sein, was hier aber nicht näher erläutert wird. Die Verzweiflung des jungen Mannes wird dadurch gezeigt, wie er im Boot rudert, wie er mit den Rudern ins Wasser schlägt, wobei er wieder vom Meister beobachtet wird.

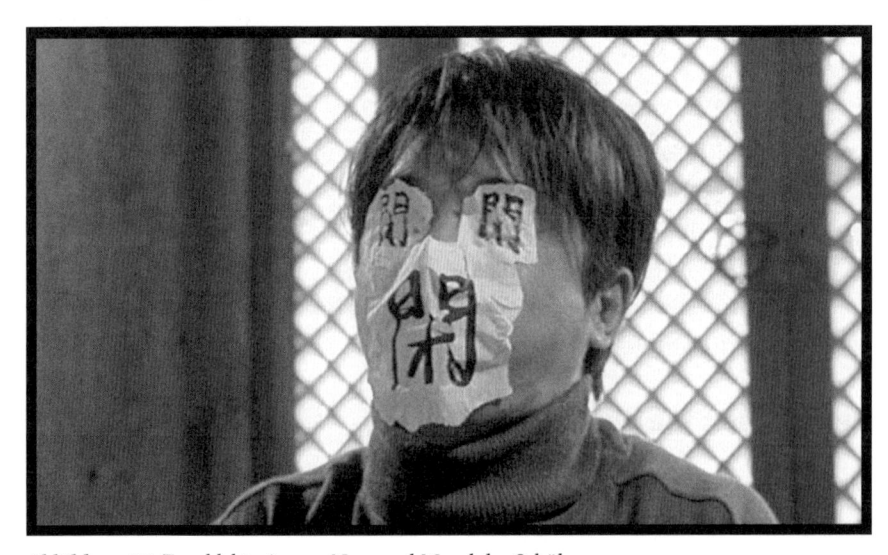

Abbildung 16: Zugeklebte Augen, Nase und Mund des Schülers

Herbst oder: Die Suche nach Heilung

Es folgt eine der rätselhaften Szenen des Films, nämlich wie sich der Schüler die von ihm gemalte Kalligrafie auf die Augen und den Mund klebt und dabei fast erstickt. Der Meister entdeckt ihn dabei und schlägt ihn heftig. Was könnte dies bedeuten? Will der Schüler seine *Sinne abtöten,* da ja diese kalligrafischen Zeichen so etwas wie »verschlossen« bedeuten? Dies würde damit ein Versuch sein, die Quelle allen Leidens, nämlich die Gebundenheit durch den Körper, abzutöten. Will er sich damit auch töten? Oder geht es um das Abtöten der Sinne, die er für seine Täuschungen verantwortlich macht? Dass er dabei fast umkommt, ist auch nachvollziehbar, denn die Erkenntnis, dass es nicht unsere Sinne an sich sind, sondern die Verarbeitung der Sinneseindrücke (die zu den schon erwähnten Einstellungen führen), die für die Täuschung verantwortlich sind, ist sicherlich eine sehr erschütternde. Wir möchten hier daran erinnern, dass diese Szene auch eine Anspielung auf das Herz-Sutra ist, in dem es heißt: kein Auge, kein Ohr, keine Nase, kein Mund. Es ist wie ein Aufschrei des jungen Mannes und eine beeindruckende filmische Umsetzung der Fragen: Wie geht der Mensch mit seinen Sinneseindrücken um, wie geht er mit seinen Gefühlen um? Ist ihnen zu vertrauen oder täuschen sie?

Die nächste Szene scheint diese Hypothese zu bestätigen, da der Mann sich selbst bestraft und seinen Körper peinigt, indem er sich selbst fesselt – wohl aus diesem unerträglichen Schuldgefühl heraus. Das kann der Meister aber nicht akzeptieren: Jedenfalls hat dies nichts mit einem spirituellen Weg zu tun, scheint er zu sagen, denn auch die *Selbstbestrafung* ist ja ein besonderer Ausdruck der Fixierung an ein Selbst oder an den Körper, also ein Anhaften und kein Loslas-

Abbildung 17: Meister »bestraft« Schüler

sen. Uns scheint dies vielleicht auch eine Anspielung auf den *asketischen Irrweg* zu sein, den der Buddha mit seinem Erwachen und der Entdeckung des »Mittleren Weges« überwinden konnte. Daher kann der Meister diese Selbstkasteiungen nicht dulden. Dies möglicherweise auch deshalb, weil hier der Versuch gemacht wird, die »Fesselungen« durch den Körper und die damit im Leben gemachten Erfahrungen durch eine Art »Selbstfesselung« zu überwinden. Hierbei wird ein zentraler, von der Psychoanalyse beschriebener Abwehrmechanismus berührt, nämlich die Wendung vom Passiven zum Aktiven: Was der Mensch erleidet oder erdulden muss, versucht er durch eine Wendung zur Aktivität sich selbst anzutun.

Auch dies wäre aus buddhistischer Sicht ein Irrweg, weil es zentral um ein »Loslassen« geht, das ja auch vom Meister angesprochen wird. Das lässt sich allerdings leichter fordern als wirklich leben.[9] Der Meister sagt dann auch konsequenterweise: »Selbst wenn du andere umbringst, *dich* kannst du nicht so einfach töten!«

Während dieser Szene beginnt der Meister, Kalligrafien in den Boden des kleinen Inseltempels zu malen – interessanterweise mit dem Schwanz seiner Katze – und der Schüler soll diese mit seinem Messer ausschneiden. Es handelt sich um das Herz-Sutra, das berühmteste und kürzeste der Prajnaparamita-Sutren. Und als die Polizisten kommen, um den Mann wegen seiner Tat festzunehmen und abzuholen, weist der Meister ihn an, weiterzuschnitzen, während er den Polizisten erklärt: Der Text aus dem Herz-Sutra heilt seine Seele.

Bevor wir näher auf das Herz-Sutra eingehen, das in dem Film eine zentrale Stelle einnimmt, hier noch eine Anmerkung zur Beziehung zwischen Meister und Schüler: Diese Beziehung ist in der buddhistischen Tradition eine lebenslange und offenbar nicht an Bedingungen geknüpft. Der Schüler hat den Meister verlassen, ist in die »weltliche« Welt zurückgekehrt und kommt nun nach seiner mörderischen Handlung zurück. Dies drückt sein Scheitern in der Welt, aber auch auf dem spirituellen Weg aus. Seine Rückkehr zeigt aber ebenso, dass er den Meister nicht vergessen hat und dass er wieder Zuflucht bei ihm suchen kann (siehe Kapitel 9). An der Beziehung Meister–Schüler hat sich insofern nichts verändert. Der Meister verurteilt ihn nicht, sondern sieht offenbar

---

9   Ein Hinweis auf die Überlegungen des Skeptizismus scheint hier angebracht. Der griechische Philosoph Pyrrhon, der ca. 300 v. C. gelebt hat, entwickelte eine Philosophie des Skeptizismus, die er aus seinen Erfahrungen in Persien und Indien mit nach Griechenland gebracht hatte (er traf dort frühe Buddhisten). Pyrrhon stellte drei wesentliche Fragen: Wie sind die Dinge wirklich beschaffen? Wie bezieht sich der Mensch auf diese Dinge? Und wie ist die daraus entstehende Haltung zu beschreiben? Seine Antworten: Wir wissen nie mit Gewissheit, wie die Dinge sind. Daher sollten wir uns aller Urteile enthalten (dies vor allem bezogen auf ethische Probleme). Und: Bei der Urteilsenthaltung entsteht Seelenruhe (Beckwith, 2015).

dieses Schicksal als ein menschliches Schicksal an, das letztlich mit der noch immer bestehenden Unwissenheit des Schülers verbunden ist. Er hat einfach die wesentlichen Lehren noch nicht verstanden. Das bedeutet aber ebenfalls, dass auch ein Mörder die Befreiung erreichen kann und nicht einem andauernden Leidensprozess ausgeliefert ist. Sicherlich auch deshalb verwirft der Meister den Selbstmord. Mit anderen Worten: Auch ein Mörder kann sich wandeln, wenn er seine Tat und die Gründe für seine Tat erkennt. Dabei geht es in diesem Verständnis nicht um Buße, sondern um Erkenntnis.

Abbildung 18: Das Herausschneiden der Zeichen

Als das Sutra fertig geschrieben ist, können die Polizisten den Mann abführen. Der ganze Boden vor dem kleinen Inseltempel ist jetzt mit eingeschnitzten und verschiedenen Farben ausgemalten Kalligrafien bedeckt. Man könnte die Szene mit den Polizisten so verstehen, dass auch sie eine Belehrung erhalten und dass sie für einen Moment ihr dualistisches Denken aufgeben, also die Unterscheidung zwischen schuldig und unschuldig, zwischen Verbrechern und Unbescholtenen und daher in ihrem Gefangenen vor allem den Menschen sehen. Dies wird darin ausgedrückt, dass sie sogar beim Ausmalen der Kalligrafien helfen und beginnen, den jungen Mann auf »menschliche Weise« zu behandeln.

Diese Szene besagt nach unserem Verständnis, dass die Unterscheidung von Polizisten und Verbrechern wie viele andere Unterscheidungen in der konventionellen Wirklichkeit zwar sinnvoll ist, aber in der Welt des abhängigen Entstehens und der Leerheit nicht wirklich existiert: Täter und Polizisten sind hier durch eine Tat verbunden.

Und am Ende gibt es die Szene, wie sich der Meister ebenfalls, jetzt aber noch älter als zuvor, die Augen und den Mund mit beschriebenem Papier zuklebt und sich dann selbst verbrennt. Schließlich verlässt eine Schlange das brennende Boot und schlängelt sich schwimmend zum Tempel. Diese Szene ist nicht leicht zu verstehen und ruft auch nach wiederholtem Sehen ein unbehagliches Gefühl hervor: Wieso verbrennt er sich auf diese Art und Weise? Er ahnt sein nahendes Sterben, das ist klar, er muss also für seine eigene Bestattung sorgen, weil er ja seinen einzigen Schüler verloren hat (dies im Gegensatz zum Bodhidharma-Film). Es ist wohl kein Ausdruck von Selbstbestrafung, weil er seinen einzigen Schüler verloren hat und vielleicht von dem Gefühl gequält wird, als Meister versagt zu haben. Auch diese Szene hat ein grausames Element, denn es handelt sich ja um eine Selbstverbrennung.

In dem Exkurs zum Herz-Sutra weiter unten versuchen wir deutlich zu machen, dass auch und gerade die menschlichen Sinne eine Quelle kontinuierlicher Täuschungen sein können. Um dies in einer praxisbezogenen Art und Weise anzugehen, wird sowohl in der Herz-Sutra als auch im Diamant-Sutra die Negation empfohlen: »Nicht Auge, nicht Ohr, nicht Nase, nicht Zunge, nicht Körper, nicht Geist.« Im Film wird dies auf zweifache Art und Weise bildlich dargestellt:

– Der junge Mann klebt sich die Augen, die Nase, den Mund und die Ohren zu und »lebt« so die Negation, er schließt seine Sinne von der Außenwelt ab. Gleichzeitig macht er dem Zuschauer deutlich, dass eben diese Sinne die Quelle von Täuschungen mit allen ihren leidvollen Folgen sein können. Daher ist es wichtig, die Funktionsweise der Sinne genau zu untersuchen.
– Der Meister macht dies ebenfalls deutlich, als auch er die Eingangspforten seiner Sinne schließt. Gleichzeit wird klar, dass diese seine Sinne mit seinem Tod ebenfalls sterben werden.

Wir werden im 8. Kapitel diese Überlegungen zur Negation an der zentralen Dynamik von »Binden und Lösen« vertiefen.

Und was bedeutet die *Schlange*? Sie taucht ja mehrmals im Film auf und wird im Buddhismus zum einen als Metapher für die Täuschung und Unwissenheit betrachtet. Auch Thich Nhat Han (1993) erwähnt in seinem Buch über das Diamant-Sutra als Beispiel eine Schlange, der wir im dunklen Wald begegnen, die sich aber als ein lebloses Seil erweist. Daher steht die Schlange auch für die Täuschung oder die Gefahr der Täuschung: Die falsche Wahrnehmung nämlich, dass wir ein Seil für eine Schlange halten, d. h., die Realität nicht als solche erkennen können, weil unsere Annahmen und Befürchtungen diese Wahrnehmung verstellen. Die Schlange steht zum anderen aber auch für Lebensenergie und Lebenskraft und wird in der Wirbelsäule verortet – und mit dem Tod des

Herbst oder: Die Suche nach Heilung 75

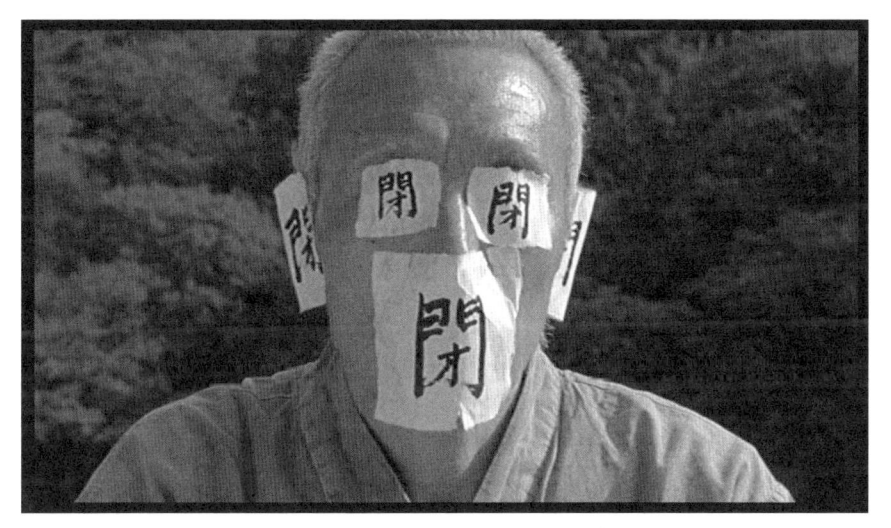

Abbildung 19: Auch der Meister verklebt Augen, Nase und Mund

Abbildung 20: Der Meister verbrennt sich selbst

Meisters verlässt die Lebensenergie seinen Körper. Die Schlange als sich immer bewegendes und windendes Tier ist sehr schwer zu zähmen.

In der buddhistischen Zenpraxis wird mit dem Bild gearbeitet, die »Schlange« ganz gerade auszurichten. Dies ist aber nur möglich, indem sie in ein Bambusrohr gesteckt wird, was auf dem Meditationskissen die aufrechte Wirbelsäule meint. Diese aufrechte Haltung, die wichtig in der Sitzpraxis ist und die Wirbelsäule als Zentrum hat, ermöglicht es dann, den Geist zu zähmen, ihn »ruhig zu stellen«, ihn aufzurichten, ihn unbewegt zu »halten« und ihn zum »Schweigen« zu bringen: »Den Lehren des Buddha zu lauschen ist so, als finge man eine gefährliche Schlange. Wisst ihr nicht, wie man das macht, packt ihr sie vielleicht zuerst beim Schwanz, und die Schlange dreht sich herum und beißt euch. Wisst ihr aber, wie man eine Schlange fängt, werdet ihr einen Stock nehmen, um sie festzuhalten, und dann werdet ihr die Schlange am Genick greifen, so dass sie Euch nicht mehr beißen kann. Das gleiche gilt für die Lehren des Buddha – ihr könnt euch verletzen, wenn ihr ungeschickt seid« (Thich Nhat Han, 1993, S. 72).

Wann ist für den Menschen der richtige Zeitpunkt gekommen, zu sterben? Ein Thema, das die Menschen immer wieder berührt und auch aktuell im Rahmen der Sterbehilfe diskutiert wird. Die Selbstverbrennung des Meisters macht deutlich, dass er diesen Zeitpunkt selbst bestimmen kann und will. Wir können nur spekulieren, warum er seinem Leben ein Ende setzt. Das Thema des *Todeszeitpunktes* taucht in den buddhistischen Schriften des Öfteren auf, und es wird immer wieder darauf hingewiesen, dass der Mensch sich ganz und gar für das Leben, sein Leben, entscheiden muss, ganz ohne Zweifel und mit der Fähigkeit, das Leben so anzunehmen, wie es ist. Dieses komplette Annehmen erst macht es möglich, dem Tod ganz ohne Angst zu begegnen und sich dann möglicherweise, zum genau richtigen Zeitpunkt, für ihn zu entscheiden. »Daher ist Leben, was ich leben lasse, und ich bin, was Leben mich sein lässt« (Elberfeld, 2006a, S. 293). Und so könnte man auch sagen: das Leben »verlassen«, welches ich »gelassen« habe und welches mich hat »sein lassen«.

Hier ein Beispiel, in dem die Selbstbestimmtheit des Meisters über seinen Todeszeitpunkt beschrieben wird. Dongshan, ein berühmter Zenmeister, schrieb kurz vor seinen Tod ein Gedicht, um dann zu sterben:

›»*Obwohl es viele Schüler gibt, ist nicht einer erleuchtet:*
Der Fehler ist, dass wir anderen Lehren folgen.
Wenn du in der Lage sein willst, die körperliche Form zu vergessen und eingefahrene Wege aufzugeben,
Arbeite hart, um achtsam in der Leere zu gehen.‹

Als er das Gedicht beendet hatte, rasierte er seinen Kopf und schlug die Glocke: In der Halle sitzend, verabschiedete er sich von den Versammelten und schien zu sterben. Diese klagten vor Kummer. Dongshan öffnete seine Augen, ließ eine Mahlzeit für Dummheit vorbereiten und verlängerte sein Leben um sieben Tage, dann verabschiedete er sich wieder von den Versammelten und verschied, während er dort saß« (Book of Serenity, 1988, Koan 94, S. 403 f.; eigene Übersetzung).

Exkurs zum Herz-Sutra

Der Schüler ist zum Meister zurückgekehrt, voller Verzweiflung über seine Taten und seine verlorene Liebe. In dieser Situation gibt ihm der Meister die Aufgabe, das Herz-Sutra, das er zuvor auf das Deck der Floßinsel gemalt hat, in das Holz einzuschneiden. Es ist eine mühsame Aufgabe, der sich der junge Mann aber unterzieht und die ihn die ganze Nacht intensiv schnitzen lässt.

Das Herz-Sutra, das Sutra der höchsten Weisheit, ist einer der bekanntesten Texte in der buddhistischen Mahayana-Literatur. Wir besprechen es hier in der Form, wie es zur täglichen Rezitation im »Grasbergtempel des Lebendigen Zen« in Göttingen genutzt wird. In diesem Text legt Avalokitesvara seine Erkenntnis, entstanden in tiefer Übung der Meditation, über die Wirklichkeit dar:

»*Bodhisattva Avalokitesvara*
Erkannte in tiefer Übung von Prajna Paramita
Dass alle fünf Skandhas leer sind von eigenem Sein
Und war befreit von allem Leiden.

O Sariputra, Form unterscheidet sich nicht von Leerheit,
Leerheit unterscheidet sich nicht von Form.
Form ist wirklich Leerheit,
Leerheit wirklich Form. […]

Daher gibt es in Leerheit keine Form,
Keine Empfindung, keine Wahrnehmung, keine Impulse, kein Bewusstsein.
Nicht Auge, nicht Ohr, nicht Nase, nicht Zunge, nicht Körper, nicht Geist. […]

Nichts von Unwissenheit und deren Auslöschung,
bis hin zu Alter und Tod und deren Auslöschung […]«

Jede Form ist leer, das ist die Kernaussage dieses Textes. In keiner Form ist etwas zu finden, das man als Kern oder Unveränderliches bezeichnen könnte. Die überzeugende Begründung dieser Tatsache liegt in der menschlichen Erfahrung, dass sich alles immer in Veränderung oder Wandel befindet. Die Dinge oder Formen entstehen unter drei Bedingungen. Sie entstehen
- im Rahmen von Ursache und Wirkung,
- in Abhängigkeit voneinander,
- in Gleichzeitigkeit oder Synchronizität.

Wir haben in dem von uns verfassten Text des Herz-Sutras bewusst darauf verzichtet, das Wort »Karma« zu benutzen. Der Begriff kommt aus dem Pali, meint »Wirken« oder »Tat« und beschreibt das Konzept, dass jede körperliche und geistige Handlung immer Folgen hat. Der Begriff *Karma* ergibt aber unserer Meinung nach nur Sinn, wenn er in einen größeren Zusammenhang gestellt wird: In einigen buddhistischen Traditionen schließt er die vorgeburtliche und nachtodliche Zeit ein und setzt somit das menschliche Handeln in einen großen Rahmen, der weit über das, was wir Lebensspanne nennen, hinausgeht. In diesen Traditionen wird davon ausgegangen, das menschliche Taten, auch »nur« gesprochene, Einfluss haben auf die Zeit nach dem Tod und damit auf mögliches Leben in Form von Wiedergeburten. Das Ursache-Wirkungs-Prinzip wirkt also über die jetzige Lebensspanne hinaus. Solche zukünftigen, immer wiederkehrende Leben werden beschrieben als der Kreislauf der Wiedergeburten, aus dem es dann gilt, »auszusteigen«, um somit kein Karma mehr zu erzeugen. Wir wollen uns hier darauf beschränken, nur solche Auswirkungen menschlicher Handlungen genauer zu betrachten, die im »jetzigen« Leben erfahren werden können.

Nichts ist somit unabhängig, weder in seiner jetzigen Form noch in seiner Entstehung. Darüber hinaus ist alles dem kontinuierlichen Wandel unterworfen und ist somit nicht *in* Veränderung, sondern *ist* Veränderung.

Diese Tatsachen gelten aber nicht nur für die Dinge »da draußen«, so wie es das menschliche Bewusstsein suggeriert, sondern auch für die Person, die diese Prozesse erfährt. Die Entstehung des Bewusstseins wird im Herz-Sutra als die Fünf Skandhas bezeichnet, auf die wir ausführlich in unserem Buch »Neurose und Erleuchtung« eingehen (Weischede u. Zwiebel, 2009). Das wahrnehmende Subjekt unterliegt also den gleichen Veränderungsprozessen wie die Dinge der Welt, ist also ebenso »leer« wie diese.

Im Folgenden ziehen wir zur Verdeutlichung dieses Sachverhaltes das *Dimant-Sutra* zu Rate.

Das Diamant-Sutra, in Sanskrit Vajrachchedika-Prajnaparamita-Sutra, meint wörtlich »Sutra vom Diamantschneider der Höchsten Weisheit« und zeigt auf, dass alle wahrgenommenen Phänomene Erscheinungen im menschlichen Geist sind. Als geistige Erscheinungen sind sie letztendlich aber auch nur Prozesse. Mit anderen Worten: Was der Mensch wahrnimmt, sind die Prozesse seiner eigenen Wahrnehmung.

Das Sutra ist ein Dialog zwischen Subhuti, einem Schüler des Buddha, und dem Buddha selbst, in dem es um die Frage geht, wie die Wesen Befreiung erlangen können. Im Zentrum dieses Gesprächs steht der Bodhisattva, der die höchste Weisheit verwirklicht hat und nun seine Aufgabe darin sieht, andere Wesen auf diesem Weg zu unterstützen.

In »Frühling« gibt der Meister dem jungen Mann die Aufgabe, sich intensiv mit seinen Taten aus der Vergangenheit zu beschäftigen und den möglicherweise täuschenden Charakter seiner Wahrnehmungen zu studieren.

Die grundlegende Vorgehensweise im Diamant-Sutra ist die der Negation. Eine bekannte Aussage ist die über eine Rose: »Eine Rose ist keine Rose. Daher ist sie eine Rose.« Diese Verneinung der wahrgenommenen Rose ist ein grundsätzliches Infragestellen der »Erscheinung« Rose. Dieses Infragestellen durch Verneinung bezieht sich deshalb nicht auf die Rose selbst, sondern auf den menschlichen Wahrnehmungsprozess der Rose. Das, was wahrgenommen wird, erscheint wie eine Rose, wie eine Entität, wie etwas Festes, etwas Unveränderliches, wie etwas, das ein Ding ist und Dinghaftigkeit besitzt.

Das Diamant-Sutra fordert uns nun auf, die *beiden* Seiten (Subjekt, hier der Wahrnehmende, und Objekt, hier die Rose) dieses Prozesses genau zu studieren:
- Zum einen den Wahrnehmenden, der, wie oben schon angedeutet, nicht das Ding an sich, sondern seinen Wahrnehmungsprozess der Rose wahrnimmt. Dabei ist der Wahrnehmende selbst ebenfalls keine Entität, sondern das Zusammenspiel unendlich vieler Prozesse im jetzigen Augenblick.
- Zum anderen ist die Rose, die wahrgenommen wird, das Zusammenspiel vieler Nicht-Rose-Elemente, die als Zusammenspiel ebenfalls unendlich vieler Prozesse für einen Augenblick eine Rose sind.

In diesem Raum der Begegnung haben wir also zum einen das Subjekt, die Person, den Wahrnehmenden, der selbst aus unzähligen Nicht-Person-Elementen (als Prozessen) besteht und die eigenen Wahrnehmungsprozesse des Objekts wahrnimmt. Zum anderen haben wir das Objekt der Wahrnehmung, das selbst aus unzähligen Nicht-Objekt-Elementen (als Prozessen) besteht. Zusammen stellen Subjekt und Objekt einen gemeinsamen Begegnungsraum her, den wir auch als von beiden Seiten gleichzeitig hergestelltes Feld beschreiben können.

Mit Nicht-Person-Elementen ist gemeint, dass der Körper des Wahrnehmenden entstanden und zusammengesetzt ist aus vielen Elementen, wie Mineralien, Luft, Wasser, Licht/Sonne, Raum etc. Mit Nicht-Objekt-Elementen ist gemeint, dass die Rose zusammengesetzt ist aus Erde, Mineralien, Wasser, Sonne, Raum etc. Beide, Subjekt und Objekt, sind also durch viele Elemente in Abhängigkeit entstanden.

Diese wird im Buddhismus als *Leerheit* definiert, das Nicht-Auffinden eines festen, unveränderlichen Kerns einer Erscheinung. Darüber hinaus beinhaltet der Begriff das Wissen um das *Entstehen in Abhängigkeit*. Es sind dies die unzähligen Elemente der umgebenden Welt, die in ihrem unendlichen Zusammenspiel genau der Grund dafür sind, dass die Rose genau diese Rose ist und der Wahrnehmende genau dieser Wahrnehmende. Die in einem ersten Schritt vollzogene Negation der Rose wird nach dem genauen Studium aller Prozesse dann doch zu einer Rose, jetzt aber als eine von einem von Täuschung befreiten Wahrnehmenden realisiert: Eine Rose ist keine Rose, weil der Wahrnehmende über sich und seine Wahrnehmung getäuscht ist. Wenn dann diese Täuschungen aufgehoben sind, wird die Rose zur »wirklichen Rose«, sie wird als Soheit des jetzigen Augenblicks verwirklicht.

Die Aufgabe, die der junge Mann im Film von seinem Lehrer erhält, besteht in dem Erkennen, dass er vier grundlegenden Täuschungen unterworfen ist:
- Der Täuschung von einem Selbst als ein von der Welt getrenntem Selbst.
- Der Täuschung von einer Person, die getrennt sei von allem, was Nicht-Person ist.
- Der Täuschung von einem Lebewesen, das einer Trennung von belebter und unbelebter Materie unterworfen sei.
- Der Täuschung, dass es so etwas wie eine Lebensspanne gäbe.

Entsprechend kommentiert Thich Nhat Hanh das Diamant-Sutra: »Wenn Subhuti, ein Bodhisattva, an der Vorstellung festhält, dass ein Selbst, eine Person, ein Lebewesen oder eine Lebensspanne existiere, dann ist er kein echter Buddha« (Thich Nhat Hanh, 1993, S. 12).

Das Erkennen dieser Täuschungen und ihre Aufhebung ist die Lebensaufgabe, die der Lehrer in »Frühling« seinem Schüler gibt, bevor dieser von den beiden Polizisten, wohl zur Verbüßung seiner Strafe, abgeführt wird. Der Schüler soll es sich förmlich einritzen, er soll praktizieren und üben, um es wirklich zu verstehen und danach leben zu können. Er soll also nach Ansicht des Meisters nicht seine Schuld sühnen – vielleicht aber in einem weltlichen Sinn schon, denn er übergibt ihn ja der Polizei –, sondern die Essenz der buddhistischen Lehre erkennen und begreifen: Form ist Leerheit, Leerheit ist Form.

Dies scheint ja auch Früchte zu tragen, denn im Winter kehrt der junge Mann zurück, um das Erbe des Meisters zu übernehmen. Offenbar hat er die Lektion begriffen und ist jetzt bereit, ebenfalls ein Bodhisattva zu werden.

Die Zeichen der Herz-Sutra werden in das Deck der schwimmenden Insel geritzt und mit Farbe ausgemalt, aus filmischer Sicht ein starkes Bild. Aus buddhistischer Sicht aber sind auch die *Zeichen eine Quelle möglicher Täuschungen*, sie sind symbolvermittelt und immer mit dem menschlichen Bewusstsein verknüpft. Sinngemäß hat der Buddha dieses Dilemma wie folgt beschrieben: »Wo es etwas gibt, das durch Zeichen unterscheidbar ist, da gibt es Täuschung.

Wenn du die zeichenlose Natur der Zeichen sehen kannst, dann kannst du den Tathagata[10] sehen« (Thich Nhat Han, 1993, S. 14).

Ohne die Zeichen, ohne die Sprache und ohne das Bewusstsein können wir nicht leben, ohne den Dharma[11] oder die Lehre können wir den Praxisweg nicht beschreiten. Sich aber nur an die Zeichen zu halten oder sich daran zu klammern, ist ebenso verfehlt.

Auch dies könnte somit eine Aufforderung des Meisters an seinen Schüler sein: »Schreibe die Sätze des Herz-Sutras in den Boden des Hauses und dann gehe und lasse sie los, verwirkliche die Zeichenlosigkeit!« Möglich macht dies der »Stille Ort«, an dem der Geist schweigt und so reine Wahrnehmung und reines Erkennen möglich werden.

Wenn wir, wie vorgeschlagen, die Filmbilder nicht ausschließlich als eine äußere Geschichte, sondern als Darstellung einer inneren Welt betrachten, so könnten wir auch sagen: In dieser Herbstepisode setzt sich der Schüler und jetzige erwachsene Mann mit seiner eigenen Vergangenheit auseinander, und zwar vor allem mit seinen destruktiven Handlungen, seien diese nun die reale Mordtat oder auch die vielen gedanklichen Morde, die er begangen hat (gedanklich morden viele Menschen im Laufe ihres Lebens). Er sucht Zuflucht bei seinem alten Meister, sicherlich auch vor den realen Verfolgern, die man aber auch als sein verinnerlichtes Gewissen betrachten kann. Welche Möglichkeiten hat der Mensch in einer solchen Lage, in der er mit seinen eigenen Handlungen und den Folgen konfrontiert ist? Die Herbst-Episode zeigt nach unserer Auffassung drei verschiedene Möglichkeiten:

- *Die neurotische Verarbeitung,* indem die eigenen Taten und die damit verbundenen negativen Emotionen sich gegen das eigene Selbst richten: Es ist der Versuch, mithilfe der depressiven Selbstbestrafung eine Milderung des Gewissens zu erreichen und sich auf diese Weise von der Schuld zu befreien. Im extremen Fall kann dies in der Tat im Selbstmord enden. Wie der Film zeigt, lehnt der Meister diese Lösung als einen Irrweg ab. Dabei geht er so weit, den Schüler selbst heftig zu schlagen, um ihn vielleicht auf diese Weise von seinem selbstzerstörerischen Handeln abzubringen. Der Meister sagt

---

10 Ein Sanskritwort für einen Vollendeten, ein aus der Soheit Gekommener. Einer der Titel, den sich der Buddha Shakyamuni selbst gegeben hat.
11 Der Dharma hat verschiedene, von dem jeweiligen Kontext abhängige Bedeutungen: die Lehre Buddhas, die Lehren aller Meister in der Nachfolge Buddhas, die Lehre der universalen Wahrheit, die Gesamtheit aller Phänomene, die Große Ordnung. Auf einer Ebene der Praxis meint Dharma Gelöbnisse, Verhalten, Raum, die Details der Welt in ihrer Gleichzeitigkeit, in die der Praktizierende Zuflucht nehmen kann als etwas, das inmitten von kontinuierlicher Veränderung so etwas wie »Halt« ermöglicht.

dann auch konsequenterweise: »Selbst wenn du andere umbringst, *dich* kannst du nicht so einfach töten.«
- *Die Anerkennung der Schuld,* wie sie wohl in der Übergabe an die Polizisten ausgedrückt ist: Die Folgen der eigenen Handlungen werden damit anerkannt, was im Fall des Films eben Strafe und Gefängnis bedeutet. Wir müssen vermuten, dass dies zwar leicht ausgesprochen ist, aber zur gleichen Zeit auch sehr schwer zu verwirklichen ist: anzuerkennen, was man wirklich getan hat! Nach Nietzsches berühmten Ausspruch gibt meist dann doch das Gedächtnis nach.[12]
- *Die Suche nach einer Heilung,* die zwar nicht die reale Schuld tilgen, sie aber erträglich machen kann. Im Film ist die Arbeit an dem Herz-Sutra der Beginn dieses Heilungsweges: Dies würden wir als Repräsentanz des spirituellen Weges verstehen. Vielleicht könnte man es so formulieren: Die Schuld wird erträglich, wenn man erkennt, dass die Handlungen aufgrund von fehlerhaften Wahrnehmungen stattgefunden haben und nicht, weil man ein von Grund auf »schlechter oder böser Mensch« ist. Wie wir schon ausgeführt haben, wird gerade im Buddhismus das essentialistische Denken infrage gestellt, wie es sich in dem Konzept der Leerheit ja auch ausdrückt. Dieses Verstehen kann dann dazu führen, dass die eigene Schuld anerkannt wird, und auch dazu, dass spätere Handlungen heilsamer sein werden. Dies kann dann auch als eine gewisse *Wiedergutmachung* angesehen werden: Künftige Handlungen werden dann eher von korrekten als von fehlerhaften Wahrnehmungen bestimmt. Als eine weitere Wiedergutmachung kann man den Kern des Herz-Sutras ansehen, indem der Praktizierende sich bemüht, ein Bodhisattva zu werden, also ein Mensch, der sich auf selbstlose Weise um die Befreiung der unzähligen anderen Wesen bemüht. Mit dieser Lehre wird der Schüler vom Meister den Polizisten übergeben, und wir werden dann sehen, dass er später wiederkehren wird und genau diese Aufgabe eines Bodhisattvas übernehmen wird.

---

12 »›Das habe ich gethan‹, sagt mein Gedächtnis. Das kann ich nicht gethan haben – sagt mein Stolz und bleibt unerbittlich. Endlich – giebt das Gedächtnis nach« (Nietzsche, 1886/1999, S. 68).

Winter oder: Der weglose Weg

Abbildung 21: Tor und Insel im Winter

Im vierten Teil des Films ist es Winter. Der ehemalige Schüler, offenbar aus dem Gefängnis entlassen, kommt über das Eis. Er entdeckt die Schlange, die sich in den Kleidungsstücken des Meisters versteckt hat. Er holt die Asche des Meisters aus dem Boot, hackt einen Buddha aus dem Eis. Das ist insofern ein

Abbildung 22: Übungen des Schülers

schönes Bild, weil ja das Eis schmilzt, es also keine bleibende Substanz symbolisiert.[13] In einer kleinen Kommode des alten Meisters findet er ein Heft mit Körperübungen, die er ebenfalls mit freiem Oberkörper in Eiseskälte durchführt.

Eine Frau, die verschleiert ist, bringt ihr kleines Kind zum ehemaligen Schüler, dem neuen Meister und Nachfolger des alten Meisters. Sie ist unglücklich, ohne dass wir den genauen Grund kennen. Nochmals kommt es vielleicht zu einer Versuchung des Meisters, als er nachts nach der schlafenden Frau schaut, auch sie greift nach ihm. Auch hier taucht die Schlange auf, vielleicht wirklich als Zeichen der Versuchung oder der Unwissenheit bzw. Erkenntnis. Die Schlange ist völlig bewegungslos, die Leidenschaft wird nicht angeregt. Die Frau legt ihr Tuch ab, legt es wieder an, wir sehen niemals ihr Gesicht. Als sie in der Nacht über das Eis geht, fällt sie in ein offenes Eisloch und ertrinkt. Der Kleine krabbelt ebenfalls über das Eis, aber der Meister findet ihn rechtzeitig und dabei auch die Leiche der Frau.

Abbildung 23: Die verschleierte Frau

Wie soll man diese Geschichte verstehen? Ist sie eine Wiederholung seiner eigenen Geschichte, wie er selbst damals als kleines Kind zum Meister gekommen ist? Wird er erneut unschuldig-schuldig, da er unbeabsichtigt den Tod der jungen Frau »verursacht«?

---

13 Insofern könnten die Jahreszeiten auch die Phasen der spirituellen Entwicklung sein: etwa vergleichbar mit den Zehn Ochsenbildern aus dem Zenbuddhismus (siehe S. 50). Am Ende, wenn der Frühling wiederkehrt, beginnt der Alltag von Neuem, jetzt aber auf einer fortgeschrittenen Entwicklungsstufe.

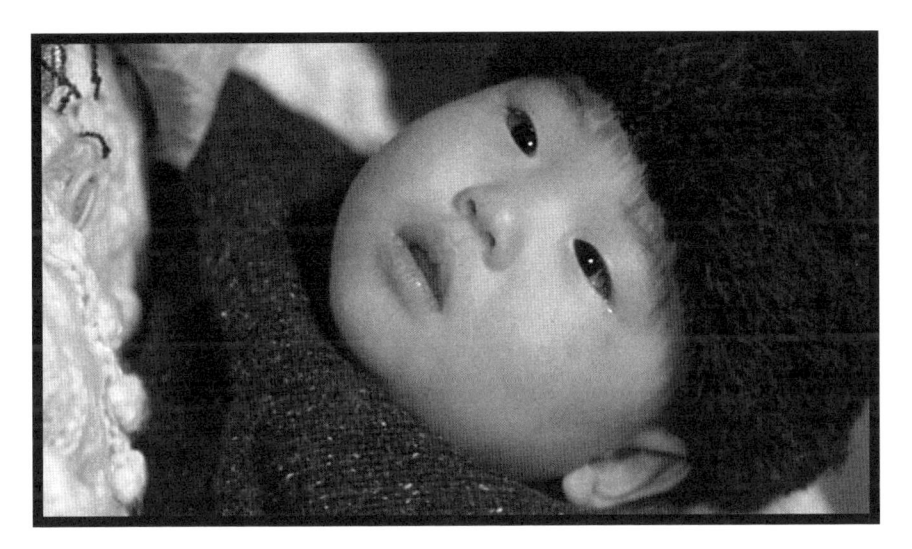

Abbildung 24: Das zurückgelassene Kind der Verschleierten

Die Schlussszene zeigt den Meister, wie er einen Berg hinaufgeht, einen Stein am Seil hinter sich herziehend, vor sich hält er die Statue des Avalokitesvhara[14]. Ist das nicht der steinige Weg der Befreiung? Sozusagen die Lasten aus dem Leben, die ewige Schuld, auch die Schuld der Eltern, die die Kinder zu tragen haben, und doch der Versuch, dies auf sich zu nehmen und Befreiung oder Erwachen zu erlangen. Auf dem Weg nach oben sieht man kurz die gefesselten Tiere aus der Frühlingsepisode. Das Schlussbild dieses Teils zeigt den Meister, wie er auf dem Gipfel meditiert, tief unten der See.

Wir halten diese Szene, in der der ehemalige Schüler den Berg hinaufklimmt, im Schlepptau den schweren Stein, den er sich selbst angebunden hat und vor sich hertragend die Buddhastatue, für eine besonderes eindrucksvolle Visualisierung nicht nur des menschlichen Weges überhaupt, sondern vor allem auch des spirituellen Weges: ein Weg voller Anstrengung, auf dem man die ganze Last der Vergangenheit mit sich trägt, immer wieder strauchelt und scheitert, aber doch ohne Unterlass ein Ziel vor Augen hat, nämlich Klarheit, Befreiung und Erwachen zu erreichen. Die körperlichen Übungen, die in dieser Episode eine so große Rolle spielen, betonen noch einmal die große Bedeutung der Körperlichkeit: Das Training des Körpers und damit auch des Geistes ist danach eine wesentliche Voraussetzung, um diese Befreiung zu erreichen.

---

14 Avalokiteshvara (Sanskrit): Bodhisattva (Erleuchtungswesen) des Mitgefühls.

Abbildung 25: Mühsamer Aufstieg

Abbildung 26: Der Meister zeichnet seinen Schüler

Und Frühling oder: Wiederholung und Neubeginn

Im kurzen fünften und letzten Teil ist es wiederum Frühling: Jetzt beginnt der Zyklus des Lebens erneut. Der Meister sitzt in einer friedlichen Szene mit dem kleinen Jungen vor dem Tempel; der Junge ist der gleiche wie im ersten »Frühling«. Der Meister zeichnet ihn, er spielt mit einer Schildkröte, voller Freude, schubst sie hin und her – diese kann er nicht fesseln, aber wahrscheinlich hätte er es auch wieder gern getan, es ist die Natur des Jungen, des Menschen. Am Ende sehen wir die Statue des Buddhas, wie sie hoch oben über den See schaut.

Abschließende Bemerkungen

Der Film ist ein aus unserer Sicht faszinierendes Meisterwerk, weil er zum einen die zentralen Fragen nach der Natur des Menschen und nach dem, wie wir in der Welt leben, stellt und zum anderen verschiedene Perspektiven von Antworten präsentiert, ohne eine definitive Antwort zu geben. Die Bilder des Films und die sehr karge Handlung weisen auf den Zuschauer selbst und eröffnen damit einen selbstreflexiven Raum, den wir in Ansätzen darzustellen versuchen. Unser Text spiegelt in gewisser Weise die Diskussion über die Beziehung von Buddhismus und Psychoanalyse (siehe auch Zwiebel u. Weischede, 2015). Dabei machen wir den Versuch, den Film vor allem aus der buddhistischen, aber auch in Ansätzen aus der psychoanalytischen Perspektive zu betrachten. Dieser Versuch der Diskussion ist wie ein Spiegel unseres ganzen Dialogs, in dem wir die Komplementarität von psychoanalytischem und buddhistischem Denken aufzuzeigen versuchen: Es handelt sich danach um sehr unterschiedliche, vielleicht sogar gegensätzliche Ansätze, die aber auf einer anderen Ebene und aus einer anderen Perspektive eng miteinander verbunden sind – Komplementarität im Sinne von »widersprüchlich Zusammengehörigem«.

Eine wesentliche Thematik des Films ist die Frage nach der *Schuld des Menschen*, die man in ihrer Bedeutung überhaupt nicht überschätzen kann. Auch in »Bodhidharma« spielt die Schuld eine wesentliche Rolle. In der Psychoanalyse ist die Unterscheidung zwischen realer und imaginierter Schuld von großer Bedeutung; dies kann man aus einer metapsychologischen Sicht genauer fassen: Danach gibt es auch unbewusste Schuld und Schuldgefühle, Schuldgefühle im Zusammenhang mit Konflikten, Schuldgefühle aus der Vergangenheit und als Entwicklungsschicksal. Dieser letzte Punkt spielt in der Psychoanalyse eine zentrale Rolle, und insofern interessiert man sich auch vor allem für die Lebensgeschichte des Menschen und Analysanden. Dies spielt im Buddhismus eine geringere Rolle, wie man auch am Beispiel des Films sehr deutlich sehen kann. Hier geht es mehr um die grundlegende Frage, wie der Mensch in der Welt existiert, die Welt wahrnimmt und aufgrund dieser Wahrnehmungen und Annahmen handelt.

Aus selbstreflexiver Sicht haben wir uns in der Beschäftigung mit dem Film, den wir auch auf unsere Fragen zum Buddhismus und zur Psychoanalyse bezogen haben, vielleicht dem Problem unserer Motivation genähert: Nähert man sich dem psychoanalytischen Weg (als werdender Analytiker oder als Analysand und Patient) oder einer spirituellen Praxis wie dem Zenweg nicht gerade aus diesem Grund: der eigenen realen oder imaginierten Schuld auf den Grund zu gehen und durch Wiedergutmachung, Trauerarbeit und einem veränderten, durch emotionale Einsicht geprägten Handeln eine Form von Befreiung, Erlösung oder »Weisheit« zu erlangen?

Im örtlich-realen Mittelpunkt dieses Films stehen die Insel und das Boot, das die Insel mit der »Welt« verbindet. Sehr viele Filmszenen beschäftigen sich mit »Überfahrten«: Wann immer der Meister und sein Schüler in die Welt wollen, brauchen sie das Boot, immer wenn die »Welt« auf die Insel kommt, wird das Boot benutzt. Darüber hinaus wird das Boot auch zu einer Metapher für das »Leben«: Der kleine Junge lernt, das Boot zu rudern, der größere Junge tobt sich im Boot aus, der heranwachsende junge Mann erlebt auf dem Boot (allerdings nicht nur da) seine ersten sexuellen Erfahrungen: Sinnbild für volles, sinnliches, neues Leben erzeugendes Leben.

Abbildung 27: Buddha und Lehrer auf dem Gipfel

Aber das Boot ist gleichzeitig auch eine Metapher für das »Sterben«: Das Boot als Ort, an dem der Meister seinem Leben ein Ende setzt.

Das Boot steht mithin in diesem Film für das Leben als Ganzes, es repräsentiert die ganze Spanne des Lebens, was der Zenmeister Dogen wie folgt beschreibt: »Leben ist, wie wenn jemand in einem Boot dahingleitet. Auf diesem Boot gebrauche ich ein Segel und lenke mit einem Ruder. Auch wenn ich mich mit einem Stab fortstoße, so trägt mich das Boot und ich bin nichts außer dem Boot. Indem ich in dem Boot dahingleite, lasse ich dieses Boot sein. Diese richtige und treffende Zeit ist bemüht, auszuprobieren und inständig zu lernen. In dieser richtigen und treffenden Zeit ist das Boot niemals nicht die Welt. […] Daher ist Leben, was ich leben lasse, und ich bin, was Leben mich sein lässt. Beim Bootfahren sind Leib und Herz, Umgebung und ich selbst, beide das in sich bewegte Gefüge der Momente des Bootes. Die ganze große Erde und der ganze leere Himmel, beides ist das in sich bewegte Gefüge der Momente des Bootes. Das Ich, das Leben ist, und das Leben, das ich bin, sind auf diese Weise« (Zwiebel u. Weischede, 2015, S. 155 f.; nach Elberfeld, 2006a, S. 293).

6 Der Film: »Samsara« (2001) von Pan Nalin

Hintergründe zum Film

Der Film »Samsara« (2001), realisiert von dem indischen Regisseur Pan Nalin, greift ein uraltes Menschheitsthema auf, das sich in der buddhistischen Terminologie als Polarität von Samsara und Nirwana ausdrücken lässt: Dabei steht Samsara für die alltägliche, menschlich-irdische Welt mit ihren vielfältigen konflikthaften Verstrickungen, während Nirwana die Welt der Erleuchtung, der Befreiung oder Erlösung bezeichnet. Diese Thematik interessiert auch aus psychoanalytischer Sicht: Die Psychoanalyse ist ganz auf das Weltliche, auf »Samsara« bezogen – man bedenke Freuds Betonung der therapeutischen Zielrichtung Liebes-, Arbeits- und Genussfähigkeit und die Umwandlung von neurotischem in alltägliches Unglück sowie seine bekannte Skepsis gegenüber religiösen Strebungen der Menschen, die er für im Wesentlichen illusionär hielt. Diese Skepsis Freuds bestand auch gegenüber den sogenannten östlichen Religionen oder Traditionen wie dem Hinduismus, Daoismus oder auch Buddhismus. Diese zeigen aber wesentliche Unterschiede zu den monotheistischen Religionen, und man bezweifelt daher manchmal sogar, ob der Buddhismus nicht mehr eine Psychologie denn eine Religion ist. Diese östlichen Traditionen – und dabei insbesondere der Buddhismus – interessieren uns ja hier gerade besonders, und genau dieses Spannungsfeld von Welt/Psychologie/Psychoanalyse und Nirwana/spiritueller Erfahrung/Religion stellt der Film aus unserer Sicht ganz deutlich dar.

Pan Nalin ist ein relativ junger indischer Filmregisseur, der schon eine Reihe anderer Spiel- und Dokumentarfilme realisiert hat.

»Samsara« spielt in Ladakh, einer nördlichen Region Indiens und im Himalaja, einem Land, das tief in den Bergen liegt, nur sehr schwer erreichbar ist und im Wesentlichen in seiner Kultur durch den tibetischen Buddhismus geprägt ist. Bis heute hat das Land eine lebendige klösterliche Kultur, in der trotz aller Modernisierung immer noch kleine Jungen von den Familien ins Kloster gegeben werden, damit sie Mönche werden. Der Dalai Lama ist das verehrte Oberhaupt dieser buddhistischen Kultur. Die geografische Lage des Landes hat sicherlich einen prägenden Einfluss auf die Kultur und das Leben der Menschen: rundum Berge bis zu 7.000 Metern, ein Tal, durch das der Indus als wesentliche Wasserquelle auf einer Höhe von 3.600 Metern fließt, enge, von diesem Haupttal abzweigende Täler, in denen die Menschen den kurzen heißen Sommer und die langen Winter zu überleben versuchen – angewiesen im Wesentlichen auf die Landwirtschaft, die einem kargen Boden abgetrotzt wird. Diese prekäre Lage hat auch zu der Institution der Polyandrie – der inzwischen verbotenen Vielmännerehe – geführt, die die Zerstückelung des Landes durch die sonst üblichen Verheiratungen zu vermeiden versuchte. Die Nachbarschaft zu Tibet begründet den Einfluss des tibetischen Buddhismus, der seit mindestens 1.300 Jahren in Ladakh lebendig ist.

Psychotherapie und Psychoanalyse in unserem westlichen Sinne sind natürlich unbekannt, wie ja auch in Indien Psychoanalyse nur in begrenztem Umfang – und dies vor allem in den Metropolen und bei der Mittelschicht – praktiziert wird. Traditionelle tibetische Medizin und Praktiken, wie die von Orakeln praktizierten Exorzismen, sind wahrscheinlich auch als Formen einer traditionellen »Psychotherapie« anzusehen.

Die Filmerzählung

Der Film beginnt mit einem weiten Blick in die grandiose Berglandschaft des Himalaja in Ladakh/Nordindien an der Grenze zu China und Pakistan auf 3.500 Metern Höhe und höher. Ein großer Greifvogel, der einen Stein aufge-

Abbildung 28: Der Greifvogel

nommen hat, lässt diesen aus dem Flug offenbar »absichtlich« fallen und tötet auf diese Weise ein Schaf. Eine vorbeiziehende Gruppe von Mönchen findet es Schaf und gibt ihm den letzten Segen. Es ist diese Gruppe von Mönchen unter der Führung eines älteren Lehrers, die sich auf den Weg gemacht hat, einen Mönch aus seinem »Retreat«, also seinem Rückzugsort, zurückzuholen.

In einem völlig einsam gelegenen Haus, das in einen großen Felsen eingelassen ist, gibt es eine Art Kellerhöhle, in die sich der Mönch Tashi für ein Retreat von mehr als drei Jahren zurückgezogen hat. Im Lotossitz, völlig bewegungslos und in einem tiefen Versenkungszustand findet die Gruppe den Mönch vor, mit langen Haaren, Bart und langen, klauenähnlichen Fingernägeln.

»Tashi, wir holen dich jetzt zurück«, flüstert ein Mönch ihm ins Ohr. »Tashi es reicht, deine Zeit ist um.« Liebevoll wird Tashi wieder in das normale Leben zurückgeführt, auf ein Pferd gesetzt und zu einem Fluss gebracht. Ihm werden die Haare geschnitten, der Kopf rasiert, die Nägel geschnitten und mit frisch gemahlenem Mehl eine Speise zubereitet. Noch ganz schwach, erholt er sich allmählich von den »Meditationsstrapazen«, die sein Lehrer Apo mit den freundlichen und humorvollen Worten kommentiert: »Du hast deine Meditation wohl übertrieben.«

Abbildung 29: Tashis Rückzugsort

Kommentar

In der tibetischen Meditationspraxis gibt es eine alte Tradition, in der sich die Praktizierenden für drei Jahre, drei Monate und drei Tage ganz von den weltlichen Einflüssen zurückziehen. Sie leben dabei in einsamen Hütten oder Höhlen und können sich so den verschiedenen buddhistischen Praktiken ganz und gar widmen. In dieser Zeit des Rückzuges wird die Person von außen regelmäßig mit Lebensmitteln versorgt und hat auch regelmäßig Gespräche mit dem Lehrer über den Stand der Meditation und Übungen. Im Film nun scheint es, als ob Tashi die Zeit des Rückzugs ganz ohne Bewegung, Essen und Trinken verbracht hätte. Die Filmbilder muss man aber eher als bildliche Darstellung dieser Art des Rückzuges verstehen, in der das körperliche Überleben zwar gesichert ist, dem Körper selbst aber nicht im entferntesten die Aufmerksamkeit geschenkt wird, wie es im Alltag geschieht. Die ganze Aufmerksamkeit richtet sich auf den Geist.

Als Kommentatoren können wir fragen, ob es beim Zuschauer des Films nicht auch hin und wieder den tiefen Wunsch gibt, sich einmal komplett aus dem Alltag zurückzuziehen, aus dieser bewegten, fordernden, unvermeidlich konflikthaften Welt. Es ist die Suche und natürlich auch die Sehnsucht nach einem »Stillen Ort«, ein Motiv, das alle drei von uns besprochenen Filme durchzieht.

Der Mönch hat ja scheinbar genau das getan. Der Film beginnt mit diesem »Stillen Ort«, das Ziel ist erreicht: Rückzug, komplettes Studieren des Geistes, vielleicht sogar das Erreichen von Erleuchtung. Es wird später noch genauer zu diskutieren sein, dass es hier auch um die Unterscheidung von »außen« und »innen« geht. Der »Stille Ort« ist erst einmal ein realer Ort in der Welt, also eine Höhle, die Insel in einem See, die Klause in einem Waldstück oder am Berg. Dieser reale, stille Ort ist eine Voraussetzung, damit sich dieser »Stille Ort« auch im Inneren, im Geiste des Menschen entwickeln kann. Das Prinzip ist deutlich: Es geht darum, die vielen Außenreize des Alltagslebens möglichst zu reduzieren, damit sich der Übende ganz auf sein »Geistestraining« zurückziehen kann.

Es taucht dann die Frage auf, inwieweit dieses Training, die Übung im Sinne der Entwicklung eines »Stillen Ortes«, wirklich wirksam ist. Das Überraschende ist, dass der Protagonist Tashi von der Höhle in sein Kloster zurückkehrt – das Kloster, das ja auch ein Abbild dieses »Stillen Ortes« ist – und doch trotz seiner langen Übung zuerst von »innen« und später dann auch von »außen« erschüttert wird.

Die Gruppe mit Tashi kehrt ins Kloster zurück, das die Spitze eines kleinen Berges besetzt, umgeben von vielen Hütten zu seinen Füßen. Hier wird die Pferdekarawane mit dem immer noch sehr schwachen Tashi von den Mitmönchen und seinem Hund Talla empfangen. Auf dem Weg dorthin fällt Tashis Blick auf eine in einen Stein gemeißelte Inschrift: »Wie kann man einen Wassertropfen

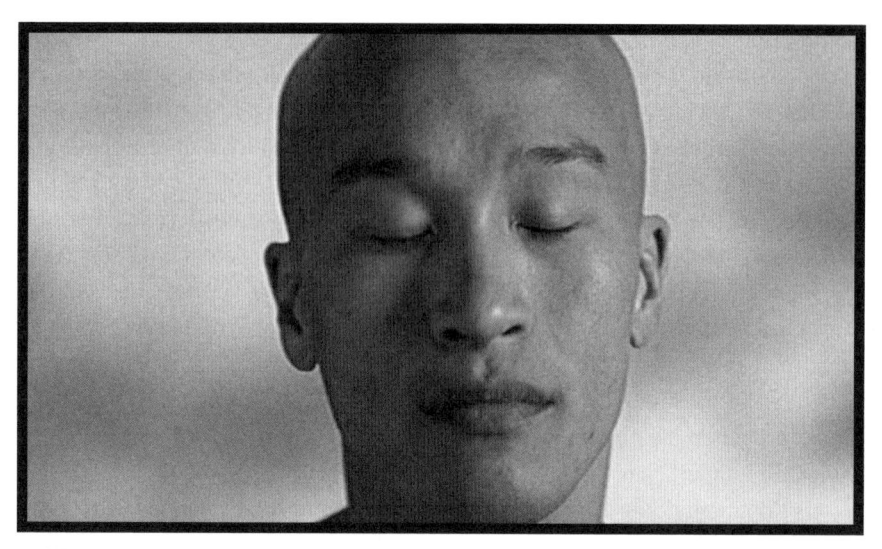

Abbildung 30: Tashi in Meditation

vor dem Austrocknen bewahren?« Dieser Satz wird noch einmal gegen Ende des Films von Bedeutung sein.

Schon bald taucht das Thema Sexualität auf, die zunächst als »Störung« von »innen« aufzufassen ist und nicht »von außen«, also durch Begegnungen oder Stimulierungen, angetrieben wird. Die erste, für den Film entscheidende Begegnung mit der Sexualität taucht in Tashis Träumen auf: Es ist Nacht, er schläft und stöhnt und der ihn beobachtende Mönch sieht die Erektion unter Tashis Robe. Am nächsten Morgen wacht Tashi auf, fühlt seine feuchte Robe und wäscht sie beschämt aus. Es scheint so, als ob die Sexualität ihren eigenen Gesetzen folge.

Ein Vater gibt seinen Sohn im Kloster ab, der Junge weint und will mit ihm nach Hause zurückkehren. An Tashis Reaktion wird deutlich, dass er selbst ein ähnliches Schicksal erfahren hat. Der kleine Junge bekommt den Kopf rasiert, und der ihn rasierende Mönch erzählt die Geschichte des Buddha, wie er sich, nachdem er die verschiedenen menschlichen Leidensformen gesehen hatte, entschließt, das Haus seiner Familie, seine Frau und seinen Sohn Rahul zu verlassen. Hier wird schon früh im Film auf das Ende der Geschichte verwiesen: Auch Tashi wird sich in einer ähnlich schwierigen Situation befinden und muss entscheiden, ob er seine Frau und seinen Sohn verlassen soll, um (wieder) ins Kloster zurückzukehren – der zentrale Konflikt der Filmgeschichte zwischen Nirwana (der Welt des »Stillen Ortes«) und Samsara (der alltäglichen, konflikthaften Welt).

In einer prunkvollen Zeremonie erhält der Mönch Tashi die große Weihe. Er hat zwanzig Jahre im Kloster studiert und mehr als drei Jahre in einer abgelegenen Höhle meditiert. All dies als ein »Weg der Wahrheit, der zur vollkommenen

Die Filmerzählung 95

Abbildung 31: Der Lehrer Apo mit Tashi

Erleuchtung führt«. Tashi wird von dem noch sehr jungen Abt des Klosters zum Rinpoche Kempo Lama ernannt mit den Worten: »Möge seine Selbsterfahrung allen den Weg weisen.« Sein Lehrer, aber auch die Mönche haben große Erwartungen an ihn als zukünftigen Lehrer.

Während eines großen Tanzfestes, bei dem die Mönche verschiedene große Holzmasken tragen, ist Tashi ebenfalls einer der Tänzer. Aus seiner Maske heraus beobachtet er gebannt, wie eine Besucherin des Festes ihr Baby stillt und dabei eine Brust enthüllt. Er vergisst dabei völlig, an der weiteren Zeremonie teilzunehmen. Seine »Verfehlung« wird von dem jungen Abt damit kommentiert, dass er ihn zur Ernte mitschickt, um »frische Luft« zu bekommen.

Daraufhin besucht Tashi mit einigen Mitmönchen eine tibetische Familie von Bauern. Er ist vollkommen fasziniert von den Frauenhänden, die Getränke und Speisen servieren. In der Nacht steht er unvermittelt der jungen Tochter des Hauses gegenüber; ein tiefer Blick in die Augen und auf den Mund deutet die zukünftige Verbindung an. In der Nacht erscheint die junge Frau – scheinbar in Tashis Traum.

Am nächsten Tag hat sein Lehrer großes Verständnis für solche Träume: »So etwas träumt man eben.« Für den Zuschauer bleibt durchaus offen, ob es sich um Realität oder Traum handelt, was aber nicht entscheidend ist: »Samsara« ist dadurch gekennzeichnet, dass die Versuchungen und Versagungen sowohl von außen als auch von innen kommen.

Tashi wird weiterhin von nächtlichen sexuellen Träumen heimgesucht, die bei seinem Freund und auch bei seinem Lehrer Sorge und Beunruhigung aus-

Abbildung 32: Die enthüllte Brust

lösen. Daher schickt ihn Apo zu einem Eremiten mit den Worten: »Es ist Zeit, eine Entscheidung zu treffen.«

Wieder wird der Zuschauer in diese unglaublich grandiose Berglandschaft des Himalajas mitgenommen. Diese offene Weite steht in starkem, fast schmerzhaftem Kontrast zu der Kleinkariertheit und den Nöten des menschlichen Alltags. Im Haus des Eremiten, das weit oben am Felsen klebend nur von der Felsspitze aus erreicht werden kann – auch dies wieder ein solcher »Stiller Ort« –,

Abbildung 33: Der Eremit

findet Tashi einen alten Mann vor, der ihm bedeutet, nicht zu sprechen, nur Körper und Geist sollen miteinander kommunizieren.

Dieser Eremit zeigt Tashi erotische Zeichnungen auf altem, an den Rändern angesengtem Papier. Alle diese Bilder verwandeln sich beim Anschauen aus einer bestimmten Perspektive im Schein des Feuers in Totenbilder, die die zuvor lustvollen und erregten Köpfe und Körper jetzt als Totenköpfe und Skelette zeigen. Der alte Mann begleitet die Bilder und ihre Verwandlung mit Lachen und Kopfschütteln: Sexualität als unheilbringende Verbindung, der Buddha in der Lotosposition als Skelett. Es ist in filmisch grandios verdichteter Weise die Repräsentanz der Vergänglichkeit: Alles vergeht, die Lust, die erregenden Körper, allerdings auch der erleuchtete Buddha.

Aber der Alte zeigt ihm auch ein Bild mit der Inschrift: »Alles, was dir begegnet, ist eine Möglichkeit, den Weg zu gehen.« Schweigend und nachdenklich verlässt Tashi den Eremiten.

Zurück im Kloster kommt es zu einer folgenreichen Begegnung mit seinem Lehrer Apo, den er Trompete spielend vor der großen Buddhafigur sitzend vorfindet. Tashi spricht zu seinem Lehrer: »Selbst er [der Buddha] durfte weltlich leben, bis er 29 Jahre alt war. Doch seit ich fünf Jahre alt war, musste ich wie Buddha leben, nachdem er der Welt entsagt hatte. Wieso? Zu seiner Erleuchtung ist er vielleicht nur durch seine vielfältigen Erfahrungen in der weltlichen Existenz gekommen. Wo ist diese geistige Freiheit, die dem versprochen wird, der Disziplin hält und die Regeln des Klosterlebens befolgt? ›Du sollst meine Regeln nicht aus einem Glauben heraus annehmen, sondern erst dann, wenn du sie selbst als wahr erlebt hast.‹ Das waren die Worte des Buddhas. Einige Dinge müssen wir erst einmal aufgeben, um uns dadurch für Neues öffnen zu können. Und wir müssen bestimmte Dinge besessen haben, damit es wirklich ein Opfer ist, wenn wir sie aufgeben.« Die überraschende Antwort des Lehrers lautet: »Tashi, was du im Dorf geträumt hast, war kein Traum.«

Diese Rede an seinen Lehrer erweist sich als Abschiedsrede: Tashi hat sich entschlossen, das Kloster zu verlassen, packt seine Sachen und verlässt es heimlich in der Nacht. Am Fluss tauscht er seine Klosterroben gegen weltliche Kleidung, nicht ohne vorher ein rituelles Bad im Fluss genommen zu haben. Nach seiner »Verwandlung« erkennt ihn sein Hund nicht mehr und verlässt ihn. Er beginnt als Erntehelfer in der Familie, in der er den kurzen, aber intensiven Kontakt mit der Tochter Pema des Hauses hatte. Die beiden kommen sich näher und verlieben sich. Beide sind überwältigt von sexuellen Leidenschaften. Sie heiraten und Pema wird schwanger. Eigentlich war Pema einem jungen Mann im Dorf versprochen, der sich aber schließlich in der Rivalität mit Tashi »geschlagen« geben muss.

Abbildung 34: Pema

Abbildung 35: Tashi und Pema

Kommentar

Die zentrale Aussage scheint in dieser Filmpassage um die Tatsache der Vergänglichkeit zu kreisen. Im Grunde beginnt dies schon mit der ersten Einstellung des Films, als der Greifvogel das Schaf tötet und die Mönche das tote Schaf liebevoll betrauern. Kann man sich einen beständigeren Ort vorstellen als eine Höhle in größter Abgeschiedenheit von der übrigen Welt und eine größere Ruhe und Stille als den Zustand der Versunkenheit, in der sich Tashi in seiner jahrelangen Übung versenkt hat? Und doch kommt alles in Bewegung und verändert sich, als Tashi in das Kloster zurückkehrt. Die innere Ruhe, die er sicherlich erreicht hat, wird nun von »innen«, von seiner Körperlichkeit beendet: Sein bislang unerfülltes erotisches und sexuelles Begehren meldet sich heftig und treibt Tashi aus seinem inneren »Stillen Ort« heraus.

Dieses Erwachen seines Begehrens ist filmisch eingebettet in die Darstellung seiner eigenen Geschichte: Er ist als kleiner Junge von seinen Eltern ins Kloster gegeben worden, eine durchaus in dieser Kultur übliche Praxis. Man wird ohne Frage aus moderner psychologischer Sicht sagen können, dass es sich hier um einen massiven und belastenden Verlust handelt, der wohl nur begrenzt durch die liebevolle, freundliche und sehr stützende Atmosphäre im Kloster kompensiert werden kann. Die notwendige Lösung von den Eltern, die Entwicklung einer für das Alltagsleben notwendigen Autonomie werden hier also auf vielleicht sogar traumatische Weise gestört, wenn nicht sogar zerstört.

Der Film spart die Frage aus, wie denn unter diesen Umständen die Sexualität bei den Männern im Kloster überhaupt bewältigt wird: Der junge Freund von Tashi schaut bei der nächtlichen Pollution so erschrocken, aber auch gleichzeitig so unschuldig aus, dass man sich fragt, wo diese triebhafte Seite im Kloster überhaupt geblieben ist. Am intensivsten ist in diesem Zusammenhang die Szene, als Tashi, unter seiner Tanzmaske versteckt, den Säugling an der stillenden Brust erspäht: Dies scheint seine ungestillte Sehnsucht nach der erregenden und befriedigenden Brust der Mutter auszudrücken, eine Sehnsucht, die man aus psychoanalytischer Sicht zu den »unsterblichen Kindheitswünschen« (Mertens, 1999, S. 13) zählen darf.

Die Filmstory legt also die Vermutung nahe, dass selbst so intensive Übungen und Rückzüge aus dem Alltagsleben des »Samsara« diese tiefen sinnlichen Wünsche nicht zum Schweigen bringen können und dass bestimmte Mangelerfahrungen – also etwa der Verlust der frühen familiären Geborgenheit – diese Wünsche umso intensiver am Leben erhalten. Allerdings lässt sich feststellen, dass die übrigen Mönche und vor allem der Lehrer von Tashi nur begrenzt bestrafend oder triebfeindlich auf dieses Erwachen der Sexualität antworten. Tashi soll eine Entscheidung treffen, aber keineswegs wird er zu einer Verdrängung ermutigt. Daher schickt ihn Apo zu dem alten Eremiten, der ihm bei dieser Entscheidung helfen soll: Dieser zeigt ihm den illusionären Charakter des Anhaftens an der sexuellen Lust, da sowohl die Lust als auch der Körper vergänglich sind und das Erleben der Sexualität letztlich unbefriedigend trotz momentaner Befriedigung bleibt. Im Grunde weist ihn der alte Meister auf die doppelte Natur des sexuellen Begehrens hin – die Lust und das Leid. Durch die Erfahrung der sich ständig wandelnden Welt und des Selbst mit den vielen Ungewissheiten und Unsicherheiten beginnt der Mensch, sich an scheinbar Festes und Konstantes anzuklammern, anzuhaften, und entscheidet sich für das Angenehme und die Vermeidung des Unangenehmen. Die Einsicht in diese Dynamik verspricht dann das Erwachen und die Befreiung vom Leiden. Es ist interessant, dass der Alte praktisch nur durch ein Zeigen belehrt und Tashi mit dem Spruch entlässt, dass alles im Leben geeignet sei, den »Weg« zu gehen.

Die Antwort Tashis auf diese Belehrungen ist nun wesentlich: Er spricht über einen zentralen Begriff, der uns im Folgenden noch weiter beschäftigen wird. Er versteht die Aufforderungen seines Lehrers und des Alten als die Aufforderung zum *Verzicht*. Diesen kann er aber nur als eine Art *Zwang* erleben, den er schon einmal als kleiner Junge erlebt hat: Er ist sicherlich nicht freiwillig ins Kloster gegangen, er musste sich seinen Eltern beugen, die diese Entscheidung für ihn getroffen haben. Genauso erlebt er wohl jetzt die Situation im Kloster: Zwar erweisen sich die Lehrer als tolerant und verständnisvoll – Apo erinnert ihn sogar daran, dass die Begegnung mit Pema keineswegs ein Traum war –, aber er kann die von ihm erwartete Entscheidung – Kloster oder weltliches Leben – nicht als freie Entscheidung zum Verzicht erleben. Verzichten könne man nur auf etwas, das man einmal selbst besessen habe, und er verweist nachvollziehbar auf die Geschichte des Buddha, der die erste Zeit seines Lebens »in Saus und Braus« gelebt haben soll, bis er den illusionären und unbefriedigenden Charakter dieses Lebens erkannte.

Es geht hier offenbar um die Dynamik von echtem Verzicht und auferlegtem Zwang, letztlich auch um die Frage der *Autonomie,* der Einsicht durch eigene, selbst erlebte Erfahrung. Aber es ist auch eindrücklich dargestellt, dass der Lehrer in keiner Weise Tashi zu überreden versucht oder irgendeine Form von Zwang auferlegt – etwa wie damals die Eltern. Leicht kann man sich direkten, subtilen oder moralischen Druck vorstellen. Die Mönche kennen natürlich den grundlegenden Konflikt und handeln in der Tat nach dem Motto des Buddha: »Handle nur aufgrund deiner eigenen Erfahrungen und Einsichten und stelle jeden Glauben von außen ernsthaft infrage!« Sehr bewegend ist dargestellt, wie schmerzlich der Abschied sowohl für Tashi als auch für den Lehrer ist, der sich schlafend stellt, aber das Aufbrechen von Tashi in der Nacht durchaus bemerkt. Auf die Ähnlichkeit mit der Abschiedsszene aus »Frühling« haben wir schon verwiesen.

Tashi und Pema leben nun ein alltägliches, bäuerliches Leben. Mittlerweile ist auch ihr kleiner Sohn geboren. Alljährlich im Spätsommer erscheint wie immer der Getreideeinkäufer. Tashi stellt fest, dass der Einkäufer mit einer manipulierten Waage die Getreidemenge zu seinen Gunsten verfälscht. Als der Schwindel auffliegt, verschwindet der Einkäufer wütend und kauft ihr Getreide nicht. Daraufhin macht sich die Familie in die Stadt auf und verkauft es für den doppelten Preis als den, den sie vom langjährigen Käufer erhalten haben. Aber es gibt auch Stimmen in ihrer Umgebung, die davor warnen, dass Veränderung nicht gut sei, es sollte doch besser alles beim Alten bleiben. Auf dem Rückweg droht ihnen der Einkäufer Dawa mit Rache.

Immer wieder taucht das Thema der sexuellen Leidenschaft im Film auf. Diesmal aber kommt die Versuchung nicht primär von »innen«, sondern von »außen« in Gestalt einer jungen und attraktiven Erntehelferin. Man kann sich gut vorstellen, dass diese Leidenschaft geweckt wird, weil Tashi mittlerweile das Schicksal jeder Leidenschaft erlebt hat, nämlich ihrer Veränderung, Vergänglichkeit und damit eines oft aufkommenden Zustandes der Enttäuschung und des Leidens. Die Lust währt nicht ewig, könnte aber durch eine neue Erfahrung, eine andere Person wieder lebendig werden. Tashi beginnt mit der Erntehelferin zu flirten, und es kommt zu einer leidenschaftlichen sexuellen Begegnung, bei der die aus der Stadt zurückkehrende Pema ihn beinahe überrascht. Bestürzt und beschämt durch die »Überschwemmung« von seiner Leidenschaft macht Tashi jetzt die Erfahrung, die ihm bislang verwehrt geblieben ist: dass das Begehren immer konflikthaft ist und sowohl zu Leid bei anderen als auch bei sich selbst führen kann.

Etwa in dieser Zeit kommt es zu einem weiteren, entscheidenden Ereignis: Eines Nachts stehen die erst teilweise abgeernteten Felder Tashis in Flammen. Durch den Hilfeeinsatz aller Nachbarn wird zwar die halbe Ernte gerettet, aber es ist ein herber Verlust für die Familie. Tashi vermutet, dass der Einkäufer das Feuer aus Rache gelegt hat, und reitet wutentbrannt in die Stadt, um sich zu rächen. Hier erlebt er vielleicht zum ersten Mal in dieser Heftigkeit seine Wut

Abbildung 36: Felder in Flammen

Abbildung 37: Das Kind an der Wand aufgehängt

und Aggression, die er teilweise an dem unschuldigen Sohn des Dawa auslässt. Mit anderen Worten entdeckt er seine eigene Grausamkeit und sein schuldhaftes Verstricktsein in den Gang der alltäglichen Welt.

Tashi ist nun ganz und gar ergriffen von seinen Emotionen. Er rutscht immer weiter hinein in das »normale Leben« mit all seinen Problemen: »Haben wir nicht zu viele Angestellte«, fragt er (sein Versuch, die Erntehelferin als versuchende »Eva« loszuwerden) oder: »Wie erziehen Eltern ein Kind, das unangenehme Fragen nach dem Töten von Ziegen, die dann gegessen werden, stellt?« Tashi verliert mehr und mehr seine buddhistische Sichtweise und Ansichten. Seine Frau Pema dagegen hält zumindest ein rudimentäres Verständnis vom Buddhismus aufrecht, wenn sie z. B. einer Kindergruppe mit einem Hölzchen im Bach klarmacht, dass alles fließt, dass alles in Bewegung ist, dass Widerstände und Hindernisse umschifft werden können.

Kommentar

Hier wird deutlich, dass jahrelanges Praktizieren im Kloster keine Garantie dafür ist, dass diese Praxis auch weiterhin und vor allem im alltäglichen Leben wirksam ist. Der Film macht im Gegensatz zu einer solchen Ansicht deutlich, dass Praxis bedeutet, immer weiter zu üben und Praxis, einmal aufgenommen, ein kontinuierlicher, immer zu pflegender Weg ist. Es ist offenkundig, dass dies im Kloster leichter als im alltäglichen Leben zu realisieren ist. Aber hatte der alte Eremit nicht ebenfalls vermittelt, dass man den Weg überall gehen könne, man müsse sich nur entschließen, ihn zu gehen?

Ein Mönch des Klosters überbringt die Nachricht vom Tod Apos und übergibt Tashi ein Abschiedsschreiben: »Was ist wichtiger: Tausend weltlichen Bedürfnissen nachzugehen und sie zu befriedigen oder ein Bedürfnis zu besiegen?« Wieder haben wir es mit einem Wendepunkt im Leben Tashis zu tun: Er entscheidet sich, seine Frau und seinen Sohn zu verlassen, wieder geht er heimlich des Nachts. Am Fluss angekommen nimmt er erneut ein rituelles Bad, rasiert seinen Kopf, der in einem zerbrochenen Spiegel erscheint, und tauscht die weltliche Kleidung gegen die Mönchsroben ein. Dann macht er sich auf den Weg in Richtung Kloster.

Abbildung 38: Die Nachricht von Apos Tod

An einer Weggabelung in Sichtweite des Klosters wartet jedoch seine Frau auf ihn. Vor ihm stehend schaut sie ihn durchdringend an und beginnt dann, ihn zu umrunden. (Das Umrunden einer Person ist eine alte buddhistische Tradition: Ein Schüler umrundet seinen Lehrer, z. B. nach einem längeren Aufenthalt außerhalb des Klosters und macht in dieser Bewegung und dem Sprechen seinen Stand der Praxis deutlich.) Dann beginnt sie, über Jasodhara, Buddhas Frau, zu sprechen: »Alle kennen Buddha, keiner aber kennt Jasodhara […] Sie liebte ihren Mann von ganzem Herzen. Doch eines Nachts hat Siddharta sie verlassen, sie und ihren gemeinsamen Sohn Rahul […] Er wollte Erleuchtung erfahren und zu Wissen gelangen. Seiner Frau sagte er kein Wort, ihm ging es nur um sich. Noch lange bevor Siddharta das Leiden anderer zur Kenntnis nahm, hat sich Jasodhara den Kranken und Schwachen als gütig erwiesen. Wer weiß, ob er seine Erleuchtung vielleicht nur ihr zu verdanken hatte. Es kann doch sein, dass Jasodhara eigentlich vorhatte, Siddharta und Rahul zu verlassen. Ist es nicht denkbar, dass, nachdem ihr Mann sie verlassen hatte, sie sehr litt und ein Opfer ihrer großen Enttäuschung und Verbitterung wurde? Ganz verlassen und einsam. Hat denn niemand nur einmal an sie gedacht? Was wird sie geantwortet haben, als Rahul ihr danach immer wieder diese eine Frage gestellt hat: Wo ist mein Papa? Warum sehe ich ihn nicht mehr? Sie musste doch irgendetwas sagen! Welche Mutter würde je auf die Idee kommen, ihr Kind einfach so zu verlassen? So etwas können nur Männer tun, nur Männer, ja Tashi, nur ihr Männer. Und danach hatte Jasodhara überhaupt keine andere Wahl, als ein Leben ohne Liebe in völliger Entsagung und Einsamkeit zu leben. Sie schnitt sich das Haar ab und lebte dann selbst wie eine Asketin. Eines weiß ich, Tashi, wenn deine Gedanken an die Lehre ebenso stark wären wie deine Liebe und deine Leidenschaft mir gegenüber, dann hättest du den Zustand der Erleuchtung genauso gut hier gefunden, hier bei uns!«

Dies nun ist in der Tat eine bewegende Rede. Es ist keineswegs eindeutig, ob Pema in der Filmgeschichte »wirklich« auftritt oder ob dies eine innere Vorstellung von Tashi ist, der sich gleichsam in die Lage seiner Frau versetzt und denkt, was sie ihm wohl sagen würde, hätte er sich nicht auf diese heimliche Weise davongemacht. Als Zuschauer erleben wir jetzt in der Tat den schmerzlichen Konflikt des Protagonisten: Die letzten Bilder des Filmes zeigen einen leidenden Mönch in Roben, der sich vor Verzweiflung im Staub wälzt. Die Kamera lässt den Zuschauer in Richtung Kloster und dann in Richtung Familie schauen, und Pema ist plötzlich wie vom Erdboden verschwunden, womit

Abbildung 39: Tashi und Pema am Scheideweg

Die Filmerzählung 105

für den Zuschauer offenbleibt, ob sich diese entscheidende Szene real oder imaginär abgespielt hat.

Wieder fällt Tashis Blick auf den Stein mit der Inschrift vom Beginn des Films: »Wie kann man einen Wassertropfen vor dem Austrocknen bewahren?« Dieses Mal dreht er ihn um, und dort steht: »Indem man ihn ins Meer wirft.«

Tashi blickt zum Himmel hinauf. Denkt er sich, frei wie ein Vogel zu sein? Der Film endet dort, wo er begonnen hat, mit dem Flug eines Vogels am Himmel.

Abbildung 40: Der Stein mit Inschrift

Abbildung 41: Vogel am Himmel

Kommentar

Es ist offenkundig, dass sich Tashi immer mehr in die alltägliche Welt verstrickt und mit seiner menschlichen Natur, seinem Begehren, seiner Grausamkeit und seinem Überlebenswillen konfrontiert wird. Der innere Konflikt wird in dem Film sehr einfühlsam dargestellt: Vergessen wir nicht, dass Tashi fast sein ganzes kindliches und jugendliches Leben im Kloster verbracht hat. Die Mönche sind im übertragenen Sinne seine Brüder, seine Familie, der Lehrer gleichsam sein Vater. Diesen äußeren Halt hat er durch seine Lebensentscheidung verloren und droht nun auch den inneren Halt der buddhistischen Lehre zu verlieren durch die Versuchungen der lebendigen Wirklichkeit. In der Tat erkennt man, dass es Pema in gewisser Weise vielleicht sogar leichter hat, die buddhistischen Lehren zu leben, denn sie verbleibt in ihrer Familie, sie hat den traumatischen Verlust von Tashi, als ihn seine Familie ins Kloster gab, nicht erleben müssen und sie hat es vielleicht sogar gelernt, den »Weg« auch im Alltag zu gehen. Genau das sagt sie ihm auch, als Tashi selbst an der Wegescheide steht. Der Auslöser für seinen Entschluss, ins Kloster zurückzukehren, ist die Nachricht vom Tod seines Lehrer und dessen letzte Botschaft, die erneut vom Verzicht handelt: Ob es nicht weiser sei, *einen* großen Verzicht zu leisten, als tausende Wünsche zu befriedigen.

So verständlich der Konflikt von Tashi auch erscheint, befremdet uns aber nicht das klammheimliche Verlassen der Familie? Könnte man daraus auf eine gewisse Unreife von Tashi schließen, die sich darin zeigt, dass er nicht mit Pema spricht, sondern – wie wohl der Buddha selbst – ohne Aussprache die Familie verlässt, um ins Kloster zurückzukehren? Man könnte den Eindruck bekommen, dass er eine grundlegende Lehre des Buddhismus immer noch nicht verstanden hat: dass es nämlich im Leben nicht darum geht, das Leiden zu meiden und alles Unangenehme loszuwerden, sondern das Leiden genau zu studieren, um die Quellen dieses Leidens zu verstehen und Einsicht zu gewinnen, um dann auf dieser Basis entsprechend zu handeln. Der alte Eremit hatte ihm ja zu verstehen gegeben, dass man den »Weg« überall gehen könne, also sogar im normalen Alltagsleben und mit der Sexualität.

Hier wird ein weiteres zentrales Problem berührt, dass wir im 8. Kapitel ausführlich aufgreifen, nämlich die Rolle der Wirksamkeit: Selbst zwanzig Jahre intensivster Übung scheinen nicht auszureichen, um die Erfahrungen der Praxis so wirksam zu verinnerlichen, dass sie auch in krisenhaften Zeiten wirken. Tashi erlebt jedenfalls Nirwana und Samsara, die Welt der Erleuchtung und die alltägliche Welt, als ein Entweder-oder, also aus dualistischer Sicht, und nicht als ein komplementäres Sowohl-als-auch. In einem Koan heißt es dazu: *»Wenn der Weg leicht ist, geben wir den kaiserlichen Befehl nicht weiter; in den Tagen glücklicher Ruhe hören wir auf, das Lied des großen Friedens zu singen«* (Book of Serenity, 1988, Koan 3, S. 37; eigene Übersetzung). Im Konflikt haben wir das Lied des Friedens »vergessen«: Wenn es einem Menschen gut ergeht, gibt es für ihn keinen Grund (mehr) zu praktizieren, geht es ihm schlecht, dann fehlt ihm die Grundlage, die Stabilität, die eine regelmäßig durchgeführte Praxis eben auch in guten Zeiten bietet.

Wie auch immer man die Schlussszene zu verstehen vermag: Pema spricht das aus, was Tashi bislang nicht verstanden hat: Den Weg des Buddha kann man im Kloster gehen, aber auch im Alltag. Ja, vielleicht ist es sogar viel leichter, diesen Weg in Samsara zu gehen, weil jeder Moment voller Befriedigung und Leiden ist und daher die Praxis des Weges viel zwingender als im Kloster ist, das ja einen äußeren »Stillen Ort« bereitstellt.

Hier stellt sich also die Frage, ob ein Praxisweg leichter im Kloster oder im Alltag zu verwirklichen ist, denn der sogenannte Alltag findet sich ja auch im Alltag des Klosters wieder. Eine zeitweilige Klostererfahrung kann für das »normale« Alltagsleben von großer Bedeutung sein: Was das Klosterleben vom Alltagsleben besonders unterscheidet, ist, dass das »Individuelle« eben nicht unterstützt und betont wird. In diesem Rahmen eines komplett durchstrukturierten Tagesablaufs und der Meditation, die die Mönche immer wieder an ihre Grenzen bringt, beginnen die Ich-Selbst-Strukturen durchlässiger zu werden. Dann kann ein innerstruktureller Umbau von Körper und Geist beginnen. Wir haben dies als eine Selbstzurücknahme beschrieben (Zwiebel u. Weischede, 2015, S. 157 ff.). So betrachtet, könnte man über Tashi sagen, dass er diese »neuen Strukturen« noch nicht wirklich gefestigt hat. Aber wie schon angemerkt, bietet auch langjährige Praxis keine Garantie dafür, dass alte Strukturen nicht doch jederzeit wieder die Oberhand gewinnen.

An dieser Stelle taucht die Frage nach *Verbindlichkeit* auf. Selbst nach so langer Zeit im Kloster, mit jahrelanger Praxis und Einübung, scheint Tashi nicht so etwas wie Verbindlichkeit entwickelt zu haben. Wie verbindlich ist eine Entscheidung, in ein Kloster zu gehen, wie verbindlich ist eine Ehe, wie verbindlich ist die Beziehung der Eltern zu ihren Kindern? Diese Art von Verbindlichkeit scheint wohl nur dann wirklich tragfähig zu sein, wenn sie gleichzeitig mit einer »inneren Verbindlichkeit« verknüpft ist. Im Fall von Tashi wäre diese Verbindlichkeit dann so etwas wie die Entscheidung, das ganze Leben zum *Weg* zu machen, das ganze Leben zu einem Praxisweg zu machen, wie es der alte Eremit so treffend beschrieben hat: »Alles, was dir begegnet, ist eine Möglichkeit, den Weg zu gehen.« Die Fähigkeit, eine solche Verbindlichkeit einzugehen, alles zum *Weg* zu machen, erwächst aus kontinuierlicher Praxis, und die ist sicher leichter in einem klösterlichen Umfeld zu erlernen als im Alltag. So betrachtet, ist das Kloster (für Tashi) ein »Trainingsraum«, der Alltag dann der »Testraum«.

Und wie soll man die Schlusssequenz des Films verstehen? Das individuelle Sein ist immer leidhaft (vom »Austrocknen« bedroht als Ausdruck der »Großen Abwesenheit«), aber dies kann durch das Eintauchen in die Verbundenheit mit dem Ganzen (den »Ozean«) überwunden werden. Das ist und bleibt vielleicht die zentrale Aussage oder Botschaft aller religiösen Richtungen, und hier macht der Buddhismus keine Ausnahme: Echte Religiosität ist immer mit einer *Selbstzurücknahme* verbunden, also mit der Überwindung der Selbstbezogenheit oder Selbstzentriertheit.

Im Buddhismus wird dies oft als die Entwicklung von *Mitgefühl* beschrieben. Wenn man erkennt, dass alle Menschen (und Kreaturen) ihr Leben im Angesicht der Vergänglichkeit leben und die damit verbundenen Ängste zu bewältigen versuchen, dann kann so etwas wie ein Mitleiden, eine Form von Solidarität entstehen: das »Eintauchen« in die Verbundenheit mit den Mitmenschen und der Natur.

Mit dem Bild des Meeres taucht aber auch die Thematik des *»ozeanischen Gefühls«* auf, das in einem Briefwechsel zwischen Sigmund Freud und Romain Rolland eine zentrale Rolle spielt (Freud, 1930, Anfang von Kap. 1). Dieses »ozeanische Gefühl« könnte man als Metapher für die bipolare Beziehung zwischen Einheit und Differenz oder zwischen Nondualität und Dualität betrachten (Funke, 2011). Während Freud und viele Psychoanalytiker in seiner Nachfolge nonduale Phänomene als regressiv und pathologisch ansahen, wird heute viel eher die Existenz sowohl dualer als auch nondualer Erlebnisweisen von Beginn des Lebens an und in der weiteren Entwicklung anerkannt. Danach stehen die Erlebnisweisen des Tropfens (die Differenz des Ich-Selbst) und die Erlebnisweise des Meeres (die Verbundenheit) in einem sich gegenseitig bedingenden Verhältnis: Es gilt, in einer transpersonalen Entwicklung dieses Entweder-oder zu überwinden und zu versuchen, das Sowohl-als-auch zu leben.

Diese Beschreibung entspricht einer anderen Aussage, dass nämlich Samsara Nirwana *ist*. Dies entspräche auch der Suche nach einem »Stillen Ort« (ein Ort der Ungetrenntheit), der aber – auch nach Tashis Erkenntnis – nur realisiert werden kann, wenn ein »Sicherer Ort« (ein konturierter Tropfen im Sinne eines Ich-Selbst) erreicht wird. Der Tropfen ist dasselbe Wasser wie das Meer. Der Tropfen ist aus diesem Grund immer in Verbundenheit, ist aber in seiner je spezifischen Ausformung immer auch einzigartig. Der Titel des Films »Samsara« setzt daher einen Kontrapunkt, der die Lebensgeschichte eines jeden einzelnen Menschen im Kern beschreibt: das Leben des Alltags, das in Glück und Unglück gelebte Leben, immer auf der Suche nach lustvoller Befriedigung bei immer wieder verweigerter Befriedigung, erfahren als Leiden und Enttäuschung. Samsara als das »beständige Wandern« des Menschen, der immerwährende Kreislauf des Werdens und Vergehens. Und die ewige Suche des Menschen nach einem »Stillen Ort«, auf der Suche nach Nirwana, als einem Erlöschen falscher Vorstellungen vom menschlichen Dasein, als ein Erwachen aus selbsterzeugten Täuschungen.

7 Die Filme im Dialog mit den psychoanalytischen Grundannahmen

Ein kurzer Überblick über die psychoanalytische Psychologie

Wie kann man sich diesen drei, vor allem bisher vor dem buddhistischen Hintergrund besprochenen Filmen nun filmpsychoanalytisch nähern? Wobei gerade der »Bodhidharma«-Film doch – wie geschildert – wie ein Lehrstück des Zenbuddhismus oder sogar selbst wie ein Koan aufgefasst werden kann (was sich auch für die anderen Filme sagen ließe): ein durch Denken, Analyse und Deutung nicht auflösbares Problem, aber doch als andauernde Frage wirksam, das man in jeden Moment des gelebten Lebens hineintragen kann. In einem solchen Moment, in dem man nichts »Psychoanalytisches« zu finden meint – kaum ein Psychoanalytiker käme wohl auf die Idee, sich diesem Film näher zu widmen –, hilft das eingangs skizzierte filmpsychoanalytische Arbeitsmodell, um eine psychoanalytische Perspektive zu gewinnen. Grundsätzlich bleibt aber dabei zu beachten, dass wir der Versuchung widerstehen wollen, die psychoanalytische Theorie auf die Filmbilder zu projizieren, sondern uns bemühen werden, möglichst dicht bei den Filmbildern in dem erwähnten dialogischen Verständnis zu bleiben.

Gleichzeitig betrachten wir im Folgenden die Filme in ihrer Gesamtheit – man könnte auch sagen: Wir legen sie gleichsam übereinander, um ihre latenten, aber gemeinsamen Muster aufzuspüren, die wir nach den drei beschriebenen Kontexten (psychoanalytische Grundannahmen, Veränderungsmodelle und Selbstreflexion) besprechen.

Auch wenn dies öfter wiederholt wird, könnte es hilfreich sein, nochmals daran zu erinnern, was Freud selbst unter »Psychoanalyse« verstand: Er beschrieb die Psychoanalyse als ein Verfahren zur Untersuchung von unbewussten seelischen Vorgängen, wie etwa Träume oder Fehlleistungen. Er verstand Psychoanalyse als ein klinisches Verfahren zur Behandlung von seelischen Störungen oder Krankheiten, ein Verfahren, das auf der assoziativen Selbstbeobachtung beruht, einen bestimmten Rahmen erfordert und vor allem durch therapeutische Zielsetzungen bestimmt ist. Freud konzipierte Psychoanalyse gleichzeitig als eine aus diesen beiden Bereichen abgeleitete allgemeine psychologische Theorie über die Entwicklung und Struktur der Persönlichkeit, wozu auch die Formulierung einer Metapsychologie gehört. Und er verstand Psychoanalyse als eine aus allen diesen Punkten abgeleitete Gesellschafts- und Kulturtheorie, die die Folgen der Wechselbeziehungen zwischen dem Individuum und gesellschaftlichen Strukturen vor allem in ihren unbewussten Dimensionen detailliert nachzuvollziehen versucht, etwa die Rolle der Religion für den Einzelnen oder die Auswirkung ökonomischer Verhältnisse auf familiäre Interaktionen und deren Folgen für die Charakterbildung des Individuums. Dazu zählen aber auch Beiträge zur Kulturwissenschaft, die sich mit bildender Kunst, Literatur und Film beschäftigen (Freud, 1923).

Es handelt sich also bei der Psychoanalyse um eine *Psychologie*. Dies sei hier noch einmal gerade in der Auseinandersetzung mit dem Buddhismus betont, wird doch der Buddhismus in der Regel als Religion betrachtet, auch wenn die Nähe zur Psychologie immer wieder erwähnt wird. Diese Feststellung erscheint wichtig, weil in manchen buddhistischen Kreisen eine eher skeptische Einstellung gegenüber der psychologischen Perspektive eingenommen wird, und dies ganz besonders der Psychoanalyse gegenüber. Hängt das mit der *dualistischen Perspektive* der Psychologie zusammen (z.B. der Unterscheidung von innerer und äußerer Realität, von Bewusstsein und Unbewusstem oder der Unterscheidung von Normalität und Psychopathologie), während die buddhistische Praxis *Nondualität* betont und einübt? In jedem Fall drückt die Psychologie in ihrem Grundverständnis eine dualistische Perspektive aus, in der sie eben die genannten Unterscheidungen macht, während die buddhistische Praxis Nondualität akzentuiert.

Die eher skeptische Haltung liegt möglicherweise auch darin begründet, dass aus der Sicht vieler Praktizierenden die Zenpraxis ein scheinbar alles umfassender und abdeckender Zugang zu sich selbst ist, der eine Betrachtung oder Aufarbeitung der *persönlichen Lebensgeschichte* nicht (mehr) erforderlich macht. So etwas wie das Ich oder Selbst wird aus der buddhistischen Sicht als eines der großen Hindernisse betrachtet. Dennoch ist es von grundlegender Wichtigkeit, die eigene Lebensgeschichte zu kennen. Meister Dogen hat dies auf die Frage, was denn Zen sei, sehr deutlich gemacht: In einem ersten Schritt muss es dem Praktizierenden darum gehen, sein Selbst sehr gründlich zu studieren, sodass seine verblendende Wirksamkeit aufgehoben werden kann. Erst dann können, so Dogen weiter, in einem zweiten Schritt, Körper und Geist vollständig losgelassen werden: »*Den Buddha-Weg ergründen heißt sich selbst ergründen. Sich selbst ergründen heißt sich selbst vergessen. Sich selbst vergessen heißt eins mit den zehntausend Dingen sein. Eins mit den zehntausend Dingen sein heißt Körper und Geist von uns selbst und Körper und Geist der Welt von uns fallen zu lassen. Die Spuren des Erwachens ruhen im Verborgenen, und die im Verborgenen ruhenden Spuren des Erwachens entfalten sich über einen langen Zeitraum«* (Dogen Zenji, 2001–2008, Bd. 1, S. 58).

Einige der zentralen Grundannahmen der Psychoanalyse sind in der *Metapsychologie* zusammengefasst.[15] Jean Laplanche und Jean-Bertrand Pontalis definieren die Metapsychologie in folgender Weise: »Von Freud geschaffener Ausdruck, womit er die von ihm begründete Psychologie in ihrer ausschließlich theoretischen Dimension bezeichnet. Die Metapsychologie befasst sich mit der Erarbeitung einer Gesamtheit mehr oder weniger von der Erfahrung entfernter begrifflicher Modelle, wie der Fiktion eines in Instanzen geteilten psychischen Apparates, der Triebtheorie, des Verdrängungsvorganges etc. Die Metapsychologie berücksichtigt drei Gesichtspunkte: den dynamischen, den topischen und den ökonomischen« (Laplanche u. Pontalis, 1972, S. 307). Später kamen noch der genetische, der adaptative und der intersubjektive Gesichtspunkt hinzu; die Kontexte der kindlichen Entwicklung, der Anpassung und der zwischenmenschlichen Beziehungen.

Für die Besprechung der drei Filme wollen wir uns auf den topischen, den dynamischen und den genetischen Kontext beschränken. Metapsychologisch denken heißt dann, das seelische Erleben vor allem in seiner emotionalen Dimension in einem theoretischen Kontext – gleichsam jenseits dieses Erlebens und Erfahrens – zu konzeptualisieren.

Nach Laplanche und Pontalis lassen sich zwei *topische* Modelle unterscheiden: In dem einen liegt die Hauptunterscheidung in der Bewusstheit oder Unbewusstheit seelischer Phänomene. Die seelischen Phänomene werden danach aus dieser Dimension bewusst/unbewusst betrachtet. Wesentlich ist Freuds Postulat, dass der größte Teil des seelischen Lebens unbewusst ist. In dem anderen topischen Modell werden die drei bekannten Instanzen oder psychischen Orte des Es, des Ichs und des Über-Ichs differenziert (S. 503)

Im *dynamischen* Kontext werden die seelischen Phänomene als Resultat eines Konfliktes »und der Kräfteverbindungen betrachtet, die ein bestimmtes

---

15 Timo Storck (2016) wählt einen anderen Zugang zur Frage, was heute »psychoanalytisch« heißt: Er betont die Rolle des Gründervaters Sigmund Freud und beschreibt Grundelemente psychoanalytischen Denkens: Trieb, infantile Sexualität, Lust und Unlust, dynamisches Unbewusstes, unbewusster Konflikt, Objektbeziehungen, Übertragung und Gegenübertragung, Narzissmus, Aggression, Selbstrepräsentanz. Weiterhin differenziert er die verschiedenen psychoanalytischen Schulen und Strömungen (Triebtheorie, Ich-Psychologie, Selbstpsychologie, Objektbeziehungstheorie, kleinianische Psychoanalyse, französische Psychoanalyse und intersubjektive bzw. relationale Psychoanalyse). Dies ist ein Beleg dafür, dass man heute nicht mehr von *der* Psychoanalyse sprechen kann.

Drängen ausüben und letztlich vom Trieb abstammen« (S. 125). Wesentlich an dieser dynamischen Auffassung ist die *unvermeidliche Konflikthaftigkeit* des seelischen Lebens, die darin besteht, dass das seelische Geschehen grundsätzlich von antinomischen, widersprüchlichen Kräften und Strebungen bestimmt ist und der innerpsychische Konflikt gleichsam eine Konstante der Entwicklung und der Person ist. Diese Konfliktdynamik wird heute in der Regel in ihrer Trias aus Wunsch, Angst und Abwehr beschrieben, wobei das konkrete unmittelbare seelische Geschehen als Kompromiss zwischen diesen Komponenten aufgefasst wird. In jeder Wahrnehmung, Reflexion und Handlung sind danach unbewusste Wünsche, Ängste und die Abwehrprozesse – im Sinne von Mechanismen der Bewältigung von aufkommender Unlust – beteiligt (Brenner, 1986).

Freud hat diese Konflikthaftigkeit auch mit der Dualität von *Lust- und Realitätsprinzip* beschrieben: In praktisch jeder Handlung (ob nun in Taten oder Worten) sucht der Mensch nach Lust und versucht gleichzeitig, Unlust – etwa in Form von Angst, Scham, Schuldgefühl und Schmerzen – zu vermeiden. Das Erleben der Realität lässt sich als emotionale Erfahrung von Versuchung, Befriedigung und Versagung verstehen. Es sei hier erwähnt, dass auch in einer modernen soziologischen Theorie der Weltbeziehung Angst und Begehren als elementare Formen dieser Beziehung verstanden werden (Rosa, 2016).

Schließlich beachten wir noch den *genetischen* Gesichtspunkt: Mit ihm versucht man seelische Phänomene aus der Perspektive ihrer Entwicklung und aus der Kindheitsgeschichte zu beschreiben und zu verstehen, etwa wenn man die Ängste des Menschen auf die frühen, unvermeidlichen Trennungserfahrungen in der Kindheit bezieht. Man betrachtet dabei also die erwähnten Kontexte der Bewusstheit/Unbewusstheit, die beschriebenen Instanzen der seelischen Persönlichkeit und die Konfliktmuster aus einer entwicklungspsychologischen Sicht. Es wird oft übersehen, dass Freud einer der großen Entdecker der Bedeutung der Kindheit für den Menschen gewesen ist, eine Feststellung, die heute in das Alltagswissen vieler Menschen eingegangen ist.

Eine der zentralen Grundannahmen der Psychoanalyse ist also die Annahme von der Bedeutung der *unbewussten Wirklichkeit* des Menschen, die man auch als innere Welt, als psychische Realität, als unbewusste Phantasiewelt, als subjektive Welt bezeichnen kann. Diese »unbewusste Wirklichkeit« wird als eine beschreibbare Struktur konzipiert, die sich in der Kindheit ausbildet und eng verbunden ist mit den Trieben und Erfahrungen mit den frühen elterlichen Bezugspersonen. Eine wesentliche Rolle spielt dabei auch die Triebdynamik, die als infantile Sexualität bestimmte Phasen durchläuft und sich auf eine Konstellation hin entwickelt, die man als ödipalen Konflikt bezeichnet, der für das spätere sexuelle Leben der Erwachsenen als entscheidend angesehen wird.

In der modernen Psychoanalyse werden auch zunehmd die *Bindungserfahrungen* des Menschen in Betracht gezogen, die Sicherheit und Vertrauen in zwischenmenschlichen Beziehungen ermöglichen. So könnte man von einer grundlegenden Bipolarität dieser inneren Welt ausgehen mit ihren zentralen Antrieben der Bindung und der sinnlichen Lust oder, wie es Ulrich Moser und Ilka von Zeppelin formulieren: die Regulierung von Sicherheit und Wohlbefinden auf der einen Seite und emotionalem Involvement auf der anderen Seite (Moser u. von Zeppelin, 1996).

In einem anderen Vokabular spricht man von der Entwicklung zu einer subjektiven und einer sexuellen Identität: Wesentlich ist die positive Sicherheit, wer man als Person und wer man als Mann oder Frau ist.

Diese innere Welt, die von Beziehungen zu bedeutsamen Personen, Wünschen, Ängsten, Vermeidungen und Verdrängungen gestaltet ist und beschreibbaren Mechanismen und Gesetzen unterliegt (theoretisch als Objektbeziehungen bezeichnet), strukturiert die Wahrnehmung, das Erleben und Handeln des sich entwickelnden Kindes und des späteren Erwachsenen.

Psychoanalytisch Denken heißt dann vor allem, einen Bezug auf diese komplexe, widersprüchliche und konflikthafte innere Welt zu nehmen, wie es in der klinischen Situation geschieht, wie es aber auch in der Filmpsychoanalyse angewandt werden kann: Der Film wird dann selbst wie die unbewusste Wirklichkeit eines »Filmsubjektes« verstanden, in dem die Protagonisten verschiedene Modi des Erlebens und Handelns repräsentieren. Im Vergleich zu der klinischen Situation finden dann *die* Filme ein besonderes Interesse des Filmpsychoanalytikers, in denen vergleichbare seelische Problemlagen der Menschen visualisiert werden.

Als seelische Problemlagen kann man alle Situationen betrachten, in denen Menschen in einen Leidenszustand geraten, der durch negative Emotionen geprägt ist: Ängste, Schuld- und Schamgefühle, Depressionen, Verzweiflung, Hoffnungslosigkeit, Beziehungsunglück etc. Seelische Problemlagen könnte man auch als Situationen mit niedriger Lebensqualität bezeichnen. Jede Problemlage ist aus klinischer Sicht als hochindividuell und hochspezifisch anzusehen, während die existenzielle Grundsituation des Menschen, die um Thematiken der Begrenztheit der Existenz, der Einsamkeit, Todesangst und Sinnfrage kreist, alle Menschen grundsätzlich in gleicher Weise betrifft und Gegenstand der Existenzphilosophie und existenzialistischen Psychotherapie sind (Yalom, 2015).

In der psychoanalytischen Perspektive steht also die Entwicklung der inneren, psychischen Wirklichkeit des Einzelnen im Fokus der Betrachtung, eine Entwicklung, die der Dynamik von Gelingen und Scheitern unterliegt und die im Fall des Gelingens zu einer Konstellation führt, die wir hier als »Sicheren Ort« beschreiben. Diesen verstehen wir vor allem als einen inneren Ort (mit der Erfahrung von Sicherheit, Wohlbefinden, Vertrauen, Zuversicht und Hoffnung, positivem Selbstwertgefühl, Selbstwirksamkeit, guten inneren Objekten etc.), der aber auch die Voraussetzung für die Etablierung und Besetzung von äußeren Sicheren Orten und die Bindung an sie darstellt (Heimat, Familie, Beziehungen, Freundschaft etc.).

Die Visualisierung innerer Welten

Es klang schon an, dass im direkten Sinne wenig »Psychoanalytisches« in den drei Filmen auftaucht. Im Dialog mit den psychoanalytischen Grundannahmen suchen wir nach dem *Subtext* der Filme – vergleichbar der Traumdeutung, in der zwischen dem Manifesten und Latenten unterschieden wird. Die Filme haben manifest einen buddhistischen Inhalt, wir haben aber bei der Besprechung einzelner Filmszenen bereits gesehen, dass eine Diskussion aus psychoanalytischer Perspektive aufschlussreich ist.

Zunächst ist allerdings zu betonen, dass alle drei Filme jeweils von asiatischen Filmemachern gestaltet sind und in einem asiatischen Milieu spielen: in Südkorea und im indischen Ladakh. Dies ist nicht nur von Bedeutung, weil der Buddhismus aus Asien kommt (»aus dem Osten kommt«), sondern die asiatische Kultur andere Sozialisationsformen hat, die sich auch auf die individuelle Entwicklung auswirken (siehe dazu die Arbeiten von Sudhir Kakar aus psychoanalytischer Perspektive, z. B. 2002). Da sich die Psychoanalyse in einem westlichen Kontext entwickelt hat und die Universalität ihrer Modelle immer wieder infrage gestellt wird, müssen wir diesen Gesichtspunkt bei unserer Besprechung dieser besonderen Filme berücksichtigen. In diesem Zusammenhang ist auch zu bedenken, dass die Psychoanalyse in diesen asiatischen Ländern bislang keine vergleichbare Rolle wie in der westlichen Welt spielt: Die Mutter in »Frühling« bringt ihre adoleszente Tochter also zu einem Zenmeister und nicht zu einem Therapeuten.

Allgemein wird für diese östlichen Kulturen eine Sozialisation beschrieben, in der das individuelle Selbst und die Autonomie viel weniger betont werden als das familiäre, gruppale Selbst.

Dies spiegelt sich womöglich in der Feststellung, dass in allen drei Filmen das biografische Element – also die individuelle Lebensgeschichte mit der Herkunft und den elterlichen Beziehungen, die in der Psychoanalyse so betont werden – nur eine geringe Rolle spielt: Die Herkunft des Jungen in »Frühling« wird nicht erwähnt, lediglich in der Schlussszene angedeutet: Vielleicht ist er als uneheliches Kind von seiner Mutter beim Meister abgegeben worden. Etwas

Ähnliches spielt in »Bodhidharma« eine wichtige Rolle: Der Kleine ist als Waise vom Meister aufgegriffen worden, der sich seiner angenommen hat. Und der Schüler hat offenbar seinen Vater früh verloren und muss sich um seine blinde Mutter und die Schwester kümmern. Und Tashi in »Samsara« ist offenbar ebenfalls als kleiner Junge ins Kloster gegeben worden, wie er es selbst dann später bei anderen Jungen miterlebt. Die Meister in allen drei Filmen haben nur sehr wenig eigene Geschichte oder Biografie: Wie der Meister in »Frühling« auf die Insel gekommen ist, wie der Meister in »Bodhidharma« ins Kloster kam – und dies gilt auch für Apo in »Samsara« – erfährt der Zuschauer nur in Andeutungen und scheint auch für die Filmerzählung keine Rolle zu spielen.

Wie wir schon postuliert haben, geht es bei den Protagonisten allerdings gerade weniger um individuelle Personen mit einer eigenen Geschichte und Entwicklung, sondern um *Repräsentanten* bestimmter Erfahrungs-, Bewusstseins- und Verhaltensmodi: *das* Kind, *der* Schüler, *der* Meister. Man bedenke beispielsweise, dass in »Frühling« die Protagonisten überhaupt keine Namen haben. In »Bodhidharma« und in »Samsara« wird dieser fast ahistorische Zugang nicht durchgehalten, die Namen der Protagonisten prägen sich auch stärker ein. Bedeutet dies, dass weniger das Individuelle, Spezifische und Differente, sondern eher das Gemeinsame, Generelle, Überindividuelle und Existenzielle betont werden? Sollte man das auf die spezifisch östliche Sozialisation beziehen oder die existenzielle Dimension der Filme, in denen es gleichsam um die basalen, allen Menschen gemeinsame Lebensproblematik geht?

Zu erwähnen ist auch die *Zeitdimension* der Filme: Hier sticht »Frühling« ganz besonders heraus, wird doch praktisch ein ganzer Lebenszyklus, der mit den Jahreszeiten korrespondiert, dargestellt. In »Samsara« wird auch ein recht langer Lebensabschnitt erzählt – Tashis Zeit im Kloster, sein Austritt, das Familienleben und sein Wunsch, ins Kloster zurückzukehren. Die Zeit in »Bodhidharma« scheint noch am ehesten punktuell, fast statisch. Die Zeitdimension ist insgesamt für die buddhistische Thematik von großer Bedeutung, spielt allerdings auch in der Psychoanalyse eine wichtige Rolle: Auch hier geht es immer um die Beziehung zwischen Vergangenheit, Gegenwart und Zukunft, aber auch um die zeitliche Dimension von Wandlungs- und Veränderungsprozessen. Das neurotische Leiden wird nach psychoanalytischer Auffassung vor allem auch durch eine Fixierung an alte Muster verstanden (Freuds Betonung, dass der Neurotiker an Reminiszenzen leidet), dass also die Gegenwart von den Einflüssen der Vergangenheit durch Wiederholung wesentlich bestimmt ist.

In allen drei Filmen geht es darüber hinaus um eine spezifische *monastische Kultur*. Nur in »Samsara« wird Alltag in einem größeren Umfang gezeigt. Im Westen ist die klösterliche Welt sehr zurückgegangen, während sich im

Buddhismus des Westens sehr langsam eine neue Form von monastischer Kultur entwickelt. Diese Überlegung sollte man bei der Filminterpretation im Hinterkopf behalten.

Alles dies unterstreicht die psychoanalytische Auffassung des Filmgeschehens, dass wir es im Film nicht mit Personen oder Subjekten wie in einer klinischen Situation oder im Alltag zu tun haben. Die Filme stellen eine fiktive, eine simulierte Welt dar – in Ulrich Mosers Theorie (2016) würde man von filmischen Mikrowelten sprechen –, die sich ein Autor oder Filmkünstler ausgedacht hat.

Es gab und gibt Versuchungen in der psychoanalytischen Deutung von Filmen, sowohl die innere Welt des Regisseurs als auch die innere Welt der Protagonisten wie reale Personen oder Patienten zu interpretieren, obwohl man sich mit ihnen nicht in einer psychoanalytischen Situation befindet – in der ein Diskurs aus Übertragung, Gegenübertragung und Widerständen stattfindet, der einen verstehenden Zugang zur inneren Welt des Analysanden ermöglicht. Da die Protagonisten und der Filmkünstler sich nicht in einem deutenden Dialog mit dem Filmpsychoanalytiker befinden, also nur indirekte Antworten und Reaktionen denkbar sind, ist die Gefahr der »wilden Analyse« unübersehbar. Daher werden diese beiden Zugänge zunehmend nur mit großer Vorsicht in Betracht gezogen.

Dennoch entwickelt der Filmpsychoanalytiker in seiner Beschäftigung mit dem Film eine intensive, emotional gefärbte Beziehung, in der man – wie es Gerhard Schneider vorgeschlagen hat – vom Film als einer »*Quasi-Person*« sprechen kann (Schneider, 2008, S. 20). Dies bedeutet, dass man den Film mit allen seinen verschiedenen Aspekten – den Personen, Gestaltungen, Ereignissen etc. – als Ganzes betrachtet, auf sich wirken lässt und auf die menschlichen Problemlagen hin untersucht, die aus der psychoanalytischen Perspektive bekannt und vertraut sind und in der klinischen Situation zur Bearbeitung kommen.

Was bedeutet dies nun für den psychoanalytischen Zugang zu den dargestellten Filmen? Bezieht man sich auf alle Filme als Ganzes, dann könnte man sie als Visualisierung innerer Welten betrachten. Damit fokussieren wir nicht auf die einzelnen Personen oder die direkten Aussagen im Film, sondern auf eine »Quasi-Person« oder ein fiktives Filmsubjekt, das sich in einer Auseinandersetzung mit den vom Buddhismus beschriebenen Problemen und Praktiken befindet. *Das Kind, der Schüler, der Meister* – sie werden nicht als Personen für sich betrachtet, sondern sie repräsentieren aus psychologischer Sicht eher seelische Konstellationen oder Erfahrungsmodi, die das Erleben und Handeln der einzelnen Figuren verständlich machen, darüber hinaus aber auch Grundsätzliches für den Zuschauer aussagen können. Man könnte also auch sagen: In allen Filmen werden typische menschliche Problemlagen dargestellt, denen allerdings das für die Psychoanalyse charakteristische Individuell-Spezifische fehlt. Nicht das Individuum tritt in den Vordergrund, sondern etwas *Überindividuelles*. Dies kann man besonders für »Bodhidharma« und »Frühling« klar formulieren, bei »Samsara« erscheint dies weniger naheliegend, weil hier doch eine eher typische Filmgeschichte mit individuellen Figuren erzählt wird. Aber auch hier taucht dieses Überindividuelle auf, etwa als Pema Tashi an die Geschichte des Buddha und seiner Frau erinnert, als sei dies eine gleichsam überzeitliche Erfahrung.

Was bedeutet dies aus einer buddhistischen Perspektive? In der jeweils individuellen Praxis, sei es die Praxis der Meditation, die Achtsamkeitspraxis im Alltag oder auch im Studium der Schriften, geht es auch immer um etwas sehr Grundsätzliches: das Leiden aller Menschen, die Gier, der fast alle Menschen anhaften, der Hass, den jeder Mensch kennt, und die geistigen Täuschungen, denen fast alle Menschen unterliegen. Daher ist die (Zen-)Praxis – so das Postulat – nicht nur für die jeweilige Person nützlich, sondern für alle lebenden Wesen. Es wird ja im Zen betont, dass auf der einen Seite ein geistiges Erwachen eine Befreiung für alle Menschen bedeutet, eine solche Befreiung auf der anderen Seite nur möglich ist, weil alle Menschen, besser das ganze Universum, diese befreiende Erfahrung erst möglich machen, denn alle und alles (alle fühlenden und nicht fühlenden Wesen) haben die Voraussetzungen dafür geschaffen und daran mitgewirkt.

Die Abwesenheit des primären Objekts

In dieser Innenwelt der Protagonisten als Aspekte des von uns postulierten Filmsubjektes fällt die Abwesenheit des primären Objektes auf. Dies ist eine psychoanalytische Formulierung für die ersten Bezugspersonen in der Entwicklung des Kindes, üblicherweise Mutter, Vater, Geschwister, Verwandte. Dieser Beziehung zum primären Objekt wird im psychoanalytischen Denken eine ganz herausragende Bedeutung und Stellung für die Entwicklung und Bildung der Persönlichkeit zugewiesen. Alle zentralen menschlichen Erfahrungen wird das kleine Kind von Anfang an mit diesen primären Bezugspersonen machen, die dann zu einem großen Teil die Strukturierung der inneren Welt ausmachen und zum Kern der Persönlichkeit werden lassen: die Erfahrung von Lust und Unlust, von Versuchung, Befriedigung und Versagung, von An- und Abwesenheit, von emotionaler Resonanz und affektiver Überflutung, die Entwicklung der Sprache etc.

In allen drei Filmen tauchen diese so wichtigen Elternfiguren praktisch nicht auf oder werden – wenn überhaupt – nur am Rande erwähnt: Die beiden Kleinen sind wohl Waisenkinder, haben also ihre Eltern ganz früh verloren, der Schüler in »Bodhidharma« hat eine hilflose, blinde Mutter und eine kaum erkennbare Schwester. Im übertragenen Sinn könnte man die »Blindheit« der Mutter auch als Form ihrer emotionalen Abwesenheit betrachten. Auch die Mutter in »Frühling«, die in der Winterepisode das kleine Kind zum Meister bringt, hat ihr Gesicht verhüllt – wir haben dies als Ausdruck verstanden, dass sie ihr »Gesicht verloren« hat –, aber aus der Perspektive der frühen Beziehung von Mutter und Kind (das Gesicht der Mutter wird hier oft als Spiegel des kindlichen Selbst betrachtet) kann man auch hier ihre Abwesenheit konstatieren, zumal sie dann auch wirklich zu Tode kommt und für immer aus dem Film verschwindet. Der Kleine in »Bodhidharma« drückt diese Abwesenheit sogar direkt aus: Er sei nicht traurig, weil er ja an die Mutter keine Erinnerung habe. In der kindlichen, inneren Welt der Filme gibt es also eine Art »Leerstelle«, die durch die fehlende Beziehungserfahrung mit der Mutter und dem Vater bedingt ist. Auch in »Samsara« kann man diese »Leerstelle« vermuten, wird doch Tashis Sehnsucht nach der Mutter durch den Anblick der Stillsituation beim Tanzfest geweckt.

In allen drei Filmen übernimmt der Meister die elterliche Ersatzfunktion von Mutter und Vater, in »Frühling« praktisch total, in »Bodhidharma« und »Samsara« unterstützt durch geschwisterliche Personen: der »Bruder« und die Mönche im Kloster. Der Meister versucht also, diese »Leerstelle« auszufüllen. wie man es in allen drei Filmen in unterschiedlicher Art und Weise sehen kann: In »Frühling« spiegelt der Meister die Taten des Kleinen, als dieser die verschiedenen Tiere fesselt, und später lässt er ihn das Herz-Sutra in den Boden des Tempels schnitzen, damit seine Wut umgewandelt werde, wie er selbst sagt. In »Bodhidharma« hilft der Meister dem Kleinen beim Zähneziehen, vermittelt dem Schüler die grundlegenden buddhistischen Einsichten und übergibt ihm die Aufgabe, seinen Leichnam zu verbrennen. Für die Kinder und Jugendlichen wird der Meister gleichsam zu Mutter, Vater, Lehrer, Freund, Therapeut in einem!

Diese »Leerstelle« wird also durch den Meister in seinen verschiedenen Haltungen und Funktionen zu kompensieren versucht, wohl auch durch den besonderen Ort, an dem er lebt. Ein Ort des Rückzugs, der Stabilität, Sicherheit und Stille: die Insel im See, der selbst von der Außenwelt abgeschlossen ist, der Tempel im abgelegenen Wald, fernab der nächsten städtischen Siedlung, die Höhle in den Bergen oder auch das hoch auf dem Berg gelegene Kloster. Und an diesen äußeren, geschützten Orten die intensive Beziehung zu einem anderen Menschen, einem Lehrer, Meister, Vorbild! Dass man in der Tat von einem »Sicheren Ort« sprechen kann, zeigt sich darin, dass es sich auch um einen Ort der Zuflucht handelt: Die verlassenen Kinder werden hier aufgenommen – im tibetischen Fall aber auch abgegeben. Hier wird der »Sichere Ort« der Familie durch den »Sicheren Ort« des Klosters ausgetauscht.

Wie werden diese Kinder, wie wird diese von einer frühen Abwesenheit gezeichnete »Kindlichkeit« weiter dargestellt? Als Zuschauer erleben wir einige exemplarische Situationen, die für die Kindheit charakteristisch sind. In »Bodhidharma«: der Verlust eines Zahnes mit den entsprechenden Ängsten und Schmerzen; das Erleben der aggressiven Spielkameraden, die in dem Kind Haei-Ji Todesangst auslösen; seine eigenen Triebwünsche (das Jagen des Vogels und den Pflegeimpuls) und die reale Konfrontation mit dem Tod (die Überreste des toten Vogels und am Ende der Tod des Meisters). Der Meister hat die Funktion eines Vaters oder auch Großvaters für den Jungen übernommen, der junge Mönch Kibong ist vielleicht ein älterer Bruder, an den er sich anlehnen kann (mehrfach wird er ihn auch Bruder rufen). Haei-Ji wirkt etwas altklug in seiner Vernünftigkeit, wenn er seine Mutter nicht vermisse, weil er sich nicht an sie erinnern könne. Aber die Vogelmutter taucht offenbar als schlechtes Gewissen auf, weil er ihr das Vogelkind geraubt hat. An einer anderen Stelle kommt er in Verbindung mit seiner Verlassenheit und seinen Trennungsängsten, wenn er im dunklen Wald umherirrt und nach Kibong ruft.

Abbildung 42: Der leidende Haei-Ji

Es handelt sich also aus psychoanalytischer Sicht um die von Freud beschriebenen *Katastrophen der Kindheit,* die als universal angesehen werden können: Vernichtungsangst, Trennungsangst, Angst vor Liebesverlust, Kastrationsangst und Gewissensangst (Brenner, 1986). Dies ist die psychoanalytische Beschreibung des kindlichen Wünschens und Leidens, der inneren kindlichen Welt. Die kindliche Welt ist also sowohl aus der Sicht der Filme als auch aus psychoanalytischer Sicht keineswegs von vornherein als ein »Sicherer Ort« zu betrachten, wie dies viele Menschen in idealisierender Weise gerne zu erinnern versuchen – der Mythos der glücklichen Kindheit. Der »Sichere Ort« in der inneren Welt etabliert sich erst durch die Erfahrungen dieser unvermeidlichen kindlichen Ängste und Wünsche zusammen mit schützenden und anregenden Beziehungserfahrungen – in der Regel mit den Eltern.

Abbildung 43: Haei-Ji in Todesangst im Wasser

Freud hat den Erziehungsprozess des Kindes als einen unvermeidlich konflikthaften Prozess beschrieben, der mit der ursprünglichen Triebhaftigkeit des Kindes und deren Zähmung verbunden bleibt (Freud, 1930). Die Szene mit dem Vogel könnte man hier im übertragenen Sinn verstehen (und wir sehen in »Frühling« eine ähnliche Konstellation): Es handelt sich dann um die Zähmung der Triebhaftigkeit, die in dem Fangen und Einsperren des Vogels dargestellt wird. Wir werden im nächsten Kapitel diese Szene noch aus einer anderen Perspektive betrachten (siehe S. 155). Es ist eindrucksvoll, dass dieser Prozess offenbar gesetzmäßig mit Schuldgefühlen verbunden ist. Der Ruf der Vogelmutter stellt wohl symbolisch den Ruf des Gewissens dar – die selbstbezogenen Triebwünsche treffen auf ein Verbot, das in diesem Fall nicht vom Meister, sondern von der »Mutter« ausgedrückt wird. In »Frühling« ist dies viel direkter und unmittelbarer ausgedrückt: Der Meister überwacht die »Untaten« des Kleinen und vermittelt ihm die Erfahrung, wie sich ein »Stein auf dem Rücken« anfühlt: ein eindrückliches Bild der kindlichen Entstehung des Schuldgefühls, das Freud ja als zentrales Element beschrieben hat – als Wendung der natürlichen Aggression des Menschen gegen das eigene Selbst und eine wesentliche Quelle, warum der Mensch nicht dauerhaft glücklich werden kann (Freud, 1930). Hierzu eine Bemerkung von Friedrich Nietzsche: »Die zweite Abhandlung [in ›Zur Genealogie der Moral‹] giebt die Psychologie des Gewissens: dasselbe ist nicht, wie wohl geglaubt wird, ›die Stimme Gottes im Menschen‹, – es ist der Instinkt der Grausamkeit, der sich rückwärts wendet, nachdem er nicht mehr nach außen hin sich entladen kann« (Nietzsche, 1889/1999, S. 352).

Es sind vielleicht die einzigen Stellen in den Filmen, in denen die infantile Sexualität – wenn auch eher versteckt – angedeutet wird. Am Ende ist der Kleine in »Bodhidharma« wieder allein: Er verliert nicht nur den Meister (den Vaterersatz), sondern auch den »Bruder«. Erneut ist er mit Trennung und Tod konfrontiert und in einer Großaufnahme sieht man sein besorgtes, trauriges und unruhiges Gesicht.

Wieder muss Haei-Ji mit Abwesenheit zurechtkommen. Aber jetzt handelt er wie ein Erwachsener, indem er die restlichen Habseligkeiten des Meisters an sich nimmt, diese dem Feuer übergibt und sich nicht mehr um die klagenden Rufe des Vogels kümmert. Man könnte also sagen: Obwohl man bei den Kindern der Filme eine Art »Leerstelle« durch die Abwesenheit des primären Objektes annehmen muss, erleben sie typische, phasenspezifische Wünsche und Ängste, die durch die schützende Anwesenheit des Meisters in seiner multiplen Ersatzfunktion tolerierbar sind. Eine Aussage der Filme könnte daher auch folgendermaßen lauten: Diese (mehr oder weniger ausgeprägte) »Leerstelle« erleiden fast alle Menschen, und es bleibt eine lebenslange Aufgabe, sie zu schützen und/oder zu kompensieren.[16]

Es stellt eine Idealisierung dar, die kindliche Situation als einen »Sicheren Ort« zu betrachten; sie ist immer auch ein Ort der Verlassenheit und Schuld, selbst bei einer günstigeren frühen Erfahrung mit dem primären Objekt. Stößt man an dieser Stelle nicht unvermeidlich auf die Konflikthaftigkeit allen seelischen Geschehens? Die »Leerstelle« hält die Sehnsucht nach dem primären Objekt, nach dem »Sicheren Ort« wach, der aber gleichzeitig wegen seiner Schrecken und Versagungen gefürchtet wird. Daher sagt man ja auch, dass die Kindlichkeit im Erwachsenen oft verdrängt und abgespalten ist – mit allen möglichen Folgen der neurotischen Leidverursachung.

---

16 Die Entstehung dieser »Leerstelle« kann man sich also durch ein »Zuwenig« (an Zuwendung, affektiver Resonanz, Anerkennung, Spiegelung etc.) oder ein »Zuviel« (an affektiver Überflutung, okkupierender Anwesenheit, elterlichen Botschaften und Erwartungen etc.) oder auch eine Mischung aus beidem vorstellen. Die dadurch bedingten konflikthaften und strukturellen Einschränkungen kann man generell als ein »verletztes Selbst« beschreiben, das gleichzeitig nach Heilung und Schutz sucht.

Dabei spielt die Erfahrung des Wandels und der Vergänglichkeit wohl eine besondere Rolle. Wir postulieren (Zwiebel u. Weischede, 2015, S. 242 ff.), dass es traumatische Konfrontationen mit der Vergänglichkeit in der Kindheit sind, die eine besondere Sensibilität für spirituelle Probleme wecken. Der Wandel und vor allem die Vergänglichkeit manifestieren sich von Beginn des Lebens an in der Dynamik von An- und Abwesenheit: Dies bezieht sich sowohl auf innere Zustände, wie Erregung, Hunger und Angst, als auch auf die Beziehung zu den primären Objekten. Wenn die Erfahrung der Abwesenheit zu massiv ist, kann man von einer traumatischen Qualität sprechen, weil dies sowohl real als auch im übertragenen Sinne einer Vernichtungsdrohung gleichkommt. Die »Leerstelle« der Kindheit ist nach diesem Verständnis also mit der Angst vor Vernichtung, Tod und Vergänglichkeit verknüpft und muss zum Überleben daher in jedem Fall geschützt und/oder kompensiert werden.

Auch für diese Vermutung gibt es einige eindrückliche Bilder in den Filmen: Die Kinder werden in »Frühling« und »Bodhidharma« früh mit Todesbildern konfrontiert (die toten Tiere, der tote Meister), in den beiden Fällen der toten Tiere noch verbunden mit der omnipotenten Phantasie, selbst für diesen Tod verantwortlich zu sein (durch das »Binden« der Tiere oder durch das Einfangen des Vogels). In »Samsara« beginnt der Film mit dem Bild der Vergänglichkeit, und der bereits jugendliche Tashi wird mit den Todesdarstellungen des Eremiten konfrontiert.

Jedenfalls kann man sagen, dass in den Filmen »Frühling« und »Bodhidharma« die Last der Kindheit schwer zu wiegen scheint – und dies entspricht ja auch einem psychoanalytischen Grundgedanken –, während dies in »Samsara« keine so offenkundige Rolle spielt, aber doch indirekt angedeutet wird. Erstaunt kann man bei einer Fokussierung auf den Subtext feststellen, wie »psychoanalytisch« diese Bilder in ihren Aussagen doch letztlich sind: die Konflikthaftigkeit des Erlebens, das bis in die Kindheit zurückgeht und unbewusste Folgen hat (wie der Stein auf dem Rücken als Symbol eines Über-Ichs, dessen man sich aber nur begrenzt bewusst ist).

Demgegenüber steht nun das Bild des Meisters als Repräsentant des spirituellen[17] Weges, des Weges der Befreiung oder des Erwachens. Aus der psychoanalytischen Perspektive entsteht hier also eine Frage, die eher selten diskutiert wird: *Welche Quellen aus der kindlichen Erfahrung gibt es für die Motivation, die-*

---

17 Wir verwenden in dieser Arbeit den Begriff »spirituell« im Sinne von Jeffrey Rubins Beschreibung: 1. als Ausdruck eines Gefühls der Einheit und der Verbundenheit mit dem Universum; 2. als eine Beschreibung umfassender Wertvorstellungen dem Leben gegenüber; 3. als Kultivierung bestimmter Qualitäten wie Ehrfurcht, Demut, Freude und Mitgefühl, die gewöhnlich in der westlichen Kultur vernachlässigt werden; 4. als Entwicklung eines authentischen Selbst,

sen religiös-spirituellen Weg, den »meditativen Weg« des Meisters einzuschlagen? In einer buddhistisch geprägten monastischen Kultur wie im alten China, in Japan oder Tibet mag diese Frage weniger dringend sein, da die religiöse Kultur das Leben von Beginn an mitbestimmt. Wir haben ja am Beispiel von »Samsara« gesehen, dass hier die Kinder von den Familien ins Kloster gegeben werden, ob die Kinder das wollen oder nicht. Auch in »Bodhidharma« ist der kleine Junge ein verlassenes Kind, dessen sich der Zenmeister annimmt. Aus der Sicht unserer westlichen Kultur ist es heute befremdlich, wenn Kinder von ihren Familien getrennt und ins Kloster gegeben werden, obwohl es dies in früheren Jahrhunderten auch im Westen gegeben hat: Ein Kind wurde ins Kloster geschickt und mit ihm das zu erwartende Erbe, sozusagen als Bezahlung für die Aufnahme des Kindes. Wenn wir aber die Filmbilder eher als Ausdruck einer »inneren Wirklichkeit« verstehen, dann geht es eben um die Frage, welche kindlichen Erfahrungen und kindlichen Anlagen einen religiös-spirituellen Weg begünstigen oder auch verhindern mögen. Es entsteht also die Frage, ob es die spezifische Erfahrung dieser beschriebenen »Leerstelle« – als Abwesenheit des primären Objektes – ist, die eine besondere Neigung zum spirituellen Weg ebnet.

Biografische Hinweise zu berühmten Zenmeistern und einer buddhistischen Nonne

Einiges ist beispielsweise von dem japanischen Dichter, Kalligrafen, Einsiedler und buddhistischen Mönch *Ryokan* aus dem 18. Jahrhundert bekannt. In seiner näheren Umgebung gab es einen Shintopriester, der Vater selbst war ein bekannter Haikudichter. Im Alter von elf Jahren wurde Ryokan zu Verwandten geschickt, um auf eine Privatschule zu gehen. Mit 16 Jahren wurde er von seinem Vater, der die Funktion des Ortsvorstehers ausübte, zu seinem Lehrling gemacht. Aber Ryokan rannte bald fort und suchte als Novize Schutz in einem Tempel. Im Alter von 18 Jahren wurde er ordiniert und damit Mönch, was er ein Leben lang auch blieb. Es gibt einige Vermutungen, warum er mit 16 Jahren von zu Hause fortlief: So soll er einer Enthauptung beigewohnt haben, was ihn so sehr aufgewühlt habe, dass er dieser Verpflichtung niemals mehr in seinem Leben nachkommen wollte. Eine andere Vermutung behauptet, dass er bei der beruflichen Anforderung gescheitert sei und auf diese Weise Kränkungen und

---

verbunden mit einer natürlichen Art des Lebens; 5. als eine Praxis, die diese Eigenschaften zu entwickeln vermag (Rubin, 2006). Aus zenbuddhistischer Sicht meint dies das Studium des menschlichen Geistes.

Verletzungen bei anderen hervorgerufen habe (Tanahashi u. Boissevain, 2012). Diese Angaben sind aus psychoanalytischer Sicht so sparsam, dass man natürlich fast alles hineininterpretieren kann.

Leider gibt es auch kaum verlässliche Daten über den einflussreichen Zenmeister *Dogen* aus dem 13. Jahrhundert. K. Tanahashi schreibt dazu das Folgende: »We have no accounts by Dogen himself about his family and personal history before he became a monk. He simply says: ›When I was young, I loved studying literature that was not directly connected to Buddhism.‹ According to early biographies, Dogen was born in 1200 CE, near the capital city of Kyoto. He was a member of a noble family and was believed to be an illegitimate son of an influential figure in the imperial court who died when Dogen was an infant. He lost his mother when he was eight. Possibly referring to this early misfortune, Dogen himself says, ›Realizing the impermanence of life, I began to arouse the way-seeking mind.‹ At thirteen, he visited the monk Ryokan who had a hut at the foot of Mt. Hiei, east of Kyoto, and entered the monkhood. In the following year he was formally ordained« (Tanahashi, 1999, S. XV). Auch hier also nur dürftige biografische Angaben, aber immerhin die Tatsache, dass Dogen wahrscheinlich vaterlos aufgewachsen ist, die Mutter früh verlor und bereits mit 14 Jahren ein ordinierter Mönch war. Seine Biografie ähnelt damit den beiden Jungen aus den Filmen »Bodhidharma« und »Frühling«.

Über einen anderen Zenmeister aus dem 17. Jahrhundert mit Namen *Bankei,* der für seine Lehre des Ungeborenen berühmt wurde, ist biografisch mehr bekannt: »Bankei war eines von neun Kindern des Paares, der vierte von fünf Söhnen. […] Als Bankei zehn Jahre alt war, starb sein Vater. […] Aus den Aufzeichnungen über Bankeis Leben geht hervor, dass er ein intelligentes und hochsensibles Kind war, dabei aber auch unfolgsam und sehr willensstark. Seine Mutter erzählte ihm später einmal, dass er bereits im Alter von zwei oder drei Jahren einen heftigen Abscheu gegenüber dem Tod gezeigt habe. Man hatte bald herausgefunden, dass man nur über den Tod zu sprechen oder sich totzustellen brauchte, um etwa seinem Schreien Einhalt zu gebieten. Auch später, als er sich dann als Rädelsführer bei allen Bubenstreichen in der Nachbarschaft hervortat, war dies immer noch das probateste Mittel, ihn zu Raison zu bringen« (Waddell, 1988, S. 11 f.).

Der Tod des Vaters soll einschneidende Wirkungen bei dem Jungen gezeigt haben: Einmal unternahm er im Alter von elf Jahren einen missglückten Suizidversuch. In der Schule wurde er mit konfuzianischen Texten konfrontiert, die auch Fragen nach dem »Grundwesen« des Menschen enthielten. Da ihn alle Antworten nicht befriedigten, war dies nach Waddell der Anfang seiner spirituellen Suche: »Seine Frage markiert das Erwachen eines tiefen Zweifels, vorbereitet vermutlich durch den Tod des Vaters kurz zuvor. Bankei selbst bezeichnete diesen kritischen Punkt sechzig Jahre später als den Beginn seiner Suche nach dem Buddha-Geist« (S. 13).

Abbildung 44: Der kindliche Schmerz

Da die Psychoanalyse ja die frühen Beziehungen zu den Eltern besonders betont, ist eine andere Bemerkung über Bankei hier von Bedeutung: »Bankeis Mutter verbrachte die zweite Hälfte ihres Lebens als buddhistische Nonne […] Bankei ließ keine Gelegenheit aus, sie dort zu besuchen […] Bankeis innige Verehrung für seine Mutter und seine tiefe Verbindung zum konfuzianischen Prinzip der kindlichen Liebe […] ist überall in seinen Darlegungen zu spüren […] Bankei sprach einst in einer Darlegung von der kindlichen Liebe, die er als Junge empfunden hatte und die, wie er sagte, der Anstoß für seinen Eintritt in das religiöse Leben und damit für seine spätere Erleuchtung war […] Wahre kindliche Liebe, so sagte er, dürfte es nicht bei Zuneigung und Fürsorge für die Eltern bewenden lassen. Ein Kind, das seinen Eltern in Liebe ergeben ist, soll den Weg der Befreiung deutlich sichtbar machen, damit auch seine Eltern ihn verwirklichen können« (S. 168). Es ist interessant, dass hier Bankeis spirituelle Entwicklung von ihm selbst in direkte Verbindung mit der Beziehung zu seiner Mutter gebracht wird.

Barry Magid beschreibt in seinem Buch über die Psychologie der Koans »Nothing is hidden« die Lebensgeschichte von *Hakuin*, einem ebenfalls berühmten Zenmeister aus dem 18. Jahrhundert (1686–1768). In dem Kapitel über die Frage nach der Motivation zur buddhistischen Praxis erwähnt Magid die

Autobiografie von Hakuin (»Wilder Efeu«), in der er seine Lebensgeschichte von der Kindheit an beschreibt. Er habe im Alter von elf Jahren die Rede einer buddhistischen Nonne gehört, die detailliert über die Qualen der Hölle gesprochen habe. Hakuin beschreibt, wie er in dieser Nacht von einer massiven Todesangst erfasst worden war und sein Geist in Verwirrung verfiel. »After this, the boy developed a phobia of taking baths, the fire and boiling water having become traumatically associated with his image of hell. His mother, unable to comfort him in any other way, simply told him he must worship the deity of the local shrine and pray for deliverance. As a result he began getting up in the middle of the night, lighting incense, and praying for hours on end« (Magid, 2013, S. 43). Hakuin wurde mit 14 ordiniert und begann ein formales Zentraining mit der klaren Absicht, für seine Todesängste eine Linderung zu finden.

Schließlich sei mit einem Sprung in die Gegenwart noch die Lebensgeschichte der buddhistischen Nonne *Tenzin Palmo* erwähnt, die allerdings eine ausführlichere Diskussion verdienen würde. Tenzin Palmo ist berühmt geworden für ihren zwölfjährigen Rückzug in eine Höhle im indischen Himalaja, in dessen Verlauf sie ein intensives dreijähriges Retreat wie Tashi aus »Samsara« durchgeführt hat. Sie ist in London 1943 während des Zweiten Weltkrieges geboren und verlor den Vater mit zwei Jahren – den sie wie Haei-Ji nicht vermisste –, hatte eine enge Beziehung zu ihrer spirituell engagierten Mutter, schildert sich von früh an als nach »innen gekehrt«, als einzelgängerisch und erzählt ihrer Biografin Vicki Mackenzie von einer frühen Phantasie über »eingeschlossene Nonnen«. Als Kind war sie sehr viel krank, schon als Säugling litt sie an einer Meningitis und hatte monatelange Krankenhausaufenthalte, getrennt von den Eltern bzw. von der Mutter. Bemerkenswert auch, dass sie gerade in diesen Krankheitsphasen frühe außerkörperliche Erfahrungen machte (Mackenzie, 2010).

Diese wenigen Beispiele geben einige Hinweise auf die *Rolle der Kindheit in der religiös-spirituellen Entwicklung* und dem Streben nach Erwachen: eine gewisse Empfindsamkeit von Geburt an, die Identifizierung mit den Eltern, die frühe Erfahrung von Abwesenheit, Verlusten, Getrenntheit, Tod und die Einwirkungen der kulturellen Umgebung. Wir wollen hier die mögliche Komplexität der Zusammenhänge also nicht aus den Augen verlieren, zumal in früheren Jahrhunderten die Erfahrung des Todes bei Kindern sicherlich eher eine Alltäglichkeit darstellte, als dies heute der Fall ist. Dennoch kann man vermuten, dass frühe Erfahrungen von Abwesenheit in der späteren spirituellen Entwicklung eine wichtige Rolle gespielt haben. In der alten asiatischen Kultur waren frühe Trennungen von der Familie jedenfalls sehr viel häufiger als heute. Nicht zu vergessen ist auch, dass die Menschen in der damaligen Zeit sehr wenig Wissen über die kindliche Entwicklung hatten, die Kinder insgesamt auch weniger emotional »besetzt« wurden – schon aus Gründen der hohen Kindersterblichkeit.

Es geht also in diesen Überlegungen um die Rolle der Kindheitserfahrungen, die zum Entschluss führen können, einen anderen Weg als das normativ vorgegebene Leben zu wählen. Auch der »Fortschritt« auf diesem Weg wird von solchen Faktoren der Persönlichkeit und der frühen Lebenserfahrungen abhängen. Es ist dies eine Sichtweise, die weder in den klassischen Schriften noch in der modernen Literatur im Buddhismus groß untersucht wird und in der der psychoanalytische Beitrag Erhellendes leisten kann, wie es sich besonders in den schon erwähnten Arbeiten von Barry Magid klar zeigt. Aufgrund der Filme könnte man die Hypothese aufstellen: Vielleicht ist es die frühe Erfahrung einer im existenziellen Sinne verschärften Katastrophe der Kindheit, die eine besonders empfindsame und verletzliche kindliche Psyche trifft, die zu der postulierten »Leerstelle« führt. Eine mögliche Kompensation ist dann eine früh im Leben entwickelte forschende und fragende Haltung dem Leben, der Welt und dem Selbst gegenüber, eine Suchbewegung, die über die konventionellen Lebensmodelle wie Beruf und Familie hinausgeht. Der »Sichere Ort« der Familie wird so entweder sehr stark oder auch immer wieder als unsicherer Ort erlebt, als Ort, der den notwendigen Halt und Schutz und die Sicherheit gegenüber dem Wandel und der Vergänglichkeit der Dinge eben nicht mehr bietet.

Schüler und Meister

Neben der Rolle der Kindheit spielt auch die *Jugend und Adoleszenz* in allen drei Filmen eine bedeutende Rolle: In »Frühling« ist der Kleine zu einem jungen Mann herangewachsen und entdeckt in der Begegnung mit der jungen Frau seine erwachende Sexualität. In »Bodhidharma« spielt die Sexualität offenbar überhaupt keine Rolle, dagegen aber der Konflikt mit der Sorge um seine Mutter und Schwester, die Kibong wie der historische Buddha verlässt, um Erleuchtung zu erlangen. Während der Kleine in »Frühling« ohne eigenen Willen und Motivation in diese monastische Welt geworfen wird, wählt Kibong bewusst diesen Weg. Die Filmerzählung in »Samsara« setzt praktisch mit dem adoleszenten Tashi ein und verweilt lange bei seinen inneren und äußeren Kämpfen, bis er zum Mann gereift ist.

Im Unterschied zu den anderen Filmen erfahren wir wenigstens etwas über Kibongs Vorgeschichte. Wir sehen, dass er mit seiner blinden Mutter und seiner Schwester in der Stadt in einer ärmlichen Umgebung lebt, wir vermuten, dass sein Vater gestorben ist und es wahrscheinlich seine Aufgabe ist, für die restliche Familie zu sorgen. Aber in den kurzen Rückblenden sehen wir ihn in einer desolaten, ja depressiven Verfassung. Er geht keiner Arbeit nach, liegt herum, raucht und ist im Wesentlichen passiv und gleichgültig. Es wird auch später deutlich, dass Kibong kein fröhlicher Mensch ist. Niemals sieht man ihn lachen, Spaß machen, sich vergnügen. Er ist ein junger Mann voller Ernst in einer schweren Adoleszenzkrise – als ob ihn der Ernst des Lebens zu früh getroffen habe. Aus den Worten, die die Filmbilder begleiten, lässt sich ableiten, dass die depressive Verfassung auch Ausdruck eines schweren inneren Konflikts ist, nämlich dem Wunsch einerseits, den buddhistischen Weg einzuschlagen, und andererseits der Verpflichtung, für die blinde Mutter und die Schwester zu sorgen. Kibongs Dilemma wird überdeutlich: Der Wunsch nach »Heilung« seiner seelischen »Leerstelle«, die er aus kindlicher Sicht wohl auch schuldhaft erlebt, durch den buddhistischen Weg wirft ihn noch tiefer in die Schuldproblematik.

In der Tat sind Schuld und Schuldgefühle ein fester Bestandteil des psychischen Lebens der Menschen. Auch in »Samsara« werden wir – hier noch elementarer – mit diesem grundlegenden Konflikt konfrontiert: In der Alltagswelt sind die Bindung an andere Menschen und das Leben in einer Beziehung ein fundamentales Ideal, während es in der monastischen Welt um die Loslösung, die Überwindung vom Anhaften geht (zur zentralen Bipolarität von Binden und Lösen siehe Kapitel 8).

Kibong repräsentiert mit diesem Konflikt ein fundamentales, menschliches Grundproblem, das allerdings weit über das Besondere der religiös-spirituellen Praxis hinausgeht: In der westlichen Psychologie wird dies als grundlegender *Abhängigkeits-Autonomie-Konflikt* beschrieben, den nicht wenige Menschen nur schwer bewältigen, sondern mit leidhaften Symptomen beantworten. Ein Beispiel dafür sind die häufigen Panikerkrankungen, die zu einem wichtigen Teil Ausdruck dieses grundlegenden Konfliktes sind.

Aber auch Tashi und der zum jungen Mann herangereifte Schüler aus »Frühling« sind in dem Alter, in dem nach Vorstellungen der westlichen Psychologie krisenhafte Jahre der Entwicklung fast unvermeidlich sind: Man spricht in der Regel von zwei wesentlichen Entwicklungsaufgaben, nämlich das Finden der subjektiven und der sexuellen Identität. Alles dies verläuft in der Regel konflikthaft und kann mit schweren seelischen Nöten verbunden sein.

Während wir bei Kibong die depressive Verfassung beschrieben haben, ist es in »Frühling« die sexuelle Versuchung durch das Mädchen, das zur Krise führt. Die erste Liebe ist durch die unvermeidliche Trennung so schmerzhaft, dass sich der Schüler vom Meister (der für ihn Vater und Mutter in einer Person ist) losreißen muss, um seinem Begehren zu folgen und dem Schmerz der

Trennung zu entgehen. Indem er die Buddhastatue mit sich nimmt, kann man dies als den verinnerlichten Teil der buddhistischen Lehre verstehen, die er in den Jahren mit dem Meister erworben hat.

Auch Tashi muss sich von seinem Meister lösen aus einem vergleichbaren Motiv, das er aber viel klarer und differenzierter als der Schüler in »Frühling« formulieren kann: Es geht um die *zentrale Thematik des Verzichts,* die ein großes, vielleicht ein zentrales Thema der menschlichen Entwicklung ist. Wie kann Tashi auf etwas verzichten, was er niemals erlebt oder besessen hat? Damit spielt er auf den Lebensweg des historischen Buddha an, der seine Kindheit, seine Jugend und das junge Erwachsenalter in Saus und Braus gelebt haben soll, dann aber durch die Konfrontation mit Alter, Krankheit und Tod dazu kam, sich auf eine spirituelle Suche zu begeben.

In »Samsara« und »Frühling« lösen sich also die Schüler von ihren Meistern – auf der Suche nach dem sexuellen Glück –, ohne allerdings von den Lehrern aufgehalten zu werden. Beide junge Männer verlassen in der Nacht heimlich das Kloster bzw. den Tempel. Die Meister stellen sich nur schlafend und bemerken den Weggang, machen aber nicht den Versuch, die Schüler aufzuhalten. Dies ist offenbar der Einsicht geschuldet, dass Zwang oder Überredung in diesem Fall vergeblich oder sogar kontraproduktiv sind: Falls die Schüler – dies scheint die Überzeugung der Meister zu sein – die wesentlichen Elemente der buddhistischen Lehre verinnerlicht haben, werden sie diese im Alltagsleben anwenden, aber auch schließlich wieder zurückkehren können. Dies geschieht dann in der Tat: In »Frühling« und »Samsara« kehren die Schüler nach dem Tod des Meis-

Abbildung 45: Tashi hält seine »Abschiedsrede« vor Apo

ters ins Kloster zurück – in »Samsara« mit dem offenen Schluss, ob Tashi diesen Schritt tatsächlich verwirklichen wird.

Der in der westlichen Welt so prägnant beschriebene *Adoleszenzkonflikt* zwischen Eltern und Jugendlichen findet hier also *in der Meister-Schüler-Beziehung* statt, sind die Lehrer doch, wie beschrieben, Ersatzpersonen für die fehlenden Eltern. Allerdings gibt es auch hier Unterschiede: In »Frühling« kehrt der Schüler nach dem Mord an seiner Frau zurück, auf der Flucht vor der Polizei. Der Meister verstößt seinen Schüler nicht – er hatte ihm ja geradezu das Schicksal prophezeit – und führt diese Tat nicht auf charakterliche Mängel der Persönlichkeit zurück, sondern auf die Unwissenheit, die fehlende Verinnerlichung der buddhistischen Lehre. Daher hält er ihn von der Selbstbestrafung bzw. vom Selbstmord ab und gibt ihm stattdessen eine besonders schwierige Aufgabe, nämlich das Schnitzen der kalligrafischen Zeichen des Herz-Sutras, die der Meister mit dem Schwanz einer Katze in verschiedenen Farben vormalt. Wir verstehen diese eindrücklichen Bilder als Metapher für die Übertragung der Lehre vom Lehrer zum Schüler, die gleichsam »körperlich« eingeschrieben werden muss, damit sie ihre volle Wirksamkeit entfalten kann (siehe Kapitel 9).

Die Lebensphasen eines Meisters

Nochmals sei an unsere Absicht in diesem Kapitel erinnert: Wir machen den Versuch, das »filmische Subjekt« aller drei Filme als exemplarische Innenwelt eines Menschen zu verstehen, der auf der Suche nach einem Weg der Lebensbewältigung ist, die in einer spirituellen Meisterschaft gipfeln kann. Dann könnte man auch sagen, dass wir zwar keine detaillierten Lebensgeschichten der dargestellten Meister erleben, dass diese aber kondensiert in den Bildern und Erzählungen der Kindheit und Jugend im Film dargestellt sind. »Das Kind«, »der Schüler«, »der Meister« sind dann *Repräsentanten* bestimmter Wünsche, Ängste, Denk- und Handlungsweisen, die grundsätzlich niemals ganz verschwinden und unter bestimmten Umständen immer wieder aktiviert werden. Also tragen auch die oft verehrten Meister noch Anteile ihrer Kindlichkeit und Jugendlichkeit in sich. Bezogen auf den Subtext der Filme würde dies heißen, dass es *keine klare Trennung* zwischen den Jungen, Schülern und Meistern gibt: Der Meister ist auch der Junge und der Schüler. Es gilt aber auch: Der Junge ist auch der Schüler und Meister.

Während es Vorstellungen einer idealen Meisterschaft gibt, die darin besteht, dass diese früheren Entwicklungsstadien überwunden sind – dies scheint eher im Westen ein Ideal zu sein –, so gibt es auch andere Vorstellungen, die eher von einer Art *Integration von Kindlichkeit, Schülerschaft und Meisterschaft* ausgehen. Es ist beispielsweise aus fernöstlichen Ländern bekannt, dass zwischen Meister und Schüler eine lebenslange Beziehung besteht, selbst wenn der Schüler mittlerweile selbst die Meisterschaft erreicht hat. Beim Tod des alten Meisters sucht sich der junge Meister einen neuen Meister, der durchaus sehr viel jünger als er selbst sein kann. Dies kann man als die Akzeptanz dessen verstehen, was wir hier zu beschreiben versuchen: Die Meisterschaft kann ein Teil der Person sein, der die Schülerschaft und Kindlichkeit nicht verleugnet.

Daher müssen wir bei diesen Filmen immer den asiatischen Kontext der Filme mitbedenken. Ein »Meister« hat in Asien einen anderen Stellenwert als in der westlichen Welt: Aus asiatischer Sicht erscheint das Leben ohne einen Meister nur schwer vorstellbar. Darin kommt ja auch die Überzeugung zum Ausdruck, dass es niemals einen Endpunkt der Entwicklung gibt: Es gibt zwar die Phantasie oder den Wunsch nach einer vollkommenen Meisterschaft (was immer das auch im Einzelnen bedeuten mag), aber der Mensch ist nach dieser Vorstellung *immer* auf einem Weg, einem Übungsweg.

Man könnte vielleicht sogar insgesamt drei große Entwicklungslinien im menschlichen Leben postulieren: das »Kindsein«, das »Erwachsensein« (die Schülerschaft) und das »Meistersein«. Oft wird dies in einer linearen Entwicklung gesehen, sodass im Alter schließlich die »Meisterschaft« erreicht wird. Aber nach unseren Filmüberlegungen würde man eher von einer parallelen Entwicklung sprechen: Der Kern einer möglichen Meisterschaft, der allerdings entwickelt werden muss, liegt bereits in der Kindheit, und auch der Meister bleibt sich seiner Schülerschaft bewusst, etwa, wenn er ausdrückt, was er alles von seinem Schüler lernen kann.

Auch wenn in den Filmen die drei Meister alte Männer sind, kann man sich grundsätzlich auch einen jungen Meister vorstellen. In »Samsara« taucht ja der junge Rinpoche auf, der selbst noch fast ein Kind ist, allerdings als Reinkarnation eines verstorbenen Rinpoche. Damit relativiert sich die Frage des Alters: *Es geht mehr um den Bewusstseinszustand, der nur bedingt mit dem Alter korreliert.*

Betrachtet man unter diesem Aspekt die verschiedenen Meister in den besprochenen Filmen – und hier schließen wir den Eremiten aus »Samsara« ein –, dann kann man wohl sagen, dass sie alle ganz verschiedene Rollen und Funktionen für die Kinder und Schüler haben: Zum einen stellen sie einen Elternersatz dar, haben also auch Erziehungsfunktionen. Es ist eine Form von elterlicher Fürsorge und Zuwendung, ohne die die Kinder nicht überleben könnten. Weiterhin haben sie die Funktion eines Lehrers, was vor allem in »Bodhidharma« besonders deutlich wird, weil der ganze Film mit den buddhistischen Lehren durchzogen ist. Diese Lehre ist einmal mehr durch das Vorleben und das Zeigen charakterisiert (so wie in »Samsara« der Eremit die Vergänglichkeit demonstriert), manchmal auch mehr durch ausführliche Erklärungen wie in »Bodhidharma«. Besonders in »Frühling« vermittelt der Meister auch eine ethische Haltung, indem er den kleinen Jungen auf das Mitgefühl für alle lebenden Wesen auf recht drastische Weise hinweist.

Ähnlich wie in der Beziehung zu den Eltern und Lehrern sind auch in den Filmen die Kinder und Schüler extrem abhängig vom Meister, der sich ja für den ganzen Rahmen des Lebens verantwortlich zeigt. Dennoch drücken die Meister in ihrer Haltung einen Respekt vor der Autonomie der Schüler aus: Sie üben keinen direkten Zwang aus, allerdings geben sie Aufträge: das Ausschnitzen der Zeichen des Herz-Sutra, die Anleitung zur Verbrennung nach dem Tode des Meisters. Ihre wesentliche Funktion scheint zu sein, dass sie Hinweise auf grundsätzliche Fragen des Lebens (»Das Begehren weckt Mordgedanken«) geben und gleichzeitig selbst ein autonomes, selbstgenügsames Leben vorleben (dabei allerdings auch kein Modell vorgeben, wie »Mann« mit einer Frau lebt oder mit den sexuellen Bedürfnissen umgeht).

Menschen, die sich im *Westen* für Meditation oder einen spirituellen Weg interessieren, sind immer schon Erwachsene. Sie haben die jeweils typische Sozialisation durchlaufen – geprägt von einem Streben nach Individualität, in der das Ich-Selbst im Zentrum steht, gekennzeichnet durch Dualität und die Pflege von Trennung und weniger die Verbundenheit –, in der Lehrer immer nur in begrenzten Zeiträumen wichtig sind. Das Erwachsensein ist an das Erreichen einer bestimmten Altersgrenze geknüpft und nicht so sehr an eine wirklich erwachsene Entwicklung. Entwicklungen beziehen sich in der Regel auf schulische, berufliche oder familiäre Situationen; psychische oder emotionale Probleme werden medikamentös oder psychotherapeutisch angegangen; eine Gesamtentwicklung des Menschen von der Geburt bis hin zum Tod steht als Konzept oder Vision nicht im Vordergrund. In diesem Rahmen ist es dann auch nicht verwunderlich, dass eine »Entwicklung des Geistes« nicht einmal konzeptuell anerkannt wird. Die Erkenntnis Buddhas schon vor über 2.500 Jahren, dass ein großer Teil unseres menschlichen Leidens genau durch diesen unseren Geist verursacht wird, diese Erkenntnis ist nicht einmal ansatzweise Teil eines gesellschaftlichen Konsenses.

Könnte man die buddhistischen Meister daher mit einem modernen Psychoanalytiker vergleichen, der ja als Übertragungsfigur auch Eltern- und Lehrerfunktion übernimmt und durch seine selbstreflexive Haltung dem Patienten und Analysanden als Vorbild dienen kann? In allen Filmen wird der Meister in einer im Vergleich zu einem modernen Alltagsleben äußerst einfachen, ja kargen Umgebung gezeigt: Er verzichtet auf viele alltägliche Freuden und Befriedigungen und ist ganz der buddhistischen Übung und Praxis hingegeben. Daher könnte man auch von einer Haltung des Verzichts sprechen, die wiederum eine gewisse Ähnlichkeit mit der *Haltung des Analytikers* hat: Auch dieser verzichtet in seiner Beziehung zum Patienten weitgehend auf libidinöse, aggressive und narzisstische Befriedigungen und toleriert die Isolation und Einsamkeit, die mit dieser abstinenten Haltung verbunden sind.

Verzicht und Einsamkeit werden besonders im »Frühling« in der Winterepisode deutlich, als der ehemalige Schüler, der jetzt den Platz des Meisters eingenommen hat, durch die junge Frau noch einmal in Versuchung gerät, ihr aber widersteht. Die Meister in den drei Filmen praktizieren eine Form des *Loslassens*, wie es sich im Traumbild von Kibong in »Bodhidharma« eindrücklich zeigt: Der Meister befindet sich in einem strömenden Fluss und klammert sich an einen Felsen, bis er losgerissen wird und im Strom verschwindet. Es ist dies im Grunde der Kern der buddhistischen Lehre: Das Festhalten und Anklammern am Vergänglichen wird als die eine zentrale Quelle des menschlichen Leidens angesehen. Der Meister in »Frühling« bezeichnet die Unwissenheit als die zentrale Quelle des Leidens. Daher wird der buddhistische Übungsweg als ein ständiges Praktizieren des Loslassens verstanden, als ein *Verbinden mit dem Vergänglichen* (Elberfeld, 2004): Genau dies lebt der buddhistische Meister seinen Schülern vor.

Und hier besteht eine grundlegende Übereinstimmung zwischen dem Buddhismus und der Psychoanalyse, denn auch im psychoanalytischen Modell leidet der Mensch an seinen *Fixierungen,* die sich als Wiederholungen der Vergangenheit in der Gegenwart manifestieren. Die stärkste Bindung besteht demnach gegenüber den Liebesobjekten und dem eigenen Körper, wie sie sich vielleicht am deutlichsten in der Sexualität äußert. Daher werden in den Filmen das Festhalten an den elterlichen Objekten und dem eigenen Körper (in Form von Sexualität und in der Angst vor dem Tod) als stärkste Widerstände gegen die Befreiung als letztes Ziel des spirituellen Weges angesehen. Auf diesem immer wieder vom Scheitern bedrohten Weg ist der Meister als Begleiter zu betrachten.

Er lebt diesen Weg für seine Schüler vor, und so ist auch sein Selbstverständnis: In »Bodhidharma« sagt er zu Kibong, er müsse ja hier in seiner Klause weiterleben, denn es könnte ja ein Dummkopf wie Kibong sich in diese Einöde verirren. Und Apo in »Samsara« hat auch im Angesicht seiner letzten Stunde noch eine Botschaft für seinen alten Schüler als Ausdruck seiner Bezogenheit auf ihn.

Wir kommen im nächsten Kapitel noch einmal unter dem Motto von »Binden und Lösen« auf diese zentrale Dynamik zu sprechen. In diesem Zusammenhang könnte man sagen, dass das *Kind* in der Bipolarität von »Binden und Lösen« unvermeidlich noch ganz auf der Seite des Bindens steht (auch um die »Leerstelle« zu schützen und zu kompensieren), während der *Meister* auf der Seite des Lösens und Loslassen steht, wie die Filmbilder auch eindrücklich zeigen.

Auf diese Weise wird der Meister zum »Wegweiser« für andere Menschen in dieser mehrfachen Bedeutung.

Daher erscheint in allen drei Filmen der *Tod des Meisters* als ein entscheidender Dreh- und Angelpunkt: In »Frühling« muss der Meister für seine eigene Bestattung sorgen, macht aber auf diese Weise den Platz frei für seinen Schüler, der seine Rolle übernehmen wird. In »Bodhidharma« wird der Tod des Meisters für Kibong und den Kleinen zu einer Art Befreiungsschritt – dies jedenfalls legen die Schlussbilder des Filmes nahe. Hier wird der Tod des Meisters zum Koan für seinen Schüler, denn die entscheidende Frage bleibt immer die nach Leben und Tod, die allerdings auch rätselhaft bleiben wird. Und in »Samsara« löst der Tod des Meisters und seine letzten Worte (»Was ist wichtiger: Tausend weltlichen Bedürfnissen nachzugehen und sie zu befriedigen oder ein Bedürfnis zu besiegen?«) den Entschluss Tashis aus, wieder ins Kloster zurückzukehren. Diese so wichtige Aufgabe des Meisters – aber auch der Eltern im Alltagsleben – besteht dann auch darin, ein Vorbild für die »Kunst des Sterbens«, aber auch die »Kunst des Lebens« zu sein: Diese ist eine »Kunst des Loslassens«, wie es Kibong in dem erwähnten Traum träumt. Und das Ende einer Psychoanalyse ist auch als »kleines Sterben« zu verstehen: Die loslassende Haltung des Analytikers kann bei diesem so wichtigen Schritt eine wesentliche Hilfe für den Analysanden sein.

Das vielleicht stärkste Bild aller drei Filme ist die Winterszene aus »Frühling«, in der der junge Meister jetzt mit einem Stein, der an einem Seil um seinen Körper gebunden ist, den steilen Berg hinaufsteigt, immer wieder abrutscht, aber unermüdlich immer wieder einen neuen Anlauf nimmt. Auch die Statue des Bodhisattvas, die er vor sich herträgt, fällt ihm immer wieder aus der Hand, aber er hebt sie auf und setzt seinen mühevollen Aufstieg fort. Dieses Bild zeigt wohl, wie schwer es ist, die lebenslangen Bindungen an die Vergangenheit, die verinnerlichten Personen und den eigenen Körper aufzugeben, dass es aber weniger darum geht, diese Bindungen »loszuwerden«, sondern sie zu verwandeln: Also beispielsweise zu erkennen, dass man sich oft an illusionäre Begriffe, Vorstellungen und Bilder anklammert, die dann das Leiden verursachen. Stellt der »Stein« das ganze Gepäck der Vergangenheit dar – die Erinnerungen, Verfehlungen, Enttäuschungen, vergangenen Befriedigungen etc. –, dann wird man diesen Stein nicht wirklich los, sondern gewinnt eine *abstandnehmende, beobachtende Haltung* dazu. So sitzt der Meister am Ende seines beschwerlichen Aufstiegs hoch über dem See und der Landschaft, in meditativer Haltung, als Ausdruck dieser beobachtenden Haltung. Das Bild drückt eine Ruhe und Stille aus, die nur nach einem mühevollen Aufstieg erreichbar scheint: der »Stille Ort«.

Aber der junge Meister wird auch wieder herabsteigen und seiner Aufgabe als Meister nachkommen: Dies sehen wir in der letzten Szene, in der er sich wiederum um einen kleinen Jungen kümmert. Hier scheint ein Zusammenhang mit der Geschichte von Manjushri zu bestehen, die wir in unserem Buch »Buddha und Freud« (Zwiebel u. Weischede, 2015, S. 77 f.) beschreiben: Auch hier wird eine Last auf dem Rücken getragen, die im Moment der Erleuchtung abgeworfen wird, aber beim Gang in den Alltag wieder aufgenommen wird, da das Gepäck, der Stein, nicht nur Last, sondern auch »Proviant« fürs Alltagsleben darstellt. Der Stein symbolisiert also in »Stein gemeißelte« Vergangenheit, die der Mensch insofern nicht mehr »loswird«, als sie nicht mehr veränderbar ist, sie ist wirklich vergangen und somit Vergangenheit.

Die entscheidende Frage hier: Ist es möglich, wenn wir die Vergangenheit nicht mehr verändern können, ihre Wirksamkeit für den jetzigen Augenblick und auch für die Zukunft zu verändern, abzumildern oder sogar aufzuheben? Dies ist sicher eine der zentralen Aufgaben sowohl in der psychoanalytischen als auch der buddhistischen Praxis. Denn ein wichtiger Aspekt des Studiums des Selbst ist das »Beleuchten«, das Erkennen und das Studieren des Gewordenen und seiner oft noch immer andauernden Wirksamkeiten.

Eine kurze Psychoanalyse des Meisters

Die Beschäftigung mit diesen drei Filmen aus der Sicht einiger psychoanalytischer Grundannahmen hat uns fast überraschenderweise zu einer kleinen Psychoanalyse des »Meisters« geführt. »Meister« steht hier für eine verdichtete Beschreibung einer Persönlichkeitsentwicklung, fast eines Archetypus, der eine Antwort auf die problematischen Lebenslagen des Menschen repräsentiert. Als Filmzuschauer fühlt man sich von den Filmen auch angesprochen, weil es zwar um die manifeste Darstellung einer spirituell-buddhistischen Welt mit ihren Konflikten und Schwierigkeiten geht, aber durchaus spürt, dass hier ein allgemein menschliches Thema berührt ist. Auch jenseits dieser religiösen Welt könnte man postulieren, dass der »Meister« als eine Metapher für eine Haltung gegenüber dem Leben steht, die von bestimmten positiven Werten geprägt ist. Wir gehen im nächsten Kapitel auf einige dieser positiven Werte genauer ein.

Hier bleibt festzuhalten, dass man bei unserer Interpretation der Filme als innere Welt eines filmischen Subjektes das Bild des »Meisters« sich als ein *innerer Meister* darstellt. Viele Menschen behalten die Sehnsucht nach einem Meister, der als *Vorbild für die »Kunst des Lebens«* angesehen werden könnte: Dies mögen Eltern, Lehrer, Freunde, Therapeuten, Analytiker, Schriftsteller, Philosophen, Künstler etc. sein. Die Neigung zur Idealisierung ist dabei bekannt. Der buddhistische Weg ermutigt jedoch die Schüler und Übenden, die innere Meisterschaft selbst zu entwickeln, so wie dies der historische Buddha auch gesagt haben soll: »Sei dir selbst ein Licht!«

Die Filme legen die Überlegung nahe, dass es dabei aber nicht um die Überwindung der Kindlichkeit und Schülerschaft geht, sondern darum, mit diesen eigenen Anteilen und Aspekten der Persönlichkeit in Kontakt zu bleiben, sie nicht zu verdrängen und zu verleugnen. Diese Beziehung kann man aber auch noch präzisieren: Der Meister steht im Buddhismus für Weisheit (die Wirklichkeit möglichst ohne Täuschung zu erkennen) und für Mitgefühl (das Leiden des Mitmenschen zu spüren), der Schüler für das Nicht-Wissen und den Forschungsgeist, das Kind für das omnipotente Wünschen mit den begleitenden Ängsten und Schuldgefühlen.

Und an dieser Stelle entdecken wir erneut eine weitere tiefe Verbindung zwischen Psychoanalyse und Buddhismus: Im buddhistischen Übungsweg geht es darum, den »inneren Meister« in sich zum Erwachen zu bringen, der – so kann man vermuten – in jedem Menschen als Potenzial angelegt ist. Dazu müssen aber die Stadien der Kindlichkeit und der Schülerschaft »durchgearbeitet« werden, ein bekanntlich schmerzhafter Prozess, wie es in den Filmen auch dargestellt ist. In der Psychoanalyse geht es auch um die Erweckung des »inneren Analytikers«, der ähnlich wie im Buddhismus aus einer Haltung besteht, die oft als *selbstreflexive Kapazität* beschrieben wird: am Leben teilzunehmen, aber gleichzeitig eine abstandnehmende Beobachtungshaltung zu entwickeln.

Ist es nicht das, was »Siddharta« in dem wunderbaren Schlussdialog des gleichnamigen Romans von Hermann Hesse ausdrückt? »Höre gut, Lieber, höre

Abbildung 46: Der Meister

gut! Der Sünder, der ich bin und der du bist, der ist Sünder, aber er wird einst wieder Brahma sein, er wird einst Nirwana erreichen, wird Buddha sein – und nun siehe: dies ›Einst‹ ist Täuschung, ist nur Gleichnis! Der Sünder ist nicht auf dem Weg zur Buddhaschaft unterwegs, er ist nicht in einer Entwicklung begriffen, obwohl unser Denken sich die Dinge nicht anders vorzustellen weiß. Nein, in dem Sünder ist jetzt und heute schon der künftige Buddha, seine Zukunft ist alle schon da, du hast in ihm, in dir, in jedem den werdenden, den möglichen, den verborgenen Buddha zu verehren. Die Welt, Freund Govinda, ist nicht unvollkommen oder auf einem langsamen Wege zur Vollkommenheit begriffen: nein, sie ist in jedem Augenblick vollkommen, alle Sünde trägt schon die Gnade in sich, alle kleinen Kinder haben schon den Greis in sich, alle Säuglinge den Tod, alle Sterbenden das ewige Leben. Es ist keinem Menschen möglich, vom anderen zu sehen, wie weit er auf seinem Wege sei, im Räuber und Würfelspieler wartet Buddha, im Brahmanen wartet der Räuber« (Hesse, 1922/2016, S. 114).

8 Im Dialog mit den psychoanalytischen Wirkungsmodellen

Spielfilme gewinnen durch die Veränderungsprozesse in ihrer Erzählung, in ihrer Bildfolge und vor allem durch das wechselvolle Schicksal der Protagonisten ihre Spannung und so das Interesse der Zuschauer: Es geht wohl immer auch um die Frage, wie sich die Protagonisten aus ihrer mehr oder weniger dramatischen Problemlage befreien oder aber auch daran scheitern. Nicht selten tauchen in den Filmerzählungen Personen auf, die selbst helfende, unterstützende »therapeutische« oder »analytische« Funktionen haben, indem sie eine aufklärerische, empathische, fürsorgliche, klärende und unterstützende Rolle übernehmen (dies im Unterschied zu »realen« Therapeuten oder Analytikern im Film, die etwa im Subgenre »Psychotherapie im Film« oder auch in anderen Filmen eine wesentliche Rolle spielen). In diesem Sinne könnte man im übertragenen Sinn von »*Analytikern im Film*« sprechen. Unter diesem Gesichtspunkt der Transformationsprozesse wollen wir im Folgenden die drei Filme noch einmal näher betrachten, zuvor aber einige der psychoanalytischen Wirkungsmodelle kurz skizzieren.

»Im Dialog mit den psychoanalytischen Wirkungsmodellen« heißt dann, die psychoanalytischen Konzepte über Ziele und Wirkungen mit den Veränderungsprozessen und Wandlungen in den besprochenen Filmen zu vergleichen sowie Gemeinsames und Trennendes herauszuarbeiten. Diese *Frage nach der Wirksamkeit* ist allerdings besonders heikel, und dies gilt sowohl für die Psychoanalyse als auch für den Zenbuddhismus:

Barry Magid (2008, S. 20) erwähnt die Antwort des berühmten Zenmeisters Kodo Sawaki auf die Frage, ob die Zenpraxis Selbstvertrauen und Furchtlosigkeit bewirke: »›Absolutely not! Zazen is useless.‹ That ›uselessness‹ is grounded in the realization that fundamentally there is nothing to gain and nothing needs fixing.«

Etwas Vergleichbares ließe sich auch für die Psychoanalyse sagen: »Psychoanalysis is similarly grounded in the open-ended, non-goal-oriented experience of our moment-to-moment mind as it is. Americans are addicted to progress and self-improvement. The psychoanalytic method, almost as much as traditional Zen practice, goes against the grain of our modern life. Sometimes, it feels to me as if we psychoanalysts are the Amish of the mental health profession« (Magid, 2008, S. 20 f.).

Die klinische Wirklichkeit von praktizierenden Psychoanalytikern zeigt aber gleichzeitig, dass sie sich in einem bipolaren Feld zwischen Absichtslosigkeit und therapeutischer Zielorientierung bewegen, in dem eine Grundfrage immer wieder auftaucht und zugleich relativiert wird: Was braucht der jeweilige Analysand, um den unvermeidlich schwierigen und oft krisenhaften Lebensweg »ausreichend gut« zu bewältigen? Im Grunde ist dies im Kern eine ethische Frage nach dem »guten« oder »gelingenden« Leben oder auch die Frage nach dem menschlichen Glück.

Wir gehen davon aus, dass der analytische und der buddhistisch-meditative Weg durch unterschiedliche Lebens-, Alltags- und Arbeitsmodelle – Hartmut Rosa spricht, wie erwähnt, von »Landkarten« (Rosa, 2016, S. 214) – beschreibbar ist. Die Schwierigkeiten eines Vergleichs bestehen in dem in beiden Bereichen ganz unterschiedlichen Vokabular, das teilweise Identisches, Ähnliches, aber auch Differentes erfasst. So könnte man für den »analytischen Weg« von Reflexion, Selbstreflexion, Beziehung zum Unbekannten, emotionaler Einsicht, Neubeginn, Realisierung der analytischen Methode, personaler Identität, Kohäsion des Ich-Selbst, Entwicklung eines »Sicheren Ortes« etc. sprechen. Für den »meditativen Weg« sind Konzepte wie Präsenz, Praxis des Achtfachen Pfades, Weisheit und Mitgefühl, Anfänger-Geist, die Zehn Ochsenbilder, transpersonale Entwicklung, das ozeanische Gefühl, Nondualität, Entwicklung eines »Stillen Ortes«, Absichtslosigkeit, Erwachen etc. wichtig.

Diese sehr komplexe Frage nach den Zielen in ihrem Spannungsfeld zu Haltungen der Absichtslosigkeit der jeweiligen Wege und ihrer Realisierung wollen wir jetzt anhand der Filme noch einmal detaillierter besprechen. Dabei gehen wir davon aus, dass in allen drei Filmen der »meditative Weg« mit filmischen Mitteln dargestellt ist – was wir in den letzten Kapiteln ja auch eingehender erörtert haben –, dass es uns jetzt aber darauf ankommt, diesen »meditativen Weg« aus psychoanalytischer Perspektive zu betrachten. Daher erscheint es notwendig, die Komplexität der psychoanalytischen Modelle über Ziele und Wirkung der psychoanalytischen Praxis zusammenzufassen.

Modelle der Wirksamkeit – aus überwiegend psychoanalytischer Sicht

Wir erwähnen hier einige zentrale Überlegungen zu Zielen und zur Wirksamkeit der psychoanalytischen Praxis, führen sie aber nicht detailliert aus (Zwiebel, 2015b). Wesentlich bleibt die Erkenntnis, dass diese Fragen hochkomplex sind und vor allem in ihrer Interkontextualität zu betrachten sind. Die folgenden Kontexte sind daher nur ausgewählt und stichwortartig angegeben:

Der freudsche Kontext: Psychoanalyse wird von Freud als »Talking Cure« aufgefasst; insbesondere betont er die die Bipolarität von »Forschen und Heilen«. Berühmt ist auch seine Zielformulierung für die analytische Arbeit: Wo »Es« war, soll »Ich« werden. Die Psychoanalyse wird vor allem auch als Einsichtstherapie verstanden, wobei die zentrale Bedeutung des Deutungsprozesses betont wird. Daher wird Psychoanalyse auch als emanzipatorischer Prozess verstanden, wobei Freud die Wandlung von »hysterischem Elend« in »alltägliches Unglück« als relativ bescheidenes Ziel früh formuliert, immer wieder warnt er vor den Gefahren der Heilungswut (»Furor sanandi«).

Der medizinische Kontext: Zu beachten ist das Entstehen der freudschen Psychoanalyse aus der Medizin mit dem entsprechenden Vokabular wie Krankheit, Gesundheit, Symptome, Diagnose, Indikation, Prognose, Ätiologie, Genese, Heilung. Auch im Buddhismus wird das medizinische Bild der Heilung verwendet: Buddha selbst wird mit einem Arzt verglichen, der sich nicht in philosophischen oder metaphysischen Fragen verliert, sondern die »Wunde der Existenz« heilen möchte.

Der empirische Kontext: Der empirische Nachweis der Wirksamkeit von Psychoanalyse und Psychotherapie durch die Psychotherapieforschung hat beachtliche Ergebnisse hervorgebracht. Jonathan Shedler fasst viele Metastudien sowohl zur allgemeinen Wirksamkeit von Psychotherapie als auch gezielte Studien zur Wirksamkeit von psychodynamischer Psychotherapie zusammen: »Letztlich deuten die Daten an, dass die Vorteile einer psychodynamischen Behandlung andauern, nicht nur vorübergehend sind und weiter als Symptomremission zu gehen scheinen. Für viele Leute kann psychodynamische Psychotherapie innere Ressourcen und Fähigkeiten fördern, die ein reicheres, freieres und erfüllenderes Leben ermöglichen« (Shedler, 2012, S. 275).[18]

---

18 Shedler benutzt die Begriffe psychodynamisch und psychoanalytisch synonym und definiert psychodynamische Psychotherapie folgendermaßen: »Psychodynamische Psychotherapie bezieht sich auf eine Reihe von auf psychoanalytischen Konzepten und Methoden basierenden Behandlungen, die seltenere Sitzungen erfordern und beträchtlich kürzer als die ursprüngliche Psychoanalyse sein können. Sitzungen finden typischerweise ein- oder zweimal pro Woche

Der philosophische Kontext: In diesem Kontext geht es unter anderem um grundlegende Fragen der Verständigung zwischen Menschen, zumal die Psychoanalyse vor allem als »Redekur« verstanden wird. Hier sei nur das Beispiel eines modernen Philosophen genannt, dessen Arbeiten für die Frage nach der Wirksamkeit wichtig sind: Martin Seel beschreibt aus philosophischer Sicht »Paradoxien der Verständigung« als intersubjektiven, kommunikativen Prozess, der von der Unwägbarkeit menschlicher Verständigung ausgeht: Die Bestimmtheit der menschlichen Rede sei immer von Kontexten der Unbestimmtheit getragen. Wer spreche, wisse nicht, mit wem er spreche. Gelingende Kommunikation nehme einen unbeabsichtigten Verlauf, und das Ziel der Verständigung sei erreicht, wenn sie ihr Ziel verfehle. Mit seinem Begriff der »aktiven Passivität« beschreibt er eine Haltung im Sinne des Bestimmens und Sich-bestimmen-Lassens, die für eine grundlegende Konzeptualisierung der analytischen Beziehung auch im Sinne einer Zielorientierung wesentlich sein könnte (Seel, 2014). Dieser Ansatz trifft zum Teil auch das Verständnis von Verständigung aus buddhistischer Sicht: Es ist dies das Modell des offenen Dialoges, in dem alle Möglichkeiten eingeschlossen sind und das als komplett offenes System verstanden wird. Dieses philosophische Modell einer Bipolarität von Bestimmen und Bestimmen-Lassen als Ausdruck von Freiheit und Verbundenheit, das für die Subjektwerdung des Menschen wesentlich ist, wäre ein Rahmen für solch grundlegende Fragen nach der Möglichkeit von Wirksamkeit in einem auf das Gespräch fokussierten Verfahren.

Der ethische Kontext: Dabei geht es vor allem um die positiven und negativen Wirksamkeiten: Was ist förderlich, was ist schädigend und welche Verantwortung kommt dabei dem Psychoanalytiker zu? Es geht also im Grunde um die Frage, was nützlich und was schädlich ist. In diesen Bereich gehört auch die schmerzliche Erkenntnis, dass nicht jede positive Veränderung auch wirklich dauerhaft positiv ist (z. B. die Abbrüche nach sogenannten Übertragungsheilungen), dass nicht jede Milderung des Über-Ichs für die Mitwelt erstrebenswert erscheint und dass manche positive Veränderung beim Patienten auch auf Kosten anderer Menschen oder Umstände gehen kann. Die ethische Dimension spielt auch in der buddhistischen Praxis eine Rolle, wird allerdings oft eher am Rande erörtert. Welche Risiken sind auf dem »meditativen Weg« gegeben? Berüchtigt sind die Skandale in buddhistischen Gemeinschaften, die in einer Entgleisung der Lehrer-Schüler-Beziehung durch sexuellen oder anderen Miss-

---

statt, und die Behandlung kann entweder zeitlich begrenzt oder unbegrenzt sein. Das Wesen der psychodynamischen Psychotherapie liegt darin, diejenigen Aspekte des Selbst zu erkunden, die nicht völlig bewusst sind, besonders da sie sich in der Therapiebeziehung offenbaren und potentiell beeinflusst werden« (Shedler, 2012, S. 265).

brauch bestehen. Barry Magid, der sich in seinen Arbeiten mehrfach kritisch über diese Entwicklungen äußert, führt diese Entgleisungen auf eine emotionale Dissoziation der Lehrer zurück, die dann eine größere Rolle spiele, wenn die emotionale Entwicklung der zwischenmenschlichen Beziehungen weitgehend ausgeblendet werde.

Der Kontext Psychoanalyse und psychodynamische Psychotherapie: Deutsche Psychoanalytiker machen nur noch in geringem Umfang Psychoanalyse als Standardverfahren (3 bis 4 Stunden wöchentlich im Liegen auf der Couch in zeitlich offenem Rahmen). Fast alle Psychoanalytiker praktizieren überwiegend eine Form von analytischer Psychotherapie oder psychodynamischer Psychotherapie, in der Regel zweistündig pro Woche im Sitzen oder Liegen. Da viele dieser Behandlungen im Richtlinienverfahren der Krankenkassen durchgeführt werden, sind sie auch überwiegend zeitlich limitiert, und zwar von Beginn an.

Es ist in diesem Zusammenhang ein weiterer Widerspruch erkennbar, der sich auch auf die Thematik der Wirksamkeit bezieht: Nach Jean Laplanche stellen Psychoanalyse und Psychotherapie zwei Realitäten dar, die voneinander getrennt, aber auch verbunden sind, jedoch unterschiedliche Ziele haben, an denen sich Wirksamkeiten erkennen lassen können. Die Analysearbeit zielt dabei auf Ent-Bindung (als Praxis der freien Assoziation und gleichschwebenden Aufmerksamkeit), die therapeutische Arbeit auf Bindung. Bindungsarbeit lässt sich als »Selbstvergeschichtlichung«, als Entwicklung eines kohärenten, stabilen, narrativen Selbst verstehen, während das Ziel der Ent-Bindungsarbeit der Psychoanalyse ist, einen Veränderungsprozess zu ermöglichen, der die Entfremdung des Subjektes durch das Unbewusste in einem emanzipatorischen Sinne zu transformieren vermag. Oder wie Tessier sagt: »Nach Laplanche stellt das Abstandnehmen des Analytikers von jeglicher Verbindungsaktivität den wirklichen ›Test grundsätzlicher Abgrenzung zwischen Psychoanalyse und Psychotherapie‹ dar« (Tessier, 2011, S. 6).

Als Orientierung zur Wirksamkeit würde man auf diesem Hintergrund für die Psychoanalyse als Standardverfahren vor allem die Realisierung der Methode in den Vordergrund stellen (also der Grundregel der freien Assoziation), während man in den modifizierten Verfahren als Ausdruck der Wirksamkeit des Verfahrens eine Stabilisierung oder Entwicklung bzw. Stabilisierung eines kohäsiven Ich-Selbst formulieren könnte (das subjektive und sexuelle Selbst oder auch der »Sichere Ort«). Sowohl Jean Laplanche auch als Daniel Widlöcher (2010) vermuten allerdings, dass in jeder analytisch fundierten Behandlung beide Zielorientierungen zu beachten sind, auch wenn diese in gewisser Weise widersprüchlich sind. Wir werden gleich weiter unten auf diesen zentralen

Punkt noch einmal sehr viel genauer zu sprechen kommen, weil wir die Bipolarität von Bindung und Ent-Bindung (»Binden und Lösen«) als entscheidenden Subtext aller drei Filme betrachten: Danach würde sich die »Wirksamkeit« in diesem Spannungsfeld zu erweisen haben.

Der Kontext moderner konzeptueller Strömungen in der der Psychoanalyse: Timo Storck hat in dem schon erwähnten Vortrag (2016) viele moderne psychoanalytische Ansätze unter dem Aspekt von Veränderungstheorien beschrieben: Erwähnt werden Melanie Kleins Arbeiten zur Kinderanalyse, Wilfred Bions Beschreibung der Alpha-Funktionen und des Containments, die Überlegungen von Antonio Ferro und Daniel Tuckett zur Traumfunktion des Analytikers, die Theorien des psychoanalytischen Feldes, die Arbeit mit unrepräsentierten Zuständen und die zentrale Rolle von Agieren, Mitagieren und Enactments. In allen diesen Fällen wird die wesentliche Rolle des Analytikers in den Wandlungsprozessen des Patienten besonders betont.

Der spirituelle Kontext[19]: Schließlich sei noch dieser Gesichtspunkt genannt, der aufgrund Freuds kritischer Einstellung gegenüber der Religion nur mit Vorsicht und Zurückhaltung diskutiert wird. Die Religion wird oft mit der Sinnfrage des Lebens verbunden, der Freud ebenfalls skeptisch gegenüberstand: Bei einem libidinös befriedigenden Leben stelle sich diese Frage nach dem Sinn des Lebens nicht.

Versteht man aber den spirituellen Impuls als eine Erfahrung, die sich auf ein »Einheitserleben«, eine Erfahrung von Verbundenheit und damit auf eine transpersonale Dimension bezieht, dann kann man auch aus dieser Perspektive von positiven oder auch negativen Wirksamkeiten sprechen. Bekannt ist die Sorge, dass die Psychoanalyse die Selbstbezogenheit des Patienten verstärkt und gerade nicht zu einer Öffnung gegenüber dem Ganzen der Welt und den Menschen führt. In diesen Bereich gehören auch die vielen Theorien und Auffassungen über das menschliche Glück, das im Hintergrund bei manchen eher heimlichen Erwartungen auch gegenüber der analytischen Methode bestehen, bis hin zur Hoffnung, mit der Psychoanalyse die Unsterblichkeit zu erreichen.[20]

---

19 Siehe auch die Definition von Spiritualität auf S. 122.
20 Marie-Therese Khair Badawi (2011) beschreibt, wie sich die psychoanalytische Praxis unter der Einwirkung des unmittelbaren Krieges und der Bombenangriffe in Beirut gestaltet: Einer ihrer Patienten assoziiert in der Sitzung trotz näher kommender Bombeneinschläge weiter, da er sich offenbar in der Gegenwart der Analytikerin völlig geschützt fühlt. Damit macht sich eine Übertragung bemerkbar, die auf einer hochgradigen Idealisierung der Elternfiguren beruht. Auch einer meiner Analysanden, der große Schwierigkeiten hatte, sich aus der der analytischen Beziehung zu lösen, schien eine vergleichbare Phantasie zu haben: Solange er in Analyse wäre, würde der Tod an ihm vorübergehen.

Hier geraten die Fragen nach der Wirksamkeit in einen Bereich, der weit über das begrenzte Ziel hinausgeht, das Freud selbst für die psychoanalytische Behandlung formulierte: die Verwandlung »hysterischen Elends« in »alltägliches Unglück« bzw. das Erreichen von Liebes- und Arbeitsfähigkeit.

Bilder des Wandels in den besprochenen Filmen

Bei einigen dieser hier vorgestellten Überlegungen zu den Zielen und zur Wirksamkeit der psychoanalytischen Praxis ergeben sich, wie schon mehrfach angedeutet, interessante Verbindungen zur buddhistischen Praxis, bei der allerdings die Frage der Wirksamkeit keineswegs so im Vordergrund steht wie in der psychoanalytischen Behandlung oder der Psychotherapie – ist doch die Psychoanalyse und Psychotherapie immer auch eine Form von »Behandlung«, was man vom »meditativen Weg« nicht sagen kann. Gerade im Zen wird ja die bei vielen Menschen zu beobachtende Fixierung auf den Mangel als die zentrale Problemlage angesehen: Barry Magid hat dafür prägnante Formulierungen gefunden, etwa in dem Titel seines Buches »Ending the pursuit of happiness« (»Das Ende des Strebens nach dem Glück«) oder in einem Kapitel mit der Überschrift »If it isn't broken, don't fix it« (»Wenn es nicht kaputt ist, repariere es nicht«) (Magid, 2008, 2013). Aber auch für die psychoanalytische Praxis ist der Begriff »Behandlung« mehrdeutig, da er eine weitere Bipolarität der Asymmetrie und Gegenseitigkeit impliziert, die von vornherein eine Polarisierung in Richtung Asymmetrie betont: ein aktiver, wissender »Behandler« und ein passiver, nichtwissender »Behandelter«.

Trotz dieser Bedenken ergeben sich einige interessante Verbindungen: Die Beschreibung der Psychoanalyse als »Via negativa«, als eine *Bearbeitung von Hindernissen,* klingt für den Meditierenden sofort vertraut. Die Frage von Therapie und Heilung ist dagegen weniger relevant (obwohl die Metapher des heilenden Arztes in der Figur Buddhas schon erwähnt wurde oder in »Frühling« die junge Frau von ihrer Mutter zur Heilung ihrer Problematik zum Meister gebracht wird), weil die Thematik von Krankheit und Gesundheit im klinischen Sinn nicht im Zentrum der buddhistischen Überlegungen steht. Der Zenmeister Baker-Roshi sagte einmal: »Über Gesundheit und Krankheit in diesem klinischen Sinn hat Zen nicht viel zu sagen« (persönliche Mitteilung). Empirische Ansätze sind allerdings neuerdings auch auf dem »meditativen Weg« von Interesse (etwa in der Erforschung der neurobiologischen Veränderungen bei Meditierenden, verbunden mit der Frage, ob und wie Meditation wirkt). Und natürlich geht es auch im Buddhismus um Philosophisches bei der Frage nach dem grundlegenden Welt- und Menschenbild oder um Ethisches, etwa in der

Meister-Schüler-Beziehung (z. B. bei Grenzverletzungen) oder auch bei Fragen der »Ausbildung« in der Ernennung zum buddhistischen Lehrer.

Wir wollen die Frage nach der Wirksamkeit aber nicht in einem abstrakten Sinne und in allen hier aufgezeigten Facetten besprechen, sondern am Beispiel der drei Filme überlegen, ob und welche Veränderungsprozesse hier dargestellt werden und worauf diese entsprechend der Filmerzählung bezogen werden können. Vor allem geht es um die Differenzierung zwischen dem »analytischen Weg« und dem »meditativen Weg«.

Wenn Freud als Ziel einer normalen Entwicklung von »Liebes- und Arbeitsfähigkeit« spricht, dann ist dieses Ziel – das in der Neurose eher verfehlt wird – in der buddhistischen Terminologie im Bereich von »Samsara«, also der Alltagswelt, zu verorten. In einem anderen Zusammenhang könnte man auch vom Erwachsenwerden sprechen, das eine Toleranz für das Spannungsfeld von Sein und Sollen ermöglicht oder eben die Dominanz regressiver und kindlicher Wahrnehmungs- und Wunschvorstellungen überwindet (Neiman, 2015). Wir sprechen hier von der Etablierung eines »Sicheren Ortes«.

Dagegen lässt sich der »meditative Weg« als eine Entwicklung beschreiben, die auf dem Boden der personalen Reifung weitere Entwicklungen umfasst, die etwa in Begriffen von »Erwachen« oder »Nirwana« wesentlich sind.

Wir werden also in den drei Filmen auf diese Differenz achten und untersuchen, welche neuen Einsichten die Filme ermöglichen. In diesem Zusammenhang ist zu beachten, dass gerade der Film »Samsara« die Unterschiede zwischen einer alltäglichen und einer klösterlichen Welt thematisiert. Auch in den beiden anderen Filmen ist dies deutlich, doch steht hier die monastische Welt ganz im Vordergrund. Diese verstehen wir aber nicht nur konkret, sondern auch im übertragenen Sinne als Repräsentanz eines »Stillen Ortes«.

Allerdings bleibt zu betonen, dass ja ein Spielfilm selbst aus sich ständig wandelnden Bildern besteht, der Film ist Bewegung, manifestierte Wandlung und selbst Ausdruck der Vergänglichkeit. Wenn wir sagen, dass die drei Filme aus unserer Sicht vom buddhistischen Weg handeln (den wir hier als »meditativen Weg« bezeichnen), dann ist in dem Ausdruck »Weg« bereits dieser Wandel impliziert. Vergleichbar dem »analytischen Weg« könnte man dann auch von einer *Dynamik von Gelingen und Scheitern* sprechen. Dies wird in dem Film »Samsara« besonders eindrücklich gezeigt, schwankt doch der Protagonist bis zum Ende zwischen der Alltags- und der klösterlichen Welt. Aber wir finden diese Bewegung auch in den beiden anderen Filmen.

Wenn man als eine Gemeinsamkeit des analytischen und des buddhistischen Weges das *Lösen aus Leid verursachenden Bindungen* ansieht, dann kann man die Filmbilder als Ausdruck dieser grundlegenden *Dynamik von Binden und Lösen* betrachten. Die Bindungen beziehen sich generell auf drei wesentliche Kontexte: die Bindung an den Körper, die Bindung an das Selbst und die Bindung an die Welt (um hier eine Einteilung von Hartmut Rosa zu übernehmen). In der Psychoanalyse werden diese drei Kontexte unter der Thematik von Sexualität, Narzissmus und Objektbeziehungen konzeptualisiert. Es ginge in der Psychoanalyse dann um die Ermöglichung von befriedigenden Formen der Sexualität, der Bildung eines belastbaren und positiven Selbstwertgefühls und von tragfähigen und resonanten bzw. responsiven Beziehungen zu anderen und zur Welt: Dies wäre eine etwas komplexere Beschreibung von Freuds »Liebes- und Arbeitsfähigkeit«.

Unvermeidlich bleiben hier Glück und Unglück als Ausdruck eines gelingenden oder misslingenden Lebens in einem *unverfügbaren Zusammenhang*: Verluste, Enttäuschungen und veränderte Lebensumstände stellen so etwas wie ein kontingentes Lebensschicksal dar. Bindung bleibt aber ein zentrales Heilungs- und Bewältigungsmittel, Bindungslosigkeit stellt die ärgste Gefährdung in der alltäglichen Welt dar: Narzisstische Verletzungen werden durch tragende Objektbeziehungen aufgefangen, sexuelle Entbehrung durch ein stabiles Selbstwertgefühl kompensiert etc. In anderen Konstellationen kann Entbindung ein zentrales Heilungs- und Bewältigungsmittel sein, wenn zu starke Leid verursachende Bindungen bestehen – etwa an pathogene Beziehungsmuster, traumatische Erinnerungen oder destruktive innere Objekte. Wir zeigen gleich noch genauer, dass diese angedeutete Dynamik von »Binden und Lösen« das gesamte psychoanalytische Denken bestimmt.

Und es wird uns beschäftigen müssen, inwieweit dies auch für den »meditativen Weg« gilt. Oft wird postuliert, dass der buddhistisch-meditative Weg einen Schritt weiter geht als die Psychologie: Es geht um die Auflösung von *allen* Leid verursachenden Bindungen als einem befreienden Schritt zum »Nirwana« oder zur »Erleuchtung«. Unabhängig von der Frage, ob dies dem Menschen überhaupt grundsätzlich möglich ist, kann man ähnlich wie in der Psychoanalyse von Widerständen und Hindernissen sprechen, die auch in den »Vier Edlen Wahrheiten« beschrieben werden: Das durch das leidvolle Erfahren der Ungewissheit, Unverfügbarkeit und Vergänglichkeit des Lebens resultierende Anhaften und Festhalten als Form der Bindung an Körper, Selbst und Welt. Das kann aber – so das zentrale Postulat – durch eine bestimmte Praxis gelockert oder sogar überwunden werden. Dabei taucht immer wieder die Frage auf, ob dieser Schritt der Loslösung von Leid verursachenden Bindungen nur in einem *monastischen Leben* wirklich praktizierbar ist oder ob dieser Prozess auch in einer *Laienpraxis* erfolgreich beschritten werden kann. Dies wird gelegentlich als das »Transferproblem« bezeichnet, das allerdings auch aus der Psychoanalyse vertraut ist: Kann der Analysand seine Erfahrungen und Einsichten auf der Couch oder mit seinem Analytiker in seinem Alltagsleben integrieren oder fällt er dort immer wieder in seine alten, schädigenden Muster, seine Leid verursachenden Bindungen zurück?

Exkurs zur Bindung und Ent-Bindung: Bipolarität von »Binden und Lösen«[21]

In der intensiven Auseinandersetzung mit den drei Filmen schält sich als zentraler Subtext die Thematik von Bindung und Entbindung bzw. von »Binden und Lösen« heraus, die den Buddhismus und die Psychoanalyse nach unserer Auffassung in besonderer Weise *verbindet*. Um diese Dynamik am Beispiel der Filme genauer zu beschreiben, erscheinen einige grundlegende Überlegungen unvermeidlich, bevor wir diese zentrale Überlegung anhand der Filmbilder genauer überprüfen.

(1) Das menschliche Leben in der Beziehung zum Körper, zum Selbst und zur Welt ist von einer grundlegenden Bewegung zwischen »Binden und Lösen«[22] bestimmt. Man könnte auch von einer *Bipolarität* von »Binden und Lösen« sprechen. Bipolarität bedeutet nicht Polarisierung im Sinne eines »Entweder-oder« oder eines dualistischen Denkens, sondern in einem sich gegenseitig hervorbringenden Sinne von »Sowohl-als-auch« und »Zusammengehörig-Widersprüchlichem« (Scharff, 2010, S. 40). Bipolarität meint also ein unver-

---

21 Bei Freud spielt der Begriff der Bindung in seinem gesamten Werk eine wichtige Rolle. Bindung ist ein »von Freud verwendeter Ausdruck, der in sehr allgemeiner Form und auf relativ unterschiedlichen Ebenen – sowohl auf biologischer Ebene wie im psychischen Apparat – eine Operation bezeichnet, die darauf abzielt, das freie Abfließen der Erregungen zu begrenzen, die Vorstellungen untereinander zu binden, relativ beständige Formen zu bilden« (Laplanche u. Pontalis, 1971, S. 103). Nach Laplanche und Pontalis hat Freud den Begriff der Bindung in seinem frühen Werk mit seinen Vorstellungen über die energetischen Prozesse der Neuronen in Verbindung gebracht – es handelt sich um ein psychologisch-neurologisches Modell. Der Gegenpol der Ent-Bindung spielt als eine plötzliche Energieentbindung eine zentrale Rolle. Laplanche und Pontalis erwähnen Formulierungen Freuds wie »Unlustentbindung«, »Lustentbindung«, »Affektentbindung«, »Angstentbindung« etc. Auch in späteren Arbeiten Freuds geht es um die Bindungsfunktion als zentrale Aufgabe des »Seelenapparates«. Schließlich wird die Bindung in Freuds Spätwerk dem Lebenstrieb (Eros) zugesprochen – im Gegensatz zum Todestrieb.

22 Wir ziehen es hier vor, überwiegend von »Binden und Lösen« statt von Bindung und Ent-Bindung zu sprechen, weil diese Substantive das essentialistische Denken unterstützen, es sich bei der beschriebenen Dynamik aber nach unserem Verständnis um basale Lebensprozesse handelt.

meidliches Spannungsfeld (einen Bereich des »Dazwischen« von Polen oder Gegensätzen), das nicht aufgelöst werden darf, sondern in der Schwebe gehalten werden muss: Prozesse des Bindens und des Lösens bedingen sich daher gegenseitig und bringen sich gegenseitig hervor. Um sich der Welt gegenüber zu öffnen, z. B. eine eigene Familie und einen eigenen Beruf zu entwickeln, bedarf es einer gewissen Lösung aus der kindlichen familiären Welt. So bestehen die Lebensprozesse ganz basal immer aus einem komplexen Gemisch aus »Binden und Lösen«. Das Phänomen des Leidens, mit dem sowohl der Buddhismus als auch die Psychoanalyse zentral befasst sind, resultiert aus einer *Dysbalance* dieser Bipolarität: Im Buddhismus wird dies in der »Zweiten Edlen Wahrheit« (das Anhaften), in der Psychoanalyse als Fixierung an kindliche Erfahrungsmuster, pathogene Erinnerungen, Übertragungen, Verdrängungen beschrieben etc. Danach gibt es Leid verursachendes Binden, aber auch Leid verursachendes Lösen.

(2) Diese Beschreibung ist selbstverständlich sehr allgemein und muss genauer konkretisiert werden. »Binden und Lösen« kann danach auf ganz unterschiedliche Kontexte bezogen werden:
- *Ein quantitativer Kontext:* Es kann ein Zuviel oder ein Zuwenig an Binden und Lösen geben. Pathologie aus psychoanalytischer Sicht kann durch beides bedingt sein. Im buddhistischen Denken wird überwiegend das Zuviel an Binden und der Mangel an Lösen postuliert. So wird beispielsweise das Sich-Lösen von einem getäuschten Bewusstsein (Annahmen über das Selbst und die Welt) als ein Schritt der Befreiung angesehen.[23]
- *Ein Kontext von Aktivität und Passivität:* Binden und Lösen haben jeweils eine aktive und eine passive Seite. Mit dieser Differenzierung ist angesprochen, dass Menschen sich nicht nur binden und lösen, sondern dies auch unvermeidlich passiv erfahren und erleiden müssen.
- *Ein qualitativer Kontext:* Hier geht es um die Beschreibung von positiven oder negative Bindungen und Entbindungen. Es wird die qualitative Bewertung von »Binden und Lösen« fokussiert, was sich darin dokumentiert, dass es »gute« und »schlechte« Bindungen, »gutes« und »schlechtes« Lösen gibt. Anstatt von

---

23 In der Auseinandersetzung mit Fritz Riemanns Werk »Grundformen der Angst« beschreibt Hartmut Rosa (2016) vier Grundformen einer misslingenden Weltbeziehung. Eine zentrale Achse ist dabei die »Bindung«, die zweite wesentliche Achse die »Ordnung«. Für die Achse der Bindung wird ein Spannungsfeld von »Zuviel« und »Zuwenig« postuliert: Dies deuten wir an in der Überlegung einer Entgleisung in Richtung »Zuviel« (Fusion, Entdifferenzierung) und »Zuwenig« (Angst vor Trennung und Isolation).

»gut« und »schlecht« zu sprechen, erscheint es hilfreicher, von Bindungen und Entbindungen zu sprechen, die den Wert des Lebens fördern oder hemmen.[24]
- *Ein naturwissenschaftlich-biologischer Kontext:* Wenn man die Lebensprozesse in einer aufsteigenden Linie von der anorganischen Welt zur biologischen, sozialen und geistigen oder mentalen Welt betrachten will, kann man auch für den naturwissenschaftlich-biologischen Kontext eine Dynamik von »Binden und Lösen« feststellen: Die chemische Bindung ist ein Beispiel oder die Sauerstoffbindung des Blutes. Im biologischen Bereich sind Einatmen und Ausatmen, Ernährung und Ausscheidung, die Biochemie der Synapsen etc. weitere Beispiele.
- *Ein sozialer Kontext:* Menschen bilden Paare, Familien, Gruppen, Staaten, die durch die komplexe Dynamik von »Binden und Lösen« hervorgebracht werden. Ein zentraler Begriff wie Heimat ist durch Bindungen an einen bestimmten Ort, an eine bestimmte Gruppe, eine Kultur bedingt. Die Ausgrenzung von Fremden ist beispielsweise durch das Verweigern von Bindung zu interpretieren: Der Fremde wird nicht »eingebunden«, es sei denn, er »integriert« sich, was für den Fremden eine komplexe Aufgabe des Einbindens und Lösens (von seiner alten Kultur) bedeutet.
- *Ein mentaler Kontext:* In diesem Bereich ist die geistige Dimension des Menschen angesprochen: Denken, Sprechen, Erinnern, Vergessen, Repräsentieren, Konstruieren und Dekonstruieren stellen Prozesse dar, in denen »Binden und Lösen« ständig aktiv sind. Beispielsweise wird in der psychoanalytischen Theorie dem Phantasieren eine wichtige Rolle für das Binden von Affekten zugesprochen. Das Phantasieren oder die Traumbildung selbst setzt eine grundlegende Verbindungsaktivität von äußeren Ereignissen und innerem Erleben voraus. Diese Verbindungstätigkeit kann jedoch nur wirken, wenn Verbindungen auch immer wieder gelöst werden, um neuen Verbindungen Platz zu machen. In diesen Kontext gehört auch die Welt der Ideen, die bei zu starker Bindung zur Ideologie werden können, und ebenso die Welt der Werte und Normen, an die sich Menschen mehr oder weniger gebunden fühlen können. Die Thematik der menschlichen Kreativität beschreibt Joachim Küchenhoff (2016) unter dem Titel: »Loslassen und Bewahren«.
- *Ein zeitlicher Kontext:* In diesem Bereich geht es um die Beziehung zum Zeitphänomen, um die Beziehung zu Vergangenheit, Gegenwart und Zukunft:

---

24 Robert M. Pirsig spricht in seinen beiden berühmten Romanen »Zen und die Kunst, ein Motorrad zu warten« und »Lila oder ein Versuch über die Moral« von einer Metaphysik der Qualität (Pirsig, 1978, 1991).

Phänomene wie Dauer, Konstanz, Wiederholung und Wiederholungszwang gehören eher in den Bereich der Bindung; Flüchtigkeit, Wandel und Vergänglichkeit in den Bereich der Entbindung. Aus psychoanalytischer Perspektive ergeben sich hier viele normalpsychologische, aber auch psychopathologische Hinweise: die zu starke Bindung an Vergangenes etwa bei depressiver Problematik, die Fixierung an und Wiederholung von vergangenen Ereignissen, die positive Bindung an die Zukunft beim Prinzip Hoffnung oder aber das Verweigern der Entbindung bei pathologischer Hoffnung.

- *Ein entwicklungspsychologischer Kontext:* Dieser Kontext ist nun explizit psychologisch bzw. psychoanalytisch. Hier gibt es ein umfangreiches theoretisches Vokabular, das auf den postulierten basalen Lebensprozessen von »Binden und Lösen« beruht: die Entwicklung von Selbst- und Objektkonstanz; Trennungs- und Loslösungsprozesse, Fixierungen; intrapsychische Prozesse wie Introjektion, Identifizierung, Projektion, Verdrängungen etc.; Besetzungen und Entzug von Besetzungen. Einflussreiche Theorien sind hier nur zu erwähnen: die Bindungstheorie von John Bowlby (1975), die Desobjektalisierungstheorie von André Green (2001).
- *Ein umgangssprachlicher Kontext:* Es gibt viele Begriffe und Formulierungen, die um diese Dynamik von »Binden und Lösen« kreisen: Festhalten, Halten, Besetzen, Fesseln, Einbinden, Verbinden, Bewahren, Verstricken, Verwickeln, Anhaften, Ankleben, Begrenzen, Nähern, Bejahen, Differenzieren, Entfernen, Loslassen, Loswerden, Ablösen, Trennen, Herauslösen, Entgrenzen, Verneinen. Man könnte von einem jeweiligen sprachlichen Hof von Bedeutungen von »Binden und Lösen« sprechen.
- *Ein affektiver Kontext:* Die beiden grundlegenden Bewegungen in Richtung Binden und Lösen sind selbst mehr oder weniger stark »geladen« an Affekten: Gefühle der Sicherheit, Wohlbefinden, Zuneigung, aber vor allem auch Angst, Scham und Schuldgefühl, Abneigung und Hass. Als zentraler Affekt darf wohl auch Trauer angesehen werden. Ebenso kann man Verzeihen und Versöhnen, Rache und Ressentiment in diesen Kontext einordnen, denn im Verzeihen ist die Lösung von alten Vorwürfen und Anklagen ebenso enthalten, wie im Ressentiment das Festhalten an diesen zu beschreiben wäre. Als eine psychoanalytische Auffassung kann man formulieren, dass die postulierte Dynamik von »Binden und Lösen« im Wesentlichen von dieser affektiven Dynamik reguliert wird. Dies hängt allerdings auch stark von den Zielen und Motiven des »Bindens und Lösens ab«. Dabei ist aus psychoanalytischer Perspektive immer auch die unbewusste Dimension mitgedacht: Viele Bindungen sind und bleiben unbewusst.

- *Ein relationaler Kontext:* Die Verbindung zum affektiven Kontext ist offensichtlich, allerdings steht hier die Qualität der Beziehungsdynamik im Fokus der Überlegungen: Abhängigkeit und Autonomie, Verbundenheit und Freiheit sind wichtige Phänomene in diesem Zusammenhang.
- *Ein triebdynamischer Kontext:* Lust, Begehren, Verzicht, Abstinenz und Keuschheit sind Ausdrucksformen von »Binden und Lösen«: Gerade der Verzicht als das Lösen von Bindungen an frühere und vertraute Befriedigungsformen ist hier als ein wichtiges Beispiel zu nennen (beispielsweise das Spannungsfeld zwischen autoerotischer und objektbezogener Sexualität).
- *Ein philosophischer Kontext:* In diesem Zusammenhang sei nur die philosophische Dimension der freudschen Psychoanalyse erwähnt, die als Eros und Todestrieb bekannt ist. Die Lebenstriebe stehen für Bindungsprozesse, der Todestrieb für Entbindungsprozesse. Freud hat die Fülle der Lebenserscheinungen in seinem Spätwerk aus dem Wechselspiel von Lebens- und Todestrieb zu konzipieren versucht (Freud, 1937).
- *Ein ethischer Kontext:* Die individuelle und kollektive Bindung an Werte, Ideale und Normen, die Rolle von Verantwortung und Verbindlichkeit auf der einen Seite, aber auch von Anomie und Dissozialität auf der anderen Seite sind hier zu nennen.
- *Ein topologischer Kontext:* Ein »Sicherer Ort« (Bindung) und ein »Stiller Ort« (Entbindung), die wir hier als Orientierung für unsere Arbeit gewählt haben.
- *Der Kontext von Dualität und Nondualität:* Dazu gehört auch die von Ken Wilber betonte Prä-trans-Verwechslung (1988 und 1999), in der Entbindung im Sinne eines »ozeanischen Gefühls« in Richtung extremer Bindung (d. h. Verschmelzung mit dem Ganzen oder Binden an das Ganze) oft missverstanden wird. Es handelt sich dabei eben nicht um eine Fusion, sondern um eine Form von Verbundenheit mit der Welt (dem »Umgreifenden«), das die Bindung an den eigenen Körper, das Selbst und die Bezugspersonen lockert und übersteigt. Nondualität in diesem Kontext wäre also eine stärkere Bindung an das Ganze, die Welt und das Umfassende unter relativer Entbindung vom eigenen Körper, Selbst und von den nahen Bezugspersonen. Genau dies wird im Grunde in einer monastischen Praxis angestrebt. In Hartmut Rosas Beschreibung (2016) werden horizontale (Familie, Freundschaft, Politik), diagonale (Objektbeziehungen, Arbeit, Schule, Sport und Konsum) und vertikale (Religion, Natur, Kunst, Geschichte) »Resonanzachsen« als Beziehungsformen zur Welt unterschieden. Für unsere Dynamik von »Binden und Lösen« könnte man diese Unterscheidungen ebenfalls übernehmen. Für alle diese Bereiche würde dann die postulierte Bipolarität von »Binden und Lösen« beschreibbar sein: Der Mensch ist also in seiner Wirklichkeit

mit vielen verschiedenen Formen von »Binden und Lösen« eingebunden. Das »Ozeanische« als Ausdruck der Nondualität wäre dann eine Form der vertikalen Bindung, die mit einer Entbindung auf der horizontalen und diagonalen Ebene einhergeht. So lässt sich unter diesem Aspekt das Schlussbild aus »Samsara« – »Wie kann man einen Wassertropfen vor dem Austrocknen bewahren?« »Indem man ihn ins Meer wirft« – verstehen: Der Tropfen ist die je einzigartig ausgebildete Form, z. B. ein Mensch, der sowohl einzigartig und getrennt vom Ganzen als auch im Ganzen eingebunden ist, im Sinne von gegenseitigem Entstehen, gegenseitigem Bedingtsein, Durchdringen und Beeinflussen. Im Zen gibt es hierfür den Ausdruck: »Weder eins noch zwei.«

(3) Diese Kontexte mögen verdeutlichen, dass man die Bipolarität von Bindung und Ent-Bindung, die Dynamik von »Binden und Lösen«, in der Tat als eine Art *Schlüsselbegriff für die Lebenserscheinungen* verstehen kann, der nach unserer Auffassung vor allem auch die Beziehung von Buddhismus und Psychoanalyse erhellt. Man kann leicht nachvollziehen, dass Freud die Fülle der Lebenserscheinungen aus dieser Dynamik in ihrer Vielfalt zu deuten versuchte. Bevor wir zu einer genaueren Untersuchung der Filme kommen, seien einige wenige Aspekte unter dem Gesichtspunkt der Beziehung von Buddhismus und Psychoanalyse herausgegriffen. Dazu werden einige der erwähnten Kontexte noch weiter konkretisiert.

(4) Die moderne Psychoanalyse beschreibt die frühe Beziehung unter dem Aspekt der Bindung zwischen Mutter und Kind, die als sichere Bindung – aber auch als chaotische oder unsichere Bindung – das spätere Leben des Kindes und des Erwachsenen wesentlich bestimmt. Entbindung steht dann für die Trennung, Loslösung und Entwicklung von Autonomie aus der ursprünglichen Abhängigkeit des Kindes. Dies verschärft sich noch einmal dramatisch in der Pubertät, wenn im Adoleszenzkonflikt die kindliche Bindung aufzulösen ist (Entbindung), allerdings durch eine andere, modifizierte Bindung transformiert wird.

»Binden und Lösen« kann aber auch, wie angedeutet, mehr intrapsychisch verstanden werden: *zum einen* auf der Ebene des Körpers, indem mit der Ausbildung eines Körper-Selbst mit seinen Bedürfnissen und Trieben eine Form der körperlichen Bindung entsteht, die immer auch verschiedene Stadien durchläuft: die orale Bindung, die auch zur Sucht werden kann; die anale Bindung, die sich zu zwanghafter Kontrolle entwickeln kann etc. Entbindung steht dann für die Aufgaben des Verzichts, der Einschränkung, der Aufgabe bestimmter körperlicher Bedürfnisse. Der Begriff der *Sublimierung* spielt hier eine wichtige Rolle. Ein Beispiel dafür wäre etwa der Begriff der Abstinenz oder der Askese. *Zum anderen* lassen sich Bindung und Entbindung auch auf das Selbst, die Selbstrepräsentanz beziehen: Bindung steht dann für die Etablierung eines stabilen Selbstgefühls und eines stabilen Selbstwertgefühls, Entbindung für den Prozess der Überwindung der Selbstbezogenheit, des Egoismus, Formen des Altruismus etc. Auch im Begriff des »Ich-Selbst« ist die Bipolarität von »Binden und Lösen« impliziert, wenn die Bindung an das Ich gelockert wird und dem Selbst ein größerer Spielraum ermöglicht wird. Schließlich kann sich Bindung und Entbindung aber auch wie beschrieben auf die *mentalen Prozesse* beziehen: Bindung steht dann für den Umgang mit den eigenen Gedanken, Gefühlen, Erinnerungen, etwa im Sinne des Festhaltens, während Entbindung für das Loswerden oder Loslassen mentaler Inhalte steht.

In der *Psychoanalyse* sind Beispiele für *Entbindungsprozesse* die freie Assoziation des Analysanden, die gleichschwebende Aufmerksamkeit des Analytikers, die Prozesse der Loslösung von den Elternfiguren, Prozesse der Trauer, der Versöhnung, des Verzeihens.

Es ist auch zu betonen, dass »Binden und Lösen« immer in einem *konflikthaften Verhältnis* stehen: Bindungsimpulse können einander in den verschiedenen Kontexten widersprechen, und dies gilt auch für Impulse der Entbindung. Nicht selten wird auch eine massive Ambivalenz zwischen beiden Bestrebungen beschrieben, die wesentlich affektiv determiniert ist: Wünsche nach »Binden und Lösen«, nach Nähe und Distanz lösen jeweils unterschiedliche Ängste von Verschmelzung, Vereinnahmung oder auch Isolation und Verlassenheit aus. Mit der Beschreibung eines »agoraphoben-claustrophoben Dilemmas« (Weiss, 2015) ist ein pathologischer Zustand formuliert, in dem sowohl Impulse des Bindens als auch des Lösens massivste Ängste mobilisieren und die Person dann in dieser praktisch aussichtslosen inneren Situation gefangen bleibt (Rey, 1994; Zwiebel, 2015a).

(5) Sowohl in der Psychoanalyse als auch auf dem »meditativen Weg« gibt es eine *basale, paradox zu nennende Beziehung von »Binden und Lösen«*, die zu einer allerdings unterschiedlichen Balance der Bipolarität von Bindung und Entbindung führt:

Die analytische Situation betont die Bindung an die Methode (die Regelmäßigkeit der Sitzungen, die Bindung an Regeln, an das Setting) bei gleichzeitiger Entbindung der mentalen Prozesse: die Aufforderung an den Patienten zur freien Assoziation, die nichts weiter ist als ein Prozess der Entbindung, d. h. also, sich nicht thematisch zu binden, sondern ohne Zensur den auftauchenden Einfällen zu folgen. Die enge Verwobenheit von »Binden und Lösen« zeigt sich dann im ständigen Loslassen der auftauchenden Einfälle bei gleichzeitiger Bindung im Aussprechen dieser Einfälle. Nur die sichere Bindung auf der einen

Seite im analytischen Rahmen schafft die Voraussetzung der Entbindung auf der anderen Seite. Dies beschreiben wir auch als zentralen Unterschied zwischen der klassischen Psychoanalyse, die die Entbindung betont, und den psychoanalytisch inspirierten Psychotherapieverfahren, die die Bindung betonen.

Auf dem »meditativen Weg« lässt sich diese Bipolarität von »Binden und Lösen« ebenfalls beschreiben: Immer wieder wird die Notwendigkeit der Bindung des Schülers an den Meister betont; auch die Bindung an die Lehre und an die Gruppe der Mitübenden (die Sangha). Die Methode selbst ist jedoch eine permanente Einübung der Entbindung: das Loslassen der gedanklichen, affektiven, relationalen Bindungen. Diese zentrale Bipolarität drückt Dogen in seinem berühmten, oft zitierten Satz aus: »Den Buddha-Weg erlernen heißt, sich selbst […] erlernen. Sich selbst erlernen heißt, sich selbst zu vergessen. Sich selbst vergessen heißt, durch die zehntausend ›dharma‹ von selbst erwiesen werden. Durch die zehntausend ›dharma‹ von selbst erwiesen werden heißt, Leib und Herz meiner selbst sowie Leib und Herz des Anderen abfallen zu lassen« (Elberfeld, 2010, S. 57). Dies hat Elberfeld als die zentrale Funktion der *Selbstzurücknahme* beschrieben, die den Pol der Entbindung betont. Auch die so schlüssige Bemerkung von Elberfeld, »sich mit dem Wandel verbinden«, drückt die hier postulierte Bipolarität als ein »Dazwischen« von Bindung und Entbindung, von »Binden und Lösen« aus, wenn man etwa in der meditativen Praxis dem Atem von Moment zu Moment folgt (Elberfeld, 2006a).

(6) Das *In-der-Schwebe-Halten* von »Binden und Lösen« ist danach ein komplexer affektiv-kognitiver Prozess, der nur *interkontextuell* zu verstehen ist: Bindungen und Entbindungen finden in den verschiedenen Kontexten oft gleichzeitig oder parallel statt und machen die Komplexität und Widersprüchlichkeit der Lebenserscheinungen aus. Dieses In-der-Schwebe-Halten hat gleichzeitig eine starke situative Komponente: Je nach Lebenssituation ergibt sich mehr Bindung oder mehr Entbindung. Menschliches Leiden besteht im Grunde aus einer Entgleisung oder auch Dysbalance dieses komplexen Prozesses, wenn einer der beiden Pole einseitig in den Vordergrund tritt. Ein Beispiel wäre etwa die Depression als pathologische Trauer, in der die Bindung an das Verlorene überwiegt und kein ausreichender Entbindungsprozess stattfinden kann. Viele psychogene Krankheitsbilder kann man als Entgleisung dieses basalen Prozesses verstehen. Hier kommt dann ein quantitativ-qualitativer Faktor zum Tragen: Suchtartiges Verhalten ist beispielsweise durch ein Überwiegen von Bindungsimpulsen an bestimmte Substanzen oder Objekte zu beschreiben, während Verzicht und Abstinenz im Sinne von Loslösen auf dieser Ebene kaum möglich erscheinen.

(7) Für unsere Formulierung eines »Sicheren Ortes« und eines »Stillen Ortes« kann man sagen, dass *im »Sicheren Ort« in der Bipolarität von »Binden und Lösen« die Bindung betont wird, im »Stillen Ort« das Lösen oder Loslassen, allerdings auf der Basis einer sicheren Bindung.* Was wäre beispielsweise in der Meditation bei der Entbindung die sichere Bindung? Da ja auf dem Sitzkissen alles »zerfallen« darf als Ausdruck des Lösens, bleibt als sichere Bindung und als »Sicherer Ort« vor allem der Körper in seiner Aufrichtung auf dem Kissen. Wenn der Meditierende nicht allein, sondern in einer Gruppe meditiert, ist diese Gruppe ebenfalls eine sichere Ver-Bindung, die Halt und Sicherheit gibt. Des Weiteren kann der Atem, aber auch der Herzschlag als Kontinuität und Sicherheit betrachtet werden. Dieser »Sichere Ort« ist dann eben kein psychisch-emotionaler, auf ein Ich-Selbst bezogener Ort, sondern eher ein Nicht-Ort und ein Nicht-Selbst (siehe auch die weiteren Überlegungen zum »Sicheren Ort« in Kapitel 10).

(8) Die Bedeutung des In-der-Schwebe-Haltens dieser grundlegenden Bipolarität soll noch einmal betont werden. Die *Entgleisungen im Sinne einer Polarisierung* (unter Abspaltung des gegensätzlichen Pols) sind für viele gestörte oder dysfunktionale Phänomene als charakteristisch zu beschreiben: In der Psychoanalyse spricht man beispielsweise im Kontext der Beziehungen von Fusion oder Verschmelzung (das zu starke Binden führt zur Auflösung oder Entbindung der Grenzen). Als Entgleisung in Richtung »Bindung« kann man auch Fixierungen nennen: Fixierungen an Gedanken (wie in der Zwangsneurose), Fixierungen an Verhaltensweisen (wie in der Charakterneurose), Fixierungen an Ideologien (wie im Fanatismus), Fixierungen an Ordnungen (wie im Zwangscharakter). Aber es gibt auch Entgleisungen in Richtung Entbindung: auf der Beziehungsebene Formen des Autismus, Narzissmus und Rückzugs, auf der mentalen Ebene Konfusion, Verwirrung, Gedächtnisverlust und Suizidalität – Ausdrucksformen der Unfähigkeit, bestimmte Erfahrungen oder Dinge festzuhalten.
   Es bleibt eine zentrale Frage, wie sich die *Fähigkeit zum In-der-Schwebe-Halten* dieser wichtigen Bipolarität entwickeln kann und welche Voraussetzungen sie hat.

(9) Der Begriff der *Ambiguität bzw. Ambiguitätstoleranz* könnte hier die Richtung weisen: Dabei geht es um die Fähigkeit, Mehr- oder Doppeldeutigkeiten zu tolerieren oder sie sogar zu genießen und zu schätzen. So definiert beispielsweise Thomas Bauer in seinem Buch über den Islam Ambiguität folgendermaßen: »Ein Phänomen kultureller Ambiguität liegt vor, wenn über einen längeren Zeitraum hinweg einem Begriff, einer Handlungsweise oder einem Objekt gleichzeitig zwei gegensätzliche oder mindestens zwei konkurrierende, deut-

lich voneinander abweichende Bedeutungen zugeordnet sind, wenn eine soziale Gruppe Normen und Sinnzuweisungen für einzelne Lebensbereiche gleichzeitig aus gegensätzlichen oder stark voneinander abweichenden Diskursen bezieht oder wenn gleichzeitig innerhalb einer Gruppe unterschiedliche Deutungen eines Phänomens akzeptiert werden, wobei keine dieser Deutungen ausschließliche Geltung beanspruchen kann« (Bauer 2015, S. 27). Bauer beschreibt die Verwendung des Begriffes der Ambiguität in Philosophie, Sprach- und Literaturwissenschaft, Psychologie und Geschichtswissenschaften.

Für unseren Zusammenhang handelt es sich um Lebenssituationen, in denen gegensätzliche Impulse und Deutungsmuster von »Binden und Lösen« mobilisiert und bewältigt werden müssen. Die *psychoanalytische Beziehung* setzt bei beiden Partnern ein relativ hohes Maß an Ambiguitätstoleranz voraus, ist doch das Spannungsfeld von Getrenntheit und Verbundenheit oder von Asymmetrie und Gegenseitigkeit sowohl eine Voraussetzung für den Prozess, gleichzeitig aber immer auch gefährdet. »Gebunden« und »gelöst« sind hier Gegensätze, die sich nicht auflösen lassen, sondern die Situation selbst konstituieren. In der Ambiguitätstoleranz geht es wohl um die affektive Regulierung einer oszillierenden Balance zwischen diesen verschiedenen Polaritäten – hier von »Binden und Lösen« –, die als eine lebensförderliche Antwort auf die jeweils gegebene Lebenssituation zu verstehen ist: Das In-der-Schwebe-Halten als Ausdruck der Ambiguitätstoleranz bedeutet dann, dass ein »Je-Nachdem« (wie die präsente Situation sich darstellt) mehr Binden oder mehr Lösen eine lebenswerte Antwort darstellt. Analysanden profitieren von der analytischen Arbeit und der analytischen Situation, wenn sie in der abwartenden Haltung des Analytikers nicht nur die Getrenntheit, sondern auch die Verbundenheit erkennen oder verstehen können.

Im folgenden Zitat wird auf dieses In-der-Schwebe-Halten *im buddhistischen Verständnis* hingewiesen, das vielleicht als ein grundlegendes Ziel aller menschlicher Bestrebungen beschrieben werden könnte: »*Beim Sammeln und beim Loslassen ist die Stange an seiner Seite; fähig zu töten und in der Lage, Leben zu schenken, liegt das Gleichgewicht in seiner Hand. Leidenschaften, Dämonen, Außenseiter – alle vertrauen auf seine Führung: die Erde, Berge und Flüsse werden alle zu Spielzeug. Aber sagt mir, welche Sphäre ist das?*« *(Book of Serenity*, 1988, S. 42, Koan 10; eigene Übersetzung). Man könnte auch sagen, dass sich hier ein Motto für das Geheimnis der Lebenskunst formulieren lässt[25]: Ein *oszillieren-*

---

25 Eine solche Sichtweise lässt auch erkennen, dass das menschliche Leben bis in den Alltag hinein immer in der Anforderung steht, Entscheidungen zu treffen: Die Entscheidung selbst – ein Ausdruck der Freiheit des Menschen – impliziert dabei beim Bedenken der Möglichkeiten sowohl das In-der-Schwebe-Halten der verschiedenen Alternativen als auch die Dynamik von »Binden und Lösen«, wenn die Entscheidung getroffen ist. Implizit in diesen Aussagen

des Gleichgewicht zwischen Sammeln (Anhaften, Binden und Bewahren) und Loslassen oder Lösen kommt einer »Meisterschaft« schon sehr nahe: Jemand, der ein solches Gleichgewicht verwirklichen kann, ist Meister über die Leidenschaften, d. h., er ist Meister über seinen Körper, kann unterscheiden zwischen einem klaren und einem getäuschten Geist, er ist Meister über seinen Geist und kann auch Personen integrieren, die nicht in das herkömmliche Weltbild passen. Hier wird die Fähigkeit, das Gleichgewicht herzustellen, zu einem *Prozess der Integration* – Integration verstanden als Ambiguitätstoleranz und als die Integration der relativen und absoluten Wahrheit in das alltägliche Handeln. Mit solchen Fähigkeiten und Qualitäten wird der menschliche Geist zu einem unendlich großen Raum der Verwirklichung, der die ganze Erde einschließt.

Die Ambiguitätstoleranz eines Menschen macht es möglich, Situationen in der Schwebe zu halten, eine gewisse *Ungewissheitstoleranz* zu ertragen, ohne darauf direkt, positiv oder negativ, zu reagieren. Es ist die Fähigkeit, nicht sofort wieder in bekannte Denk- und Handlungsmuster zu fallen, sondern die jeweilige Situation für eine Zeit lang »offen zu halten«. Dies ist, auch aus buddhistischer Sicht, eine wichtige Fähigkeit und eine kulturelle Kompetenz für gemeinschaftliches Leben.

Hier sei noch auf eine Beschreibung im Buddhismus verwiesen, die in unseren diskutierten Zusammenhang gehört: die relative Wahrheit und die absolute Wahrheit:

Aus buddhistischer Sicht beschreibt die *relative Wahrheit* den Alltag des Menschen mit all seinen Widersprüchen, Ungereimtheiten, Glück und Unglück und seinen vielen Formen des Leidens. Auf dieser relativen Ebene hat der Mensch keine andere Wahl, als sich komplett einzulassen in alle Verstrickungen des alltäglichen Lebens, einer Verstrickung, der er nicht entkommen kann. Diese Verstrickung schließt auch eine Art Unwilligkeit, aber auch Unfähigkeit ein, die Welt zu hinterfragen; sie wird so, wie sie erscheint, als real und wirk-

---

ist natürlich das Thema der Dualität angesprochen. Dualität ist ein grundlegender »Baustein« unseres Daseins, denn alles, wirklich alles, hat immer auch einen Gegenpol. Dies ist überall sichtbar und eben auch in unserer Sprache, die immer auch in Zweiheiten aufgebaut ist: Schwarz-Weiß, Hell-Dunkel, Ich-Du, Innen-Außen etc.

Aus der Sicht der buddhistischen Praxis ist das ausschließliche Erfahren der Welt aus dualistischer Sicht eine starke Beschränkung bis hin zu einem möglichen Getäuschtsein. Daher ist es aus einer solchen Praxissicht nötig und sinnvoll, immer wieder in der Lage zu sein, die Welt auch aus nichtdualistischer Sicht erleben zu können. Es ist dies das Eintreten in die Verbundenheit: »*Vimalakirti fragte Manjusri: ›Welche Methode wendet ein Bodhisattva an, um in die Nicht-Zweiheit einzutreten?‹ Manjusri sagte: ›Meinem Wissen nach ist in allen Dingen keine Sprache, keine Erklärung,‹ keine Anleitung und keine Ausführung. Alle Fragen und Antworten zurücklassend – dies ist die Methode, um in die Nicht-Zweiheit einzutreten‹*« (Book of Serenity, 1988, 201 f., Koan 48; eigene Übersetzung).

lich betrachtet. Es ist wie das Beharren darauf, dass alle Formen »fest« sind, sie sozusagen Entitäten bilden, als Seiendes mit einer festen Identität und einem Wesenskern.

Die *absolute Ebene* beschreibt die Fähigkeit des Menschen, das Relative in seiner »Wirklichkeit« zu erkennen und zu erfahren: Alles ist immer in andauernder Veränderung, nichts hat einen wie auch immer gearteten unveränderlichen Kern, alles ist, mit andern Worten, »leer«. Es ist die gelebte Verwirklichung der beiden Sätze: Form ist Leerheit und Leerheit ist Form aus dem Herz-Sutra, das wir schon ausführlich besprochen haben (siehe S. 77).

Diese beiden Ebenen des Relativen und des Absoluten werden *nicht als ein Entweder-oder betrachtet, sondern als gleichzeitig.* Etwas »erscheint« in der Welt, für einen Augenblick hat es eine bestimmte Form, um dann in seiner andauernden Veränderung weiterzuschreiten. Alles – und das schließt alle Dinge, aber auch alle Lebewesen ein – hat eine bestimmte »Form« und ist gleichzeitig »leer«, ist immer in Veränderung. In diesen andauernden Prozessen ein Gleichgewicht zu finden, ein Sowohl-als-auch, ein »Alles-ist-immer-gleichzeitig«, ist aus buddhistischer Sicht eine verwirklichtes Leben. Es ist dies die gleichzeitige Bindung und Entbindung, das Anerkennen kontinuierlicher Veränderung und damit das Anerkennen, dass wir nichts wirklich Endgültiges über diese Welt aussagen können. Zum einem, weil die Welt Veränderung ist, und zum anderen, weil jeder Standpunkt, von dem aus die Welt zu beschreiben wäre, selbst kontinuierliche Veränderung ist.

Im Rahmen der konsequenten Anwendung einer solchen Denkweise müssen wir das Konzept der *Entbindung auch auf unsere geistigen Aktivitäten anwenden*: Aus Zensicht ist die Entbindung das komplette Aufgeben jeglicher Idee oder Vorstellung von etwas, also auch von der Vorstellung der Entbindung. Es bleibt ja wie oben schon angedeutet nicht mehr viel »übrig«, wenn die Meditierenden auf dem Kissen sitzen: Alles zerfällt, wird dekonstruiert. Dadurch, dass so das Bewusstsein nicht mehr zum Maßstab der Wahrnehmung gemacht wird, sondern das Gewahrsein selbst, löst sich jede feste Eindeutigkeit auf, und es wird deutlich, dass wir der gemeinsame Fluss der Veränderung sind: Es gibt Bindung und Entbindung als Dualität, es gibt sowohl Bindung als auch Entbindung, und es gibt weder Bindung noch Entbindung.

Zurück zu den Filmen

Dieser doch sehr lange und auch für uns selbst etwas überraschende Exkurs in die Überlegungen zu einer grundlegenden Bipolarität von »Binden und Lösen« der menschlichen Existenz ist beim Nachdenken über die Veränderungsdimension in den Filmen entstanden. Selbst beim Schreiben eines Textes lässt sich diese Dynamik von »Binden und Lösen« genauer fassen: Für eine Weile haben wir uns von den Filmbildern gelöst und uns mehr der Theorie der Veränderung, vor allem aus psychoanalytischer Sicht, zugewandt, d. h. an sie gebunden. In einer bestimmten Weise haben wir dabei manche Überlegungen von Freud über Bindung und Entbindung wiederentdeckt. Jetzt lösen wir uns wieder von der Theorie, wenden uns erneut den Filmbildern zu und werfen die Fragen auf: Lassen sich Veränderungen, Wandlungsprozesse beschreiben, welcher Art sind sie, und ist es überhaupt sinnvoll, von einer Dynamik von Gelingen und Scheitern zu sprechen?

In dem vorangegangenen Exkurs haben wir eine *Hypothese* entwickelt, die man folgendermaßen zusammenfassen könnte: *Ein wesentlicher Aspekt der Lebenskunst besteht darin, eine der jeweiligen Lebenssituation angemessene oszillierende Balance von »Binden und Lösen« zu realisieren – was auf der Ebene der Persönlichkeitseigenschaften nur mit einer zu entwickelnden Ambiguitätstoleranz möglich erscheint, auf der Ebene von verwirklichter Praxis mit der Realisierung von »Form ist Leerheit« und »Leerheit ist Form« möglich wird.*

Können wir diese Annahme am Beispiel der besprochenen Filme in einer überzeugenden Weise verifizieren oder stülpen wir diese Hypothese den Filmbildern über, um so unsere Vermutung zu bestätigen? Es scheint jedenfalls lohnend, den jeweiligen Anfang des Films mit seinem Ende zu vergleichen und im Übrigen die besonders relevanten Bilder und Szenen der Filme zu betrachten, die sich mehr oder weniger direkt oder manifest auf die Thematik von »Binden und Lösen« beziehen. Dabei bleibt es hilfreich, nicht so sehr die einzelnen Verläufe bei den verschiedenen Protagonisten linear nachzuzeichnen, sondern alle drei Filme, wie vorgeschlagen, als Ganzes zu betrachten und die Entwicklung auf dem »meditativen Weg« auch in den vier dargestellten Phasen von Kindheit, Jugend, Erwachsensein und Alter zu reflektieren. Gerade diese Lebensphasen erfordern eine unterschiedliche Dynamik von »Binden und Lösen«, was auch in den Filmen deutlich wird: In der Kindheit steht die Bindung mit Sicherheit im Vordergrund, im Alter geht es zentral um das Lösen von Bindungen. Im gesamten Lebenszyklus geht es also nach dieser Überlegung um ein ständiges Ausbalancieren dieser grundlegenden Bipolarität: Einmal überwiegt die Bindung, ein anderes Mal die Lösung.

»Frühling«

Die *erste Frühlingsszene* beginnt mit dem sich öffnenden Tor und dem Blick auf den See, den kleinen Tempel, die Buddhastatue, die täglichen Verrichtungen des Meisters mit seinem kleinen Schüler. Es ist ein harmonisches Bild von dem Eingebundensein in die Natur. Der Eindruck des Paradiesischen wird leicht getrübt durch die Andeutungen von Gefahren durch Schlangen und giftige Pflanzen. Dennoch scheint die Welt der Protagonisten im Gleichgewicht.

In unserer Besprechung von »Frühling« beschreiben wir die erste Frühlingsszene als »Verlust des Paradieses«: Ganz konkret wird jetzt in den Bildern das »Binden« dargestellt – der Kleine bindet Schlange, Fisch und Frosch an einen Stein und verursacht damit teilweise ihren Tod. Und der Meister »bindet« dem Jungen einen schweren Stein auf den Rücken als Metapher für das Gebundensein an die eigenen Handlungen. Hier haben wir also eindrücklich in den Filmbildern die Dynamik von Binden und Gebundenwerden vor Augen als Ausdruck *leiderzeugender Bindungen*. Betrachtet man den Kleinen als Repräsentanten des Menschlichen, dann ist hier ein Eingriff in das Leben mit seinen fatalen Folgen dargestellt: der Versuch des Menschen, die Natur oder das Leben zu binden, einzubinden, zu bestimmen, zu beherrschen und zu kontrollieren. Die menschliche Not beginnt unvermeidlicherweise, so könnte man sagen, mit diesem Eingriff in den natürlichen Lauf der Dinge.

Der Abschied vom Meister zeigt am Ende der *Sommerepisode* (nachdem der junge Mann sich in das junge Mädchen verliebt hat und sie vom Meister »geheilt«

Abbildung 47: Der »gebundene« Junge

nach Hause geschickt wird) noch einmal die Bipolarität von »Binden und Lösen« sehr deutlich: Der junge Mann ist so gebunden an die Liebe und sein Begehren, dass er sich vom Meister, der ja seine »Heimat« darstellt, lösen muss – aber er nimmt die Buddhastatue mit, eignet sie sich an, wohl als Ausdruck seiner Bindung an den Meister und die Lehre. In dieser Abschiedsszene sieht man auch, dass der Meister sich nur schlafend stellt und er seinen Schüler also bewusst nicht aufhält: Er lässt ihn los, sicherlich nicht aus Gleichgültigkeit, sondern weil er nicht in den notwendigen und aus seiner Sicht unvermeidlichen Lauf der Dinge eingreifen will. Diese Reaktion gibt es auch in »Samsara« in einer fast identischen Szene.

Im *Herbst* kehrt der ehemalige Schüler zurück. In dem Gespräch mit dem Meister geht es direkt ums »Binden und Lösen«, das notwendige Loslassen spricht der Meister aus. Der Schüler kehrt als Mörder zurück, bringt aber die Buddhastatue als Ausdruck seiner Bindung an die Lehre und den Meister wieder zurück.

In einigen eindrücklichen Szenen wird das »Binden« in seiner negativen Form gezeigt: das Verbinden der Augen und des Mundes als Ausdruck, sich aus dem Leben zu lösen, aber auch um deutlich zu machen, dass der Kontakt über die Sinne mit der Welt selbst immer schon eine Bindung darstellt, die es immer wieder zu hinterfragen, also zu lösen gilt; oder die Selbstfesselung mit der Kerze an der Fessel, ein hochverdichtetes Bild der Bindung an die Wut und Verzweiflung mit dem Wunsch, diese endlich loszuwerden.

Das Schnitzen der Kalligrafien des Herz-Sutras könnte man wie die endgültige Initiation des Schülers auf dem buddhistischen Weg verstehen – es ist die

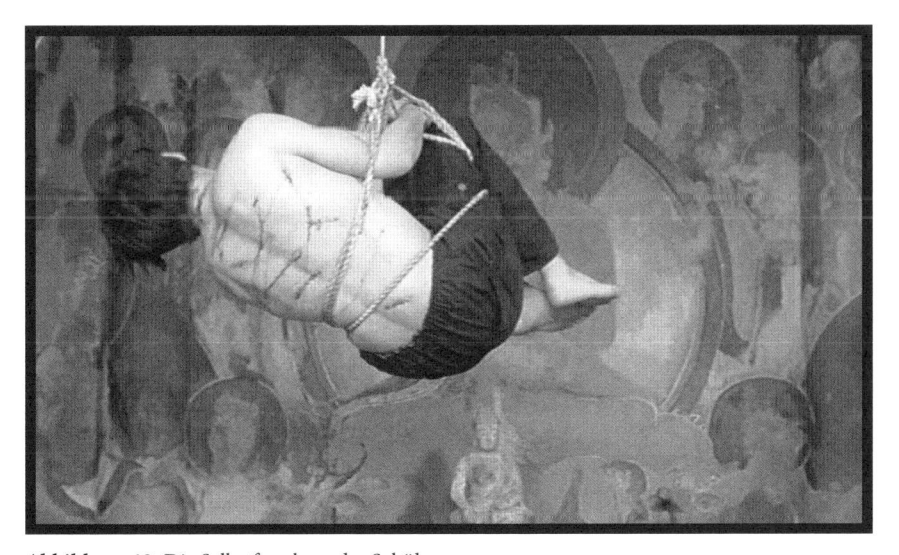

Abbildung 48: Die Selbstfesselung des Schülers

Umwandlung der Wut in eine Form des Verstehens, oder wie es der Meister auch formuliert: Das Ausschneiden der Zeichen würde die Wut aus seinem Herzen schneiden (in unserem Modell: entbinden, lösen) und genau dies würde seine Seele heilen. Das ist ein wirklich bedeutsamer Hinweis auf den Kern der buddhistischen Praxis, wie er auch in den »Vier Edlen Wahrheiten« formuliert ist: das Zulassen und Umwandeln der Affekte in Einsicht, Verstehen und Entwickeln von Mitgefühl und Weisheit. Und das Ausmalen der Zeichen mit der Farbe unterstreicht nochmals diese Wirkung, die sich dann auch in dem bereitwilligen Abführenlassen durch die Polizisten zeigt. Beim Abschied kann das Boot mit dem Schüler und den Polizisten aber nur vorankommen, bis der Meister sein Zeichen zum Abschied gegeben hat – eine etwas rätselhafte Szene, die man leicht auf die magischen Kräfte des Meisters schieben könnte (im Sinne einer nicht seltenen Idealisierung erleuchteter Meister): Ist er denn nicht an den natürlichen Lauf der Dinge gebunden, versucht er, in diesen bestimmend einzugreifen?

Die letzte Szene aus dieser Episode zeigt aber eher, dass es wohl um das In-der-Schwebe-Halten von »Binden und Lösen«, in diesem Fall von Bestimmen und Bestimmtwerden, geht: Als der Meister seinen Tod nahen fühlt, bereitet er seine eigene Verbrennung vor, eine Handlung, die seiner Situation ohne Schüler angemessen ist. Es ist seine Art, sich aus der Welt zu lösen, aber den Lauf der Dinge anzuerkennen und sich mit dem Wandel zu verbinden.

In der *Winterszene* kehrt der Schüler – jetzt wollen wir ihn den jungen Meister nennen – offenbar nach langem Gefängnisaufenthalt zurück. Seine Bindung

Abbildung 49: Der junge Meister mit Stein und Buddha-Statue

an den Meister und die Lehre wird deutlich, auch in dem Herausschlagen der sterblichen Reste des Meisters aus dem Boot (eine Reliquie). Er findet ein Heft des Meisters, in dem verschiedene körperliche Übungen angegeben sind, die der Schüler dann auch mit nacktem Oberkörper auf dem Eis praktiziert (ein Hinweis auf die Bedeutung körperlicher Übungen im fernöstlichen spirituellen Weg). Aus dem vereisten Wasserfall schlägt er eine Buddhastatue heraus – all dies Zeichen seiner Bindung an den »meditativen Weg«.

Nachdem die Mutter ihr kleines Kind zum jungen Meister gebracht hat – das eingehüllte Gesicht zeigt, dass sie ihr Gesicht »verloren« hat – und im Eisloch umgekommen ist, macht sich der junge Meister nochmals auf den Weg: Er ergreift die Statue des Avalokitesvara (Bodhisattva des Mitgefühls), bindet sich selbst einen schweren Stein mit einem Seil um den Bauch und steigt einen steilen Berg hinauf, dabei die Statue auch immer wieder verlierend. Zwischendurch sieht man die in der Frühlingsszene angebundenen Tiere.

Dieses vielleicht stärkste Bild in dem ganzen Film zeigt die doppelte Bindung: die Bindung an die Last des Lebens, an die Vergangenheit, die Schuld, aber auch die Bindung an einen Weg der Befreiung: Binden und Gebundensein, Lösen und Erlöstsein in ihrer Bipolarität. Jetzt ist es die Bindung an die Lehre, die den Weg nach oben weist, während es gleichzeitig darum geht, die Last des Lebens mit allen vergangenen Handlungen mitzunehmen und als Teil des gelebten Lebens mitzutragen. Das Lösen von den leidbringenden Bindungen, das Üben der befreienden Bindungen: Hier ist der Kern dessen beschrieben, was wir zuvor als Ambiguitätstoleranz und als das Verwirklichen von »Form ist

Abbildung 50: Mühsamer Aufstieg mit Stein und Buddha-Statue

Leerheit« und »Leerheit ist Form« beschrieben haben: »Binden und Lösen« stehen oft in einem Widerspruch, der nicht auflösbar ist, sondern »je nachdem« gelebt werden muss. Am Ende ist der Gipfel und ein abstandgewinnender Überblick erreicht: das momentane Erreichen eines »Stillen Ortes«, der aber auch nicht dauerhaft sein kann, wie die letzte Szene belegt.

Die *zweite Frühlingsszene* ist ganz kurz: Die Tore mit den bedrohlichen Wächtern öffnen den Blick auf den kleinen Tempel im See, der Meister und der kleine Junge sitzen vor dem Tempel, der Meister macht eine Zeichnung von ihm, während langsam eine Schildkröte auf sie zukommt. Der Junge springt auf, nimmt voller Freude die Schildkröte auf, dreht und wendet sie, klopft auf ihr herum, schaut in die Öffnung, in der der Kopf verschwunden ist. Dann sieht man den Kleinen mit dem Boot auf dem See rudern.

Das Ende in »Frühling« erscheint wie ein Bild der ewigen Wiederkehr: Wieder ist es Frühling, der neue Meister zeichnet das Bild seines kleinen Schülers, der mit einer Schildkröte spielt, die aber aufgrund ihres Panzers besser geschützt ist vor den Explorationen des Kleinen. Hier wäre vielleicht die Deutung möglich, dass Geschichte oder Zeit eine Konstruktion des Bewusstseins ist, in Wirklichkeit gibt es nur Prozesse und Beziehungen, die aber einen zyklischen Charakter haben: Das Ende des Films ist der Anfang des Films (siehe auch Kapitel 5). Auch dies entspräche einer nondualen Erfahrung, in der Zeit und Geschichte aufgehoben sind. So wie sich die Jahreszeiten immer wiederholen – wenn auch mit jeweils unterschiedlichen Gestalten –, so wiederholen sich die Lebensphasen von Kindheit, Jugend, Erwachsensein und Alter.

Sich von dem Wandel bestimmen zu lassen und sich nicht über den Wandel stellen zu wollen, den Wandel bestimmen zu wollen – dies wäre vielleicht so etwas wie eine Botschaft an den Zuschauer, die diese Schlussbilder vermitteln. Die kindliche Natur ist eine anthropologische Konstante, nur die situativen Umstände sind wechselhaft. Eine Schildkröte lässt sich nicht so leicht quälen wie Frösche oder Schlangen, sodass den Kleinen diesmal ein vielleicht günstigeres Schicksal erwartet.

Das letzte Bild zeigt die Statue von Avalokitesvara in der Abenddämmerung, hoch über dem See, mit einem Blick auf ihn. Es sind keine Protagonisten mehr anwesend: Man könnte auch sagen, im letzten Bild ist die »reine, mitfühlende Beobachtung« repräsentiert. Ist in diesem Bild der Kern der buddhistischen Lehre enthalten, nämlich die Entwicklung einer Position der »reinen Beobachtung« (im Bild des Bodhisattvas, der von oben die Landschaft betrachtet)? Aus der Perspektive von »Binden und Lösen« entsteht hier eine Entbindung von der Vergangenheit: Der junge Meister hat sich von seiner Vergangenheit gelöst, auch von seiner Schuld – verbunden erscheint er jetzt ganz mit der Gegenwart, dem Augenblick (wie es in der »reinen Beobachtung« der Meditation geübt wird). Allerdings darf dieses »Lösen« nicht im Sinne einer Abspaltung oder eines Loswerdens der Schuld missverstanden werden. Es handelt sich eher um eine Umwandlung der vergangenen Schuld in eine grundlegend mitfühlende Haltung der Schuld und dem fremden und dem eigenen Leben gegenüber.

Abbildung 51: Avalokitesvara hoch über dem See

»Bodhidharma«

Auch dieser Film, der im Übrigen viele Ähnlichkeiten mit »Frühling« aufweist, beginnt sofort mit der Thematik von »Binden und Lösen«, vor allem in dem Kommentar aus dem Off in gleichsam existenzieller Form. Dort heißt es sinngemäß: Wenn es keine dauerhaften Substanzen gibt, woran soll man sich als Mensch binden? Wenn es weder Anfang noch Ende gibt, also die Zeit eine Illusion ist, woran soll man sich halten? Das Leiden hängt aber mit den Bindungen an die Familie und an das Selbst zusammen, sodass die Seele keinen Frieden findet. Wichtig sei, das »Herz zu leeren«, was eben bedeutet, sich von den Bindungen zu lösen. Die familiären Bindungen werden als »Bürde«, als Fessel erlebt, die auf dem Weg zur Befreiung zu lösen sind.

Der Kleine hat scheinbar keine Bindung an die verlorene Mutter, da er, wie er sagt, ja keine Erinnerung an sie habe. Er fängt sich einen kleinen Vogel, um ihn zu bemuttern. Er kann sich zwar nicht an seine leibliche Mutter erinnern, aber er agiert – so könnte man psychoanalytisch vermuten – diese frühe Mangelsituation, die zu einer Dysbalance von »Binden und Lösen« geführt hat, in einer Art Spiel mit dem kleinen Vogel.

Dies erinnert an eine berühmte Fallbeschreibung eines kleinen Jungen von Donald Winnicott, die Ulrich Moser (2016) ausführlich bespricht: Winnicott beschäftigt sich darin mit dem Zusammenhang zwischen der depressiven, häufig abwesenden Mutter und der Verarbeitung der Trennung durch den Jungen. Es handelt sich um einen Jungen, der bei Winnicott in Therapie war und der in verschiedenen Situationen einen exzessiven Gebrauch von Bindfäden machte, sich selbst sogar an einem Strick kopfüber aufhängte. Moser deutet das so: »Der Bindfaden hält zusammen, bringt Material in Verbindung. Der übermächtige Gebrauch des Bindfadens verwandelt aber die Funktion des Bindfadens von der Kommunikation in die Verleugnung der Trennung […] Die Modalität des Bindfadens weist auf die innere Mikrowelt (MW), die von der Trennungsangst geprägt ist […] Diese innere Konstellation hat die Form einer steten Antizipation eines unerträglichen Zustandes in der Beziehung zur Mutter, die immer wieder durch entsprechende Ereignisse (Abwesenheit der Mutter, Geburt einer Schwester) reaktiviert wird. Diese Welt kann man als Phantasma bezeichnen. Sie wird nun externalisiert in den Bindungsspielen. Diese haben die Funktion, die nicht erträglichen Zustandsaffekte der Beziehung zur Mutter vorübergehend zu beseitigen« (Moser, 2016, S. 95 f.).

In der Beziehung zum Vogelkind drückt der Kleine wohl seine *Trennungserfahrungen* aus, wahrscheinlich in vergleichbarer Weise wie der Junge in »Frühling«, denn dieser verwendet ja Bindfäden ganz direkt. Betrachten wir wie in »Frühling« Kind, Schüler und Meister nicht als individuelle, konkrete Personen, sondern als Repräsentanten von seelischen Verfassungen, dann sehen wir hier die grundlegende Dynamik von »Binden und Lösen« als Reaktion auf frühe Trennungserfahrungen: Die Bindung an eine konkrete Person kann einerseits gelöst werden (die fehlende Erinnerung), aber andererseits ist es möglich, eine kompensierende Bindung an ein anderes Objekt oder eine Idee zu entwickeln (Vogel, Meister, Lehre). In der Besprechung von »Samsara« werden wir noch ausführlicher auf die grundlegende Beziehung des Menschen zum Objekt zu sprechen kommen, eine Beziehung, die ganz früh durch Erfahrungen der Befriedigung und Versagung, durch An- und Abwesenheit des Objekts geprägt wird.

In einer langen Passage gibt der Meister dem Schüler das Koan, das nach seinem Gesicht vor der Geburt seiner Eltern fragt: »*›Wenn du in diesem Moment weder gut noch böse denkst, was ist Myos uranfängliches Gesicht?‹ […] ›Das uranfängliche Angesicht ist nie verborgen. Selbst wenn die Welt zugrunde geht, bleibt's unzerstörbar.‹ Unser uranfängliches Angesicht kann nicht von einem Künstler gemalt werden, unabhängig davon, wie talentiert er ist. Von Dichtern und Schriftstellern kann es nicht genügend gepriesen werden, auch wenn sie große Fähigkeiten haben. Mit Gedanken und Konzepten können wir unser ursprüngliches Ant-*

litz nicht begreifen; darum hört auf, darüber nachzudenken und nachzugrübeln« *(Mumonkan, 1989, S. 137f.).*

Auch die *Arbeit mit dem Koan* erfordert die Bewegung von »Binden und Lösen«: Um sich von den Denkmustern des Alltags, dem dualistischen Denken zu lösen, die Verbundenheit (im Film ist von der Einheit des Ganzen die Rede) mit dem Ganzen zu erkennen, muss sich der Übende an das Koan binden, es Tag und Nacht bedenken und praktizieren, mit in die Meditation, in jeden Moment des Alltags nehmen, um die Loslösung von Leid verursachenden Bindungen zu realisieren.

In der Szene mit den Kindern im Wasser erlebt der Kleine eine panische Angst, die durch die Grausamkeit der anderen Kinder hervorgerufen wird. Er stürzt sich ins Wasser und scheint fast zu ertrinken, als er erneut den klagenden Ruf der Vogelmutter hört: Dies kann man als seine Bindung an das schlechte Gewissen begreifen, ein *Gewissen,* das in seiner Strenge manchmal real oder in der Phantasie den Tod fordert.

Auch die Rückkehr von Kibong in sein Elternhaus thematisiert die Thematik von »Binden und Lösen«: Er identifiziert sich mit dem Buddha, der sich auch aus seinen familiären Bindungen gelöst habe, aber nicht, um wegzugehen, sondern um wiederzukommen, allerdings zu allen Menschen. Wesentlich ist der begleitende Kommentar, der um die Frage von *Vollkommenheit und Unvollkommenheit* kreist. Es ist eine zentrale Vorstellung der Menschen, dass sie und ihr Leben unvollkommen sind, sodass sie permanent nach Vollkommenheit streben: Daher binden sie sich an Vorstellungen vom Glück, von Ruhm, Geld, Macht etc.

Abbildung 52: Der Schüler in der Stadt

Abbildung 53: Kibong im Traum

Dies sind aber nach Aussagen des Kommentars aus dem Off Vorstellungen, die mit dem Denken zusammenhängen. Sich von dieser Art des Denkens zu lösen, wäre also ein zentraler Schritt zur »Freiheit der Seele«.

Und in seinem Fiebertraum sieht Kibong, wie sich der Meister im reißenden Strom an einen Felsen klammert, aber schließlich loslässt und fortgespielt wird – eine Ahnung des bevorstehenden Todes des Meisters. Er selbst realisiert dies auch und sagt zu Kibong: »Die Bande, die mich an den Körper binden, beginnen sich zu lösen. Der Körper ist vergänglich, er geht seinen Weg,

Abbildung 54: Haei-Ji mit den Kleidern des Meisters

wenn es so weit ist, wenn die Zeit gekommen ist. Es ist Zeit für mich, meinen Leib zu verlassen.«

Aber selbst im *Tod* bleibt die Dynamik von »Binden und Lösen« erhalten: Die Verbindungen des Körpers lösen sich, die Reste verbinden sich wiederum mit der Erde, mit dem Wasser, mit den Blättern – und als Zuschauer sehen wir diesen Prozess in der Verbrennung und der Verstreuung der Asche des toten Meisters. Das Problem des Todes bleibt jedoch ungelöst, sodass der Mensch an diese ungelöste Frage gebunden bleibt: Der Tod sei für die Überlebenden ein ungelöstes Problem, heißt es im Film.

In den letzten Bildern des Films verabschiedet sich Kibong von Haei-Ji, gibt ihm die restlichen Dinge des Meisters in einem Bündel und sagt, er werde im Kloster Bescheid sagen, damit jemand zu ihm hochkomme und sich um ihn kümmere. Kibong geht dann, der Kleine ruft ihm nach: »Bruder, wohin gehst du?« Dieser schaut in den Himmel, auch Haei-Ji tut das, als er wieder nach Kibong schaut, ist dieser verschwunden. Der Kleine ist jetzt allein: Lange schaut er ins Feuer, verbrennt dann das Bündel des Meisters. Lange sieht man den Rauch aufsteigen, dabei erklingt sphärische Musik. In der nächsten Einstellung sieht man den Vogel ganz groß auf dem Dach, wie er auf Haei-Ji hinunterschaut, der im Brunnen Wasser schöpft. Der Kleine geht mit seiner mit Wasser gefüllten Schale ins Haus zurück und schaut nicht mehr auf, als der Vogel ruft. Dann fliegt der Vogel in den Himmel. Der Kleine scheint also seine kindlichen Bindungen und Ängste vorerst verloren zu haben: Er verbrennt die Kleider des Meisters und der drohende Ruf der Vogelmutter kann ihn nicht mehr schrecken.

Abbildung 55: Der Ochse und sein Hirte

Sollen wir dies aus Ausdruck der *Loslösung von den kindlichen Bindungen* verstehen? Ist dies in jedem Fall eine Voraussetzung für die Meisterung des »meditativen Weges« im Sinne einer Aufarbeitung der eigenen Lebensgeschichte? Wir wollen dies hier als offene Frage stehen lassen.

Im allerletzten Bild sieht man in der Ferne einen Mann, der stark an Kibong erinnert, mit einem Ochsen am lockeren Seil über die Felder ziehen: eine Anspielung auf die Zehn Ochsenbilder als Ausdruck des »meditativen Weges«.

»Samsara«

Abbildung 56: Das vom Greifvogel getötete Schaf

In der Besprechung von »Frühling« und »Bodhidharma« fällt es leicht, die Protagonisten als Repräsentanten von Lebensphasen und seelischen Zuständen zu beschreiben. Dies ist in »Samsara« etwas schwieriger, weil der Zuschauer doch eher zu einer Identifizierung mit den Hauptprotagonisten ermutigt wird. Wir müssen uns also immer wieder dieser Versuchung gewahr bleiben, um nicht in eine gleichsam klinische Fallstudie zu geraten.

In der ersten Szene beobachtet der Zuschauer einen großen Vogel, der einen Stein aufnimmt und ihn dann über einer Gruppe von Schafen fallen lässt und eines der Schafe tötet. Die vorbeikommende Gruppe der Mönche kümmert sich mitfühlend um das Schaf. Es ist die erste konkrete Bewegung in diesem Film: Der Vogel ergreift und lässt los, mit tödlichen Folgen.

In der nächsten Szene wird Tashi aus seiner Höhle von den Mönchen »befreit«. Es handelt sich bei diesem jahrelangen Rückzug um eine Übung, in der das »Binden und Lösen« auf ganz ungewöhnliche Weise realisiert wird: Der Übende löst sich weitgehend von allem Weltlichen und bindet sich ganz an seinen »Geist«. Es handelt sich um eine extreme Form des Geistestrainings, das gerade in dem Studium der Bindungen – in ihrer Verbindung zum menschlichen Leid – besteht. Dabei löst sich der Meditierende weitgehend von seinem Körper, der ja – wie der Zuschauer auch sieht – stark vernachlässigt wird (die langen Haare, die Nägel etc.). Es wäre aber ein Missverständnis, würde man diese Praxis als eine Auflösung der beschriebenen Bipolarität von »Binden und Lösen« betrachten. Vielmehr könnte man – wie es gerade im tibetischen Buddhismus sehr oft beschrieben wird – von einem »*Mittleren Weg*« sprechen – in unserem Vokabular also von der Bipolarität von »Binden und Lösen«, wenn auch mit einer besonderen Betonung: Tashi löst sich von seinen sozialen Bindungen, von seinen körperlichen Bedürfnissen und bindet sich ganz intensiv an seine mentalen Prozesse, die er ausdauernd erforscht. Möglich ist dies allerdings nur, weil sein monastischer Hintergrund ihn trägt, diese Bindung also im Hintergrund wirksam bleibt. Wie man aber zugleich sieht, ist es nicht leicht, diesen »Mittleren Weg« wirklich zu praktizieren: Den Mönchen fällt es schwer, Tashi aus seiner Versenkung herauszuholen, er habe es wohl mit der Meditation übertrieben, wie Apo, sein Meister und Lehrer, scherzhaft zu ihm sagt. Dies vielleicht als ein Hinweis, dass das »Binden und Lösen« in seiner Komplexität und Verwobenheit mit den unterschiedlichen Lebenssituationen in Richtung beider Polaritäten schnell aus der Balance geraten kann.

Die folgenden Szenen bis zum Verlassen des Klosters haben wir schon genauer bei der Schilderung der Filmerzählung und dem nachfolgenden Kommentar beschrieben und diskutiert: Die Dynamik von »Binden und Lösen« manifestiert sich hier vor allem in der Thematik des Verzichts. *Verzichten* bedeutet eine Ab- und Auflösung von Bindungen, im Bereich des Körperlichen vor allem von dem sexuellen Begehren. Die zentrale Frage scheint zu lauten, ob man diesen Verzicht wirklich *auf autonome, selbstgewählte Weise* leisten kann, wenn man das Unbefriedigende des Begehrens nicht selbst erlebt hat – oder sollte man lieber sagen: den ständigen Wechsel von Befriedigung und Versagung?

Das *sexuelle Begehren* ist ein Naturereignis, dem sich kein Mensch wirklich entziehen kann – das ist Ausdruck der Gebundenheit des Menschen an seine animalische Natur –, aber das sexuelle Erleben kann auf ganz unterschiedliche Weise »besetzt« werden. Neben dem unvermeidlichen Gebundensein an den Körper (das Begehren kommt und geht) kann das Begehren ganz unterschiedliche Bedeutungen, Wertigkeiten und Funktionen bekommen: Dies geschieht durch eine jeweils quantitativ-qualitativ unterschiedliche seelische Bindung an dieses grundlegende Gebundensein. In der Psychoanalyse spricht man deshalb von *Psychosexualität.*

So könnte man etwa zu folgenden Überlegungen über die Rolle des Verzichts im Zusammenhang mit diesen Filmszenen kommen: Das heilende Versprechen der sexuellen Lust besteht vielleicht in der Überwindung der Vergänglichkeit und damit der Todesangst, die im orgiastischen Erleben, in dem das Denken und alle Getrenntheit für einen Moment suspendiert sind, erlöschen: auch ein »Stiller Ort«, der alles Leiden mit den zentralen Ängsten und Schuldgefühlen, dem ganzen seelischen Schmerz für einen Moment zum Schweigen bringt – ein *seltener Moment der Erfahrung von Ewigkeit oder Zeitlosigkeit.* Allein dieses Versprechen erweist sich als illusionär, da auch dieser glückliche Moment der Stille und Ruhe vergänglich ist. Daher führt die Bindung an das Sexuelle oft in *eine Art Sucht,* die in dem ständigen Wunsch nach Wiederholung einen grundlegenden Mangel, der in der Vergänglichkeit von Selbst und Welt schmerzlich erlebt wird, kompensieren oder überwinden soll.

So zeigt sich die Bipolarität von »Binden und Lösen« gerade im Sexuellen in ihrer stärksten Ausprägung und erfordert vom Menschen eine besonders entwickelte Ambiguitätstoleranz. Diese würde darin bestehen, den *tiefen Widerspruch des Sexuellen* zu tolerieren, nämlich die drängende Notwendigkeit auf der einen Seite und die letztendliche Vergeblichkeit der begrenzten Heilkraft des Sexuellen auf der anderen Seite. Oder anders formuliert: Das Sexuelle lehrt den Menschen die Grunddimension des Lebens von Befriedigung und Versagung. Für den Meister und die anderen Mönche ist das Sexuelle vielleicht durch die Bindung an das Kloster, die Gruppe der Mönche und die buddhistische Praxis und Lehre entschärft; es scheint nicht mehr in dieser Form als ein therapeutisches Mittel zur Lebensbewältigung notwendig zu sein. Allerdings bleibt immer die Frage, zu welchem Preis dies geschieht.

Barry Magid weist in seinen Arbeiten immer wieder auf die Gefahr hin, dass es in der spirituellen oder meditativen Praxis zu einer *emotionalen Dissoziation* kommen kann, indem elementare Wünsche abgespalten werden. Als ein eindrückliches Beispiel erwähnt er den Trappistenmönch Thomas Merton, der in seinen späten Jahren die Sexualität entdeckt und dies schonungslos in seinen Tagebüchern beschreibt (Magid, 2008).

Etwas Vergleichbares geschieht in dem Film mit Tashi: Die Filmbilder deuten an, dass seine tiefste Sehnsucht nicht durch Kompensationen sublimiert werden kann. Das lange Retreat hat vielleicht die emotionale Dissoziation sogar verstärkt, aber nun zeigt sich die unaufgelöste Bindung an die Sehnsucht – um im Filmbild zu sprechen: nach der mütterlichen Brust.

Hier wird in sehr verdichteter Form ein Hinweis auf einen psychoanalytischen Grundgedanken gegeben: Die Beziehung des Subjekts zum ersten Objekt – der Mutter und ihrer Brust – spielt dabei eine zentrale Rolle und prägt nach dieser Vorstellung alle späteren Beziehungen. Die Wertschätzung dieses ersten Objektes – die Brust gilt hier als Metapher für die erste zentrale Beziehung – bildet sich über die *ersten Erfahrungen von Befriedigung und Versagung, von An- und Abwesenheit.* Die Befriedigungen und Versagungen kreisen um sinnliche und relationale Erfahrungen (oft als Resonanzerfahrungen beschrieben), aber auch um Erfahrungen der Präsenz und Abwesenheit des Objekts. Sehr pointiert könnte man formulieren, dass hier der kleine Mensch seine ersten, vielleicht aber auch zentralen Erfahrungen mit der Vergänglichkeit, dem ständigen Wandel des Lebens macht, das sich in dem Wechsel von Anwesenheit (der befriedigenden Brust) und Abwesenheit (der enttäuschenden Brust) zeigt.

Dies bedingt möglicherweise die ersten Erfahrungen mit dem »Binden« und »Lösen«, und hier wird wohl der Kern für die Ambiguitätstoleranz gelegt, nämlich das Objekt, den anderen, als befriedigend und als enttäuschend in dieser Gegensätzlichkeit zu erleben und *trotzdem* die Bindung aufrechtzuerhalten. Das ist ja immer wieder auch ein großes Thema in allen (Paar-)Beziehungen: Die Verbindung auch dann bestehen zu lassen, wenn es Dissonanzen, Verletzungen oder auch vehementen Streit gibt. Nach einem Streit trennt man sich vielleicht räumlich, man wendet sich ab, aber in solchen Situationen dennoch in Kontakt zu bleiben, das ist die große Kunst.

Offenbar bleiben aus diesen frühen Erfahrungen grundsätzlich eine seelische Wunde, ein Mangelgefühl und die Angst vor der »Großen Abwesenheit« bestehen, die immer wieder nach einer Reparation oder Heilung rufen.

Vielleicht interpretieren wir hier zu viel in diesen einen kurzen Blick von Tashi auf die Mutter mit ihrem Baby, aber es bleibt ja die Frage, was Tashi von den Mitmönchen und von seinem Meister unterscheidet. War seine buddhistische Praxis trotz der Intensität nicht ausreichend? Wie leicht man hier in eine Sackgasse der Bewertung kommen kann, zeigt sich an dieser Frage von Gelingen und Scheitern: Ist er in seinem Geistestraining in den vielen Jahren »gescheitert«? Oder stößt er auf eine für ihn entscheidende Wahrheit – etwa der inneren Erkenntnis, dass er dieses Begehren nicht abspalten möchte? Die Dynamik von Gelingen und Scheitern kommt einem eher in den Sinn, wenn man Tashi wie eine reale Person begreift. Versteht man die Bilder jedoch als Darstellung einer grundlegenden menschlichen Frage oder Problemsituation, dann könnte man sagen: Die Qualität der ersten, frühen Beziehung zur »Brust«, zum primären Objekt, stellt eine Art *Weiche für das spätere Leben.* Modi der Befriedigung und Versagung, die Dynamik von »Binden und Lösen« und eine Toleranz für Ambiguität werden hier in ihrem

Kern angelegt. Wenn man diese Filmsequenz auf die angedeutete Weise versteht, kann man Tashis Situation als eine *grundlegende menschliche Aufgabe* verstehen, nämlich sich die Frage nach der Wertigkeit des Lebens selbst, aber auch der Wertigkeit der Personen, Beziehungen und Ideen im Leben zu stellen. Und man sieht auch, dass es in solchen grundlegenden Momenten immer auch um *Wertkonflikte* geht, die niemals generell und ein für alle Mal entschieden werden können.

So kann man auch die Szene bei dem Eremiten verstehen. Seine Botschaft lautet ja: Binde dich nicht ans Sexuelle, denn auch das vergeht wie alles andere. Aber er sagt auch: Den »Weg« – in unseren Worten: den »Mittleren Weg«, das Dazwischen von »Binden und Lösen« – kann man überall gehen und praktizieren. Soll man sich an etwas binden, das nicht dauerhaft ist und somit unvermeidlich früher oder später Schmerzen und Leid verursachen wird? Aber könnte man dann nicht gleich fragen: Soll man sich überhaupt ans Leben binden, das ja auch nicht dauerhaft und unvermeidlich mit Schmerzen und Leid verbunden ist? Uns scheint, dass der Eremit eher seine eigene Antwort auf diese grundlegende Frage zeigt, aber gleichzeitig zu verstehen gibt, dass *das Leben als Übung zu verstehen ist, die man in vielen verschiedenen Formen praktizieren kann.*

Es dabei stehen zu lassen, greift aber zu kurz: Das Leben als Übung zu verstehen, meint, die *immerwährende Dynamik* zu verstehen – von zugreifen, das Leben ergreifen, sich zu binden auf der einen Seite und die Erfahrung, dass das Loslassen in jedem Augenblick, das Sterben nach jeder Begegnung immer passiert, ob es uns gefällt oder nicht, auf der anderen Seite. Dies wird in der buddhistischen Praxis als die »Vier Eigenschaften« beschrieben: 1. Entstehen (Geburt),

Abbildung 57: Beim Eremit: Tashis heimliche Sehnsucht nimmt Gestalt an

2. Entwicklung und Entfaltung, 3. Verblühen und 4. Beenden (Tod). Dies meint auch das Beenden einer Situation, aber auch ihre Vervollständigung, indem keiner dieser vier Schritte ausgelassen oder verkürzt wird. Dies schließt auch die anschließende Pause ein, ein vollständiges zur Ruhe kommen für einen kürzeren oder längeren Moment, bevor das Leben neu beginnt. Der menschliche Atem ist hierfür ein wunderbares Beispiel: Der Aus-Atem ist wie ein kleiner Tod, der Ein-Atem-Impuls – als Inspiration – der Beginn eines jeweils neuen Lebens. So erlebt der Mensch »Sterben« und »Leben« als eine seine Existenz durchziehende, fortwährende Dynamik.

Der Eremit im Film, voller zufriedener, verschmitzter Freude, scheint dies verwirklicht zu haben. Eine ähnliche Haltung vermittelt wohl auch der Lehrer und Meister Apo, der seinen Schüler (wie in »Frühling«) bewusst nicht aufhält, als er sich in der Nacht aus dem Kloster schleicht. Er scheint damit anzuerkennen, dass es diesen grundlegenden Wertekonflikt gibt und dass jeder Mensch diesen nur für sich lösen kann. Besteht die Weisheit des Meisters darin – wir auch in »Frühling« –, dass er ein Wissen über diesen grundlegenden Wertekonflikt hat? Dass also die Qualität der frühen Bindung – die Beziehung zur »Brust« hier als Metapher für das erste, frühe Objekt – darüber entscheidet, wie stark die Bindung an die erwachsene Sexualität bleibt und wie schwierig das Lösen aus dieser Bindung sich gestaltet; und dass dies eine *lebenslange Auseinandersetzung* bleibt, die als Problem des Lebens in vielen verschiedenen Kontexten und Rollen studiert und praktiziert werden kann. Alles dies wird ja im Film nicht explizit ausgeführt, scheint uns aber als impliziter Subtext interpretierbar zu sein.

Die eine zentrale *Frage nach dem echten Verzicht* (im Sinne der Auflösung von Leid verursachenden Bindungen) im Unterschied zu einem scheinbaren Verzicht, der auf Verdrängungen und Abspaltungen beruht, setzt sich nun im weiteren Verlauf der Filmerzählung fort. Dabei taucht eine weitere Thematik auf, die als ein Ausdruck der Dynamik von »Binden und Lösen« zu verstehen ist: Es ist vor allem die Haltung der *Verbindlichkeit*, die sich in dieser Dynamik zeigt. War der Eintritt in das Kloster noch nicht Ausdruck von Tashis eigener Entscheidung, sodass er sich vielleicht leichter aus seiner Verbindlichkeit dem Kloster gegenüber lösen konnte, so ist jetzt seine Verbindlichkeit der Frau, der Familie gegenüber ungleich größer. Trotzdem kommt er in schwere Versuchungssituationen, da er jetzt auch die Vergeblichkeit der erotischen »Heilung« erlebt hat.

Die grundlegenden Fragen des Lebens, der Wechsel von Befriedigung und Versagung, sind sowohl im Klosterleben wie auch im Alltag präsent. Das »wirkliche« Leben besteht aus einem ständigen Wechsel von Befriedigungen und Versagungen, die das Leiden und die Unruhe der alltäglichen Welt bestimmen. In einer idealisierten Sicht des Klosters ist diese leidvolle Dynamik überwunden oder überwindbar. Diese Gegenüberstellung scheint aber auf einer Täuschung zu beruhen, die am Beispiel des Konflikts von Tashi gezeigt wird. Wenn es basal um die Frage von »Binden und Lösen« und die Entwicklung von Ambiguitätstoleranz geht, dann könnte man auch sagen: *Befriedigungen und Versagungen sind Kennzeichen jeder menschlichen Existenz. Es geht weniger um die realen Orte, an denen man diese erlebt, als vielmehr um den Umgang mit ihnen.* Bindet man sich an die Befriedigungen, mögen die Versagungen besonders anwachsen; bindet man sich an die Versagungen, dann verzichtet man auf mögliche Befriedigungen.

Offenbar spielt weniger der reale Ort eine entscheidende Rolle in diesem Prozess – das Kloster bietet ein anderes Muster von Befriedigungen und Versagungen als der Alltag – als die Entwicklung einer *inneren Haltung* gegenüber dieser elementaren Lebenstatsache. Wir können fragen, durch welche Qualitäten diese innere Haltung gekennzeichnet ist. Es sind dies zum einen die Qualitäten des reinen Beobachtens, die es ermöglichen, die oben beschriebenen Prozesse so wahrzunehmen, wie sie »sind«. Das setzt zum anderen die Fähigkeit voraus, geistig in keiner Form auf die Impulse, kommen sie nun über die Sinne aus der äußeren Welt oder als Impulse aus dem Geist selbst, zu reagieren. Es ist dies der »*Stille Geist*« *als* »*Stiller Ort*«, den wir im Laufe unserer Abhandlung immer wieder aus verschiedenen Perspektiven beschrieben haben.

Der thematisierte Wertekonflikt lässt sich, ob nun im Kloster oder außerhalb, nicht lösen: Jede neue Lebenssituation kann diesen Konflikt wieder sichtbar machen und eine Entscheidung erfordern.

Abbildung 58: Tashis Versuchung

In Bezug auf die Filmerzählung bleibt die Frage, was Tashi zu seiner Rückkehr ins Kloster motivieren könnte. Es ist deutlich, wie die verschiedenen Bindungen (an die Liebe, die Sexualität, seine Familie, das Kloster, den Meister) an ihm konflikthaft zerren, zumal er auch eine Seite in sich kennengelernt hat, die er wohl am wenigsten mag: die Untreue und seine eigene Grausamkeit. In diesem Zusammenhang mag auffallen, dass es im Alltagsleben von Tashi wenig Hinweise darauf gibt, dass er seinen buddhistischen Weg auch im Alltag praktiziert: Er scheint nicht mehr zu meditieren, er besucht das Kloster nicht mehr, es gibt wenig häusliche Rituale seiner religiösen Bindung. Ist er vielleicht doch im Entweder-oder verfangen geblieben? Welche Wertvorstellungen hat er mit dem »Binden und Lösen« verinnerlicht? Eine radikale Ablösung vom Kloster, eine radikale Ablösung von der Familie und von der Sexualität? Welches Modell von Verbindlichkeit und Verzicht äußert sich darin?

Die Nachricht vom Tod des Meisters scheint so etwas wie eine auslösende Situation für seinen Entscheidungsschritt zu sein. Die Botschaft des Meisters erinnert ihn an die entscheidende Lebensfrage, die er für sich noch nicht lösen konnte: tausend Wünsche befriedigen (das ist Samsara) oder auf einen Wunsch verzichten (das ist Nirwana)?

Der Meister erinnert ihn also an die ungelöste Frage. Seine Frau Pema, als er sich auf den Weg ins Kloster gemacht hat, stellt ihm eine andere zentrale Frage: Warum es ihm bislang nicht gelungen ist, *die Einheit von Samsara und Nirwana* zu sehen und zu leben. Nebenbei gesagt zeigt sich hier ein Aspekt, den wir für den Umgang des Films mit dem Veränderungsmodell als wesentlich beschrieben haben: Pema übernimmt die Rolle einer »Analytikerin« im übertragenen Sinn, wie sie auch Apo und der Eremit eingenommen haben: Sie alle kann man als Lehrer oder Meister auffassen, die einem helfen, sich mit den grundlegenden Wertkonflikten, die sich in der Dynamik von »Binden und Lösen«, von Befriedigung und Versagung, manifestieren, auseinanderzusetzen.

Dies nun führt zur Schlussszene: Tashi setzt sich weinend auf. Pema ist verschwunden, er blickt nach links und nach rechts, der Mauer entlang. Sein Schmerz ist auch für den Zuschauer spürbar. Eine Melodie aus dem Anfang des Films beginnt, ein fremd klingender, monotoner Gesang. Tashis Blick fällt auf den Stein mit der tibetischen Inschrift aus der Anfangsszene des Films: »Wie kann man einen Wassertropfen vor dem Austrocknen bewahren?« Langsam dreht er den Stein um und dort steht die knappe Antwort: »Indem man ihn ins Meer wirft.« Er blickt in den Himmel, die Kamera fährt langsam von ihm weg nach oben, im letzten Bild sieht man einen kreisenden Vogel in den Wolken, der dort langsam verschwindet. Abspann.

Tashi steht also erneut am Scheideweg, nachdem seine Frau ihm eine »Lehrstunde« erteilt hat. Sein Blick fällt auf den Stein aus dem Anfang des Films, in dem das »Ozeanische« thematisiert ist. Dies verstehen wir auch als eine Anspielung auf die *Erfahrung der Nondualität*, die der Protagonist vielleicht in diesem Moment realisiert. So könnte man dann auch den hoch in den Lüften kreisenden Vogel als Ausdruck der Befreiung verstehen, gerade wenn man auch hier an den Beginn des Films denkt: Dieser Greifvogel nimmt einen Felsbrocken auf und wirft ihn auf ein Schaf ab. Am Anfang besteht also noch ein Gegensatz zwischen Mensch – in Form seiner Schafherde – und Natur (Dualität), der am Ende überwunden scheint. Auch könnte man diese letzte Einstellung der Kamera in den Himmel und auf den kreisenden Vogel, der dann auch noch in der Wolke verschwindet, als die zentrale Thematik von Form und Leerheit verstehen.

Der Himmel mit seinen sich ständig verändernden Wolken wird gern als Metapher für die meditative *Erfahrung des Gewahrseins* verwendet, auf dem die Gedanken wie Wolken kommen und gehen. Wie aber verhält sich der Praktizierende gegenüber dem Himmel und den Wolken?

In der buddhistischen Praxis wird hier gern die *Metapher des Berges* »Sumeru« (Sanskrit: wunderbar hoch) benutzt: Der Meditierende auf seinem Sitzkissen verhält sich wie ein Berg: Aufrecht in völliger Bewegungslosigkeit sitzt er und ist durch nichts und gar nichts zu erschüttern. Daraus entwickelt sich dann eine Festigkeit oder Unerschütterlichkeit, die dem Praktizierende jegliche Angst nimmt, sich auf die jeweilige Erfahrung ganz einzulassen, bis hin zu der Erfahrung, dass jegliches Verlangen nach Anhaftung oder Sicherheit direkt erlebt wird als Fluss und Veränderung. In einem Koan heißt es dazu: »*Diesen Berg Sumeru kann der Himmel nicht bedecken, die Erde kann ihn nicht tragen, der wehende Wind kann nicht in ihn eindringen, darüber gegossenes Wasser kann ihn nicht nass machen [...] In den Lehren heißt es, dass der Berg Sumeru sich achtzigtausend Meilen unter dem Wasser und achtzigtausend Meilen über dem Wasser erstreckt – nur ein Ozean könnte ihm Platz bieten. Der Berg hat sich nie jemals bewegt und die erscheinenden und immer verschwindenden Wolken sind immer friedvoll. Dongshan sagte: ›Der grüne Berg ist der Vater der weißen Wolken, die weißen Wolken sind die Kinder des grünen Berges – die weißen Wolken treiben den ganzen Tag um ihn herum, der grüne Berg schenkt dem überhaupt keine Beachtung*«* (Book of Serenity, 1988, S. 81 f., Koan 19; eigene Übersetzung)*.

Verbleibt man als Zuschauer in der dualen Welt, wird man sich unweigerlich fragen: Ja, wie entscheidet sich Tashi nun, geht er ins Kloster oder kehrt er zu seiner Frau zurück? Betrachtet man den Film aber als Repräsentanz einer Welt der verschiedenen Bewusstseinszustände, dann zeigt das Ende, dass der Protagonist wieder in Kontakt gekommen ist mit dieser *nondualen Ebene der Erfahrung*. Aus der Sicht der Wirksamkeit könnte man dann sagen, dass dieser

Bereich in ihm immer noch lebendig und zugänglich ist. Nicht die endgültige und konkrete Entscheidung, sondern diese Feststellung ist das Entscheidende. Dies entspricht vielleicht einer Aussage über die Wirksamkeit der psychoanalytischen Praxis, wenn etwa der französische Psychoanalytiker Jean Laplanche davon spricht, dass das schönste Ergebnis einer Analyse sei, wenn der Analysand die Beziehung zum Unbekannten aufrechterhält (Laplanche, zitiert nach Heenen-Wolff, 2012). Im Sinne der Dynamik von »Binden und Lösen« könnte man auch sagen, dass sich die Möglichkeit einer neuen Erfahrung ankündigt: Waren die horizontale und die vertikale Ebene in einem Entweder-oder-Verhältnis, eröffnet sich jetzt die Möglichkeit, beide Ebenen zu verbinden. Das allerdings bleibt letzten Endes offen.

Abbildung 59: Tashi in tiefer Verzweiflung

Abschließende Überlegungen

Dies ist also der zentrale Gedanke der vorgelegten Überlegungen: *Die »Wunden der Kindheit« im Sinne der postulierten »Leerstelle« werden zum Motor der spirituellen Suche, bleiben aber auch möglicherweise das entscheidende Hindernis auf dem Weg der »Befreiung«, da diese Wunden verhindern, dass sich ein »Sicherer Ort« – im Drinnen und Draußen – bilden kann:* Der Mensch bleibt auf der Suche nach sicheren Bindungen, die sich als Sehnsucht nach sexueller Vereinigung, Anerkennung eines instabilen Selbstgefühls und konkreten Resonanzbeziehungen zu anderen zeigen. Alles dies sind einerseits natürliche Bestrebungen, andererseits können sie bei entsprechend belastenden Kindheitserfahrungen zu suchtartigen Bindungen führen, die als Kompensationen oder Heilungen dieser Verletzungen dienen sollen. Man könnte sagen, dass bei entsprechender Interpretation diese Aussage auch in den »Vier Edlen Wahrheiten« enthalten ist: Durch negative, schmerzliche Erfahrungen entsteht ein besonders intensives Anhaften, Begehren, das in einem psychoanalytischen Verständnis seine Wurzeln in der Kindheit und spezifischen Verwundungen hat. Der latente Text der Filme scheint nahezulegen, dass sich in dieser kindlichen »Wunde« die Thematik von Getrenntheit und Sexualität ganz eng verbindet, denn alle Protagonisten haben frühe Trennungserfahrungen durchgemacht und leben auch nicht in einer durchschnittlich zu erwartenden Umwelt.

Allerdings stoßen wir hier auf ein Problem, das die immer wieder *rätselhafte Komponente des Sexuellen* berührt: In »Bodhidharma« taucht das Sexuelle praktisch nicht auf. In »Frühling« und »Samsara« ist das Sexuelle aber der entscheidende Einbruch in eine abgeschlossene Welt, die im Fall von »Frühling« durch die auftauchende Frau, im Fall von »Samsara« fast ausschließlich aus dem Inneren von Tashi – später allerdings verstärkt durch den Anblick der stillenden Mutter und die Begegnung mit Pema – entsteht. Das Sexuelle sprengt oder stört also den »meditativen Weg«, den die Meister in allen drei Filmen vorleben. Sie leben ein zölibatäres, asexuelles Leben, sie scheinen die sexuelle Bindung überwunden zu haben. Der alte Eremit zeigt Tashi den möglichen Weg: Erkenne die Vergänglichkeit des Körpers und der sexuellen Lust, und das wird dich von der Bindung daran befreien. Er zeigt wie Apo auch viel Verständnis für Tashis Verwirrung – offenbar haben beide diesen Prozess ebenfalls durchlaufen –, aber beide weisen den Weg des Verzichts auf, der sich in der entscheidenden Frage verdichtet: Auf einen zentralen Wunsch verzichten oder tausend verschiedene Wünsche befriedigen? Allerdings: Kann man auf etwas verzichten, was man nie gehabt oder erfahren hat? Dies ist die entscheidende Frage von Tashi.

Mehrfach wurde der Begriff der *Sublimierung* erwähnt. Nach Laplanche und Pontalis handelt es sich dabei um Folgendes: »Von Freud postulierter Vorgang zur Erklärung derjenigen menschlichen Handlungen, die scheinbar ohne Beziehung zur Sexualität sind, deren treibende Kraft aber der Sexualtrieb ist. Als Sublimierungen hat Freud hauptsächlich die künstlerische Betätigung und die intellektuelle Arbeit beschrieben. Der Trieb wird in dem Maße ›sublimiert‹ genannt, in dem er auf ein neues, nicht sexuelles Ziel abgelenkt wird und sich auf ein neues, nicht sexuelles Objekt richtet« (Laplanche u. Pontalis, 1971, S. 478 f.). Die Autoren beschreiben in der Folge, dass der Begriff schon bei Freud viele Unklarheiten beinhaltet. Wichtig erscheint, dass Freud die Sublimierung auf die prägenitalen Partialtriebe bezogen hat (Oralität, Analität und Phallizität), nicht aber auf die Genitalität. Es wird aber auch deutlich, dass Freud im Kern einen Vorgang zu fassen versucht, in dem das libidinöse Streben des Menschen (dessen Hauptabsicht ist, zu vereinigen, zu verbinden, festzuhalten) auf andere, sozial anerkannte Objekte verschoben wird. Ein klassisches und oft beschriebenes Beispiel: Die Lust am kindlichen Spielen im Dreck wird verschoben auf die künstlerische Gestaltung beim Malen. Laplanche und Pontalis schließen ihre Überlegungen, indem sie feststellen, dass das Fehlen einer zusammenhängenden Theorie der Sublimierung eine der Lücken im psychoanalytischen Denken ist. Diese Feststellung bleibt auch in einem neueren Beitrag von Albrecht Hirschmüller zur Sublimierung (2008) bestehen.

Sublimierung wäre in diesem Sinne aber *nicht Verzicht, sondern eine Verschiebung* von ursprünglich erotischen Antrieben auf nicht erotische Objekte und Ziele. Die in den Filmen dargestellten Meister hätten danach nicht auf das Sexuelle verzichtet, sondern ihre libidinösen Strebungen sublimiert, indem sie Buddha, die buddhistische Lehre und ihre Praxis libidinös besetzt haben. Es handelt sich dabei um einen Transformationsprozess, der bei den anderen Protagonisten in ihrer krisenhaften Entwicklung dargestellt ist, sicherlich am deutlichsten in »Frühling«, wo man die einzelnen Episoden in der Tat wie die vorangegangenen seelischen Bewusstseinszustände des Meisters auffassen kann.

Alle Filme kreisen danach um die zentrale Frage, welche seelischen Prozesse (in der Kindheit, der Jugend, der Erwachsenenzeit) den »meditativen Weg« ermöglichen oder erschweren. In »Samsara« und in »Frühling« wird besonders eindrücklich die konflikthafte Dimension dieses Weges gezeigt: Tashi, der zur Meisterschaft vorgesehen ist, ist nicht bereit oder fähig, die von ihm erwartete Sublimierung zu leisten – zu stark meldet sich das Begehren, das ihn allerdings auch durch die kulturelle Dichotomie von Kloster oder Alltag in die Entscheidungssituation drängt. In »Frühling« kann man eine ähnliche Konstellation beschreiben. Bei beiden ist jedoch die Verinnerlichung der buddhistischen Lehre – oder auch der Ansatz einer Sublimierung – so stark, dass ein Rückweg nicht ausgeschlossen ist. Während das Schicksal von Tashi offenbleibt – obwohl wir eben vermutet haben, dass er wieder Kontakt zur nondualen Erfahrung gefunden hat –, ist in »Frühling« vielleicht wirklich von einer gelungenen Sublimierung zu sprechen: In der Winterepisode entsteht durch die junge Frau noch einmal eine Versuchungssituation, der der junge Meister aber widersteht.

Zusammenfassend können wir sagen: Sublimierung ist ein psychologisch-psychoanalytischer Begriff, den es im Buddhismus in dieser Hinsicht nicht gibt. *Die Psychologie beschreibt seelische Prozesse, die aber ebenfalls in der buddhistischen Praxis wirksam sind.* Aus der Sicht von »Binden und Lösen« könnte man auch sagen: Ein Trieb, ein Wunsch, ein Bedürfnis, an das das Subjekt gebunden ist, löst sich auf und bindet sich an ein anderes Objekt. Dieser basale Prozess von »Binden und Lösen« ist universal. In der Zenpraxis wird jedoch eine sehr weitgehende »Entbindung« angestrebt, die aber immer noch Spuren von Bindung enthält. Im Zen wird das Ich-Selbst »gelöst«, indem die Bindungen an das Ich gelockert werden, während die Bindungen ans »Selbst« (als Nicht-Selbst im Sinne von andauernden Prozessen) verstärkt entstehen. Um es noch klarer zu beschreiben: Diese Bindung ist das Einwilligen in die Realität der kontinuierlichen Prozesshaftigkeit oder auch Veränderung. Dies bedeutet aber nichts anders als das Gegenwärtigsein in jedem Moment.

9 Im Dialog mit den eigenen Erfahrungen

In diesem Kapitel wollen wir die drei besprochenen Filme als Spiegel der eigenen Erfahrungen mit dem Buddhismus generell und mit dem »meditativen Weg« des Zenbuddhismus im Besonderen diskutieren. Die Filmbilder werden in diesem Sinne als Visualisierung der eigenen inneren Welt betrachtet. In mehreren filmpsychoanalytischen Arbeiten habe ich (R. Z.) diesen Zugang näher beschrieben: am Beispiel von Hitchcocks »Spellbound« (Zwiebel, 2007b) und »Das Fenster zum Hof« (Zwiebel, 2015a), Hanekes »Das weiße Band« (Zwiebel u. Hamburger, 2016) oder die Fernsehserie »In Treatment« über einen analytisch orientierten Therapeuten (Zwiebel, 2017, im Druck). Der Zuschauer tritt dabei in einen inneren Dialog mit dem Filmkünstler und betrachtet den Film als Erweiterung seiner Selbsterfahrung und Selbsterkundung. In der Wendung des Blickes auf das eigene Selbst können die Filmbilder auf diese Weise die »blinden Flecken« im Erleben des Zuschauers ein wenig aufhellen. Es bleibt die schwierige Aufgabe, sich nicht allzu weit von den Filmbildern zu entfernen, sondern diese wirklich als »*ungeträumte Träume*« *des Zuschauers,* wie schon erwähnt, zu verstehen (siehe auch Kapitel 2).

Als Koautoren müssen wir uns an dieser Stelle trennen und stellen unsere eigenen Erfahrungen mit den Filmen gesondert dar.

Mein ambivalenter Zugang zum Buddhismus (R. Z.)

Das Kinoerlebnis von »Frühling« war für mich bei Erscheinen des Films in Deutschland so eindrücklich, dass ich mir den Film gleich am nächsten Tag noch einmal anschaute. Der Film berührte sofort meine eigene innere Thematik in der jahrelangen Auseinandersetzung mit der Psychoanalyse und dem Zenbuddhismus. Wie wir beschrieben haben, kommt ja »Psychoanalyse« in dem Film direkt gar nicht vor, sondern man kann den Film ähnlich wie »Bodhidharma« als ein visuelles Lehrstück des Buddhismus verstehen. Ich glaube aber, dass ich in dem Manifesten des »Buddhistischen« zugleich das Implizite des »Psychoanalytischen« zu erkennen meinte und davon fasziniert war. Als ich den Film sah, hatte ich mich bereits dreißig Jahre lang mit Psychoanalyse als Kandidat und praktizierender sowie lehrender Psychoanalytiker auseinandergesetzt und seit zehn Jahren auch mit einer buddhistischen Praxis begonnen.

Die Ursprünge dieser Praxis lagen in längeren Reisen nach Indien, einer begonnenen Yogapraxis, einer Begegnung mit dem zenbuddhistischen Text »Zen-Geist – Anfänger-Geist« von Shunryu Suzuki (1990) und schließlich in einem eher zufälligen Treffen mit Richard Baker-Roshi, Nachfolger von Suzuki, dessen Gruppe ich mich danach anschloss. Während mir die psychoanalytische Praxis doch mehr oder weniger in Fleisch und Blut übergegangen ist (was natürlich gewisse Zweifel und Selbstzweifel nicht ausschließt), schien mir die buddhistische Praxis auch in ihrer Ritualisierung (die Sitzmeditation, das Rezitieren von buddhistischen Sutren wie das Herz-Sutra, das Tragen der Roben der Adepten etc.) manchmal nach wie vor fremd, vielleicht sogar suspekt. Man bedenke dabei, dass der Buddhismus im Westen vielfach die Rituale, die Sprache und Tradition der asiatischen Formen übernimmt, die für einen westlichen Menschen – zusätzlich zu meiner grundlegenden religiösen Skepsis – immer wieder anziehend, aber auch irritierend wirken können. Während ich mich also im psychoanalytischen Denken und der entsprechenden Praxis relativ vertraut und sicher fühle – auch dies die Beschreibung eines »Sicheren Ortes« –, konnte ich mich mit dem »meditativen Weg« nur langsam vertrauter machen und auch anfreunden. Einfach ausgedrückt, blieb eine *gewisse Ambivalenz* stets spürbar. Viele Zweifel beschäftigten mich in diesem Zusammenhang immer wieder und ich fragte mich oft, ob ich mich nicht auf einen Irrweg begeben hatte. Etliche Jahre später sprach ein renommierter Altmeister der Psychoanalyse genau diese Zweifel mir gegenüber direkt an: »Ihre Beschäftigung mit dem Buddhismus ist ein Irrweg.« Dies war in etwa die innere Situation, als ich »Frühling« das erste Mal vor über zehn Jahren sah. »Bodhidharma« habe ich schon früher gesehen, der Film hatte aber nicht eine so starke Wirkung auf mich.

Ich vermute, dass vor allem die eindrücklichen Bilder von »Frühling« – der Inseltempel, die Abgeschiedenheit des Ortes, die starke Reduktion des Sprachlichen, die Bilder der kindlichen Last und die Darstellung eines Weges der Befreiung – *unbewusste Phantasien* bei mir ansprachen, die mit der eigenen Suche zusammenhingen, eben vor allem auch mit der Frage, was mich persönlich am Buddhismus so anzog und anzieht. Damals hätte ich wohl nicht formulieren können, was wir jetzt in diesem Buch zu beschreiben versuchen: die *Sehnsucht nach einem »Sicheren Ort« und vor allem nach einem »Stillen Ort«*. Kann man sich eine eindrücklichere Visualisierung eines »Sicheren und Stillen

Ortes« als den kleinen Tempel mitten im See vorstellen, einen Ort, der nur mit einem Boot zu erreichen ist? Es ist ein idyllisches, idealisiertes Bild der Autarkie, der Freiheit, der Ruhe und Friedlichkeit, der Abgeschiedenheit – also eben auch eine Wunschvorstellung.

Dies erweist sich ja sehr bald im Film, da doch die Außenwelt hereindrängt, aber auch die Unruhe und Unsicherheit von innen geweckt wird. Der Unruhe verursachende Trieb, wie ihn die Psychoanalyse beschreibt, und die Sehnsucht nach Sicherheit und Stille werden hier in den Filmbildern in ihrer *ewig konflikthaften Dimension* eindrücklich dargestellt. Diese konflikthafte Dimension, die ich selbst auch in meinem eigenen Erleben wiederfinde, durchzieht auch die beiden anderen Filme: in »Bodhidharma« mehr als Konflikt zwischen der Sehnsucht nach »Befreiung« und den Verpflichtungen der Mutter gegenüber, in »Samsara« aber noch deutlicher als Konflikt zwischen dem sexuellen Begehren und der Suche nach einem »Stillen Ort«.

Dieser wird im Buddhismus gern als »Nirwana« beschrieben – ein Ort, an dem die Unruhe des Geistes zur Ruhe gekommen ist, wie es in dem zitierten Koan von Bodhidharma erwähnt wurde (siehe S. 45). Dabei war mir wohl sehr früh klar, dass die Vorstellung von *Nirwana* als einem jenseitigen, zukünftigen Ort ein häufiges Missverständnis ist: Nirwana meint »Erlöschen« aller Reaktionen des Geistes auf die Sinneseindrücke und die eigenen inneren Impulse – ein Zustand »reiner Beobachtung«. Daher verstehe ich auch unsere Bezeichnung des »Stillen Ortes« als eine metaphorische Umschreibung dieses geistigen Zustandes.

Es ist allerdings bemerkenswert, dass das »Östliche« in Form der östlichen Traditionen gern mit Ruhe und Stille assoziiert wird, während doch die reale asiatische Alltagswelt ein Ort voller Hektik, Lärm und Unruhe ist. In allen drei Filmen wird aber dieses Bild eines ruhigen, sicheren und stillen Ortes visualisiert, der *als Möglichkeit und Versprechen* aufrechterhalten bleibt, selbst wenn der Alltag als »Samsara« (d. h. »beständiges Wandern« als Zyklus des immerwährenden Werdens und Vergehens) immer wieder die Vorstellung einer dauerhaften Sicherheit und Stille als Illusion entlarvt. So verstehe ich dann auch die Schlussbilder aller Filme, die auf die Möglichkeit eines solchen Ortes als Ausdruck einer mentalen Verfassung verweisen – in »Frühling« der in der Abendsonne sitzende Bodhisattwa Avalokitesvara, in »Bodhidharma« der in der Ferne mit einem Ochsen ziehende Kibong und in »Samsara« der Blick in den Himmel mit dem frei fliegenden Vogel.

Aber die Frage, die für mich persönlich damit immer verbunden bleibt, ist die *Frage nach der Umsetzung:* also das Problem, inmitten eines alltäglichen Lebens mit immer wieder entstehender Unsicherheit und Unruhe diesen möglichen Ort zu entwickeln und zu bewahren.

Es ist dies allerdings eine Frage, die sowohl für den »meditativen Weg« als auch für den »analytischen Weg« zentral bleibt: Wie lassen sich die Erfahrungen und Einsichten auf dem »Kissen« und auf der »Couch« in den Alltag übertragen? Wie soll man es verstehen, wenn man nach einem langen Meditationswochenende in den familiären Alltag zurückkehrt und als Erstes in einen heftigen Konflikt mit der Ehefrau gerät? Es ist hier eine zentrale Frage angesprochen, die mich immer wieder bewegt: Es geht um das Verständnis oder eben auch Missverständnis der jeweiligen Praxis. Beispielsweise kann die Suche nach dem »Stillen Ort«, wie er in einem Kloster, in dem ein intensives Meditationsretreat angeboten wird, psychologisch als ein *defensiver Rückzug* an einen konfliktfreien Ort verstanden werden, gerade weil die konflikthafte Alltagswelt schwer erträglich erscheint und die Konflikte unlösbar erscheinen. Dann ist die Suche nach dem »Stillen Ort« auch ein Zurückweichen vor der Beziehungswelt mit ihren unvermeidlichen Konflikten. Man denke nur an die Möglichkeit eines zölibatären Lebens im Kloster als mögliches Ausweichen vor einem scheinbar unlösbaren sexuellen Konflikt! Mir scheint, dass in allen drei Filmen diese Bewegung auch angedeutet wird: Der Schüler flieht vor den Verfolgern in den Tempel, nachdem er seine Frau getötet hat; Kibong flieht vor der für ihn aussichtslosen häuslichen Situation mit der blinden Mutter; und Tashi flieht ins Kloster zurück, als er sich heillos in das weltliche Leben verstrickt hat.

An diesem Punkt setzt ja oft die psychoanalytische Kritik an, dass nämlich der »meditative Weg« auch als eine regressive Bewegung verstanden werden kann, die nicht *ins* Leben, sondern gerade *aus* dem Leben führt (siehe dazu auch die Überlegungen zur »Zufluchtnahme«, S. 204). Allerdings gibt es diese Gefahr auch auf dem »analytischen Weg« in Form der *unendlichen Analyse* oder Therapie, wenn sich also der Patient nicht aus der therapeutischen Beziehung lösen kann – auch dies eine Form der regressiven Vermeidung dem konflikthaften Alltagsleben gegenüber. Auf diese Dynamik von Progression und Regression wird im letzten Kapitel noch einmal Bezug genommen.

Ich verstehe also diese Sehnsucht nach dem »Stillen Ort«, die mir wie vielen anderen Menschen vertraut ist, durchaus auch in seiner problematischen Seite. Heinz Weiss hat diese Dynamik aus klinischer Sicht beschrieben: »Orte des seelischen Rückzugs lassen sich auf unterschiedliche Weise beschreiben. Manchmal stellen sie zeitlose Inseln dar, auf denen ein paradiesischer Zustand endlos währt. Manchmal entsprechen sie Höhlen oder Verstecken, die vor Kälte, Schmerz und Bedrohung Schutz gewähren [...] Gemeinsam ist allen diesen Zuständen, dass sie dem Individuum zunächst Zuflucht gewähren, sich allmählich in ein Gefängnis verwandeln und schließlich zu Verliesen werden, aus denen kein Weg hinausführt« (Weiss, 2016, S. 134). Mir scheint, dass die Filme diese *ambivalente Spannung von Fluchtpunkt und Gefängnis* des »Stillen Ortes« sehr klar zeigen und dies bis heute ein immer wieder zu lösendes Problem für mich persönlich geblieben ist.

Wie Hartmut Rosa in seinem Buch »Resonanz« (2016) die Dynamik von *Begehren und Angst* als zentrale psychologische Dimension der Weltbeziehung verstanden hat, so kann man die Suche nach dem »Stillen Ort« auch in diesem Spannungsfeld sehen: das Begehren nach einem Ruhepunkt, an dem die äußere und innere Unruhe »gestillt« wird, aber gleichzeitig auch die Angst vor dem Erreichen dieses Ortes, der dann als bedrohlich erlebt wird – nach meiner Erfahrung vor allem in der Erfahrung der Leere, der Haltlosigkeit oder dem Stillstand, der dann mit dem Tod assoziiert wird. Wer kennt nicht die Erfahrung der Vermeidung »Stiller Orte« im Alltag (ich denke nicht nur ans stille Örtchen, sondern ans Autofahren und andere alltägliche Momente der Untätigkeit), in dem die aufkommende Stille und Ruhe durch Lesen, Musikhören, Fernsehen, Telefonieren etc. abgewehrt wird. Man bedenke auch, dass in unserer gegenwärtigen Kultur die *Vermeidung von Stille konstitutiv* ist: Fast alle öffentlichen Räume werden in irgendeiner Weise ständig beschallt.

Aber was fürchtet man so sehr in der Begegnung mit der Stille? Ist es die Realisierung der Grund- und Haltlosigkeit der eigenen Existenz, der »Leerheit« im buddhistischen Sinne? Stellen doch alle Aktivitäten zur Kompensation der Stille Haltepunkte dar – und wenn es nur die eigenen Gedanken und Phantasien sind. Es ist die Suche nach der Verbindung mit etwas Festem, Konstantem und Vertrautem als Schutz vor der Erfahrung des Momenthaften und des ständig Fließenden des Lebens – eben der Vergänglichkeit. So gesehen durchziehen alle Filme diese grundlegende *Konfliktdynamik zwischen Verstrickung in das weltliche Beziehungsleben und der Freiheit* – wie wir es im Kapitel 8 als grundlegende Bipolarität von »Binden und Lösen« beschreiben.

Die Bilder der Filme scheinen mir aber auch noch andere Assoziationen und Erinnerungen zu wecken, die die beschriebene Thematik der »Abwesenheit« berühren. Im Grunde sind es Bilder einer großen *Einsamkeit*, auch hier wieder am stärksten in »Frühling« visualisiert. Heute frage ich mich, ob die Filmbilder Erinnerungen an meine eigene Kindheit wecken, in der ich viel Einsamkeit erfahren habe: als Einzelkind ohne Geschwister, als alleinige Bezugsperson die Mutter in einer zerbombten Stadt, der teilweise abwesende Vater, bedrohliche Krankheiten etc. Man könnte fragen, welche Rolle die frühe Erfahrung von Einsamkeit für den späteren Lebensweg wirklich spielt, wenn ich bedenke, dass sowohl die analytische Praxis als auch der »meditative Weg« eine intensive Auseinandersetzung mit Einsamkeit und Alleinsein bedeutet. Bekannt ist Bions Aussage, dass der Analytiker Einsamkeit ertragen muss (das »Alleinsein in der Anwesenheit des anderen«, siehe auch Weischede u. Zwiebel, 2009), mutet die analytische Situation doch dem Analytiker durch die Asymmetrie, Abstinenz und Anonymität der analytischen Situation und Beziehung zu, auf die Befriedigungen alltäglicher Kommunikation weitgehend verzichten zu müssen. Aber man könnte auch die Praxis der Meditation – man denke nur an das Extrem des jahrelangen Rückzugs von Tashi in »Samsara« – als eine Einübung ins Alleinsein und in die Erfahrung der Einsamkeit verstehen. Das Beschreiten des »analytischen Weges« und des »meditativen Weges« könnte aus einer solchen Perspektive der Versuch einer Bewältigung sein, sich nämlich mit frühen seelischen Zuständen auseinanderzusetzen und sie zu überwinden, sicherlich immer mit der Gefahr verbunden, sie lediglich zu wiederholen und in ihnen gefangen zu bleiben. Erneut taucht hier der »Stille Ort« in seiner Ambivalenz auf: als Ort des Erwachens und der Freiheit und als Ort der Gefangenschaft, Verlorenheit und Einsamkeit. Das Letztere scheint aus meiner Erfahrung aber vor allem dann besonders wirksam zu sein, wenn sich das verletzte oder verwundete Ich-Selbst durch die meditative Praxis als gefährdet erlebt und unterschiedliche defensive Mechanismen entwickelt.

Hier ist noch einmal die Beziehung zwischen dem »Sicheren Ort« und dem »Stillen Ort« berührt, die unseren ganzen Text durchzieht. Die Suche nach dem »Stillen Ort« verstehe ich letztlich als die *Sehnsucht nach innerer Freiheit* – und zwar vor allem als Freiheit von den vielen Leid verursachenden Täuschungen und Bindungen. Diese Suche ist aber von vielen Hindernissen begleitet, vor allem wenn das Ich-Selbst verletzt ist und sich immer wieder durch unterschiedliche Bindungen oder problematische Lösungen schützen muss. Die buddhistische Nonne Tenzin Palmo, auf deren Biografie wir kurz hinweisen (siehe S. 126), hat dies in verblüffend einfachen Worten auf die Frage nach der Psychotherapie im Westen im Vergleich zur buddhistischen Praxis am Beispiel eines verletzten Armes ausgeführt: Auf diesen verletzten Arm muss man ständig aufpassen, während der gesunde Arm meist unbemerkt seine Funktionen ausführen kann. Sie sagt: »Wenn man gleichermaßen ein verletztes Ich, ein verletztes Selbstgefühl hat, wie es bei vielen Menschen der Fall ist, dann denkt man ständig an sich selbst! Deshalb ist Psychotherapie so populär, deshalb reden wir ständig über das Ich, über mich, über meins. […] Aus solch einer Geisteshaltung heraus kann man das Selbst nicht dekonstruieren, weil das Selbst leidet. Wir müssen das Selbst also zunächst heilen; wenn sich das Selbstgefühl in einer Balance befindet, dann denken wir nicht mehr so viel über uns selbst nach« (Palmo, 2016, S. 53 f.). Die angesprochenen Ängste vor dem »Stillen Ort« kommen nach dieser Überlegung vor allem aus der Unsicherheit des »Sicheren Ortes« als Ausdruck dieses verletzten Ich-Selbst. Wenn dieser im Hintergrund seine tragenden Funktionen ausüben kann, dann wird eine bessere Balance zwischen Binden und Lösen ermöglicht und die innere Freiheit potenziell erreichbar.

Die Filme zeigen für mich damit vor allem die grundlegende *emotionale Dimension im Buddhismus* als eine weitere Verbindung zwischen dem »meditativen Weg« und dem »analytischen Weg«. Am stärksten sind für mich persönlich die Bilder des »Steins auf dem Rücken« aus »Frühling« oder auch der gefangene Vogel aus »Bodhidharma« und der sehnsuchtsvolle Blick auf die stillende Brust in »Samsara«. Es geht um die »Last der Kindheit«, die im Gegensatz zur idealisierten Version der Kindheit immer mit schmerzlichen Gefühlen der Angst und des Schuldgefühls verknüpft bleibt. Eindrücklich werden die Ängste vor Trennung und Verlassenheit, aber auch der Verlust der kindlichen Unschuld visualisiert.

Im Buddhismus werden stärker als in der Psychoanalyse *Wandel und Vergänglichkeit* der menschlichen Existenz *als zentrale Leidensquelle* herausgestellt. Auch dies erkenne ich in den Filmbildern, etwa die frühe, offenbar zu frühe Konfrontation mit dem Tod. Hier findet sich eine Verknüpfung in der Innenwelt zwischen der Erfahrung des Todes und der eigenen Wirkmächtigkeit oder illusionären Allmacht. Die grundlegende Erfahrung der Abwesenheit – die Trennung von den elterlichen Objekten oder die Todeserfahrung beim Anblick der toten Tiere – wird dann schuldhaft erlebt, als habe man sie selbst verursacht oder verursachen wollen. Unabhängig von dieser Bedeutung der Kindheit, über die wir ja ausführlich im 7. Kapitel sprechen, deutet sich in den Filmen diese *emotionale Verbindung zur eigenen Vergangenheit* an. Der Stein auf dem Rücken symbolisiert dann alles das, was man in der Vergangenheit in seinem bisherigen Leben erlebt und getan hat – eine emotional schwere Last, wenn diese mit starken negativen Emotionen wie Trauer, Wut, Enttäuschung, Angst, Scham etc. angefüllt ist. Bleiben sie abgespalten, wird die Last noch drückender und wirkmächtiger.

Ein wesentliches Ziel der Psychoanalyse ist es wohl, die Fähigkeit zu entwickeln, zwischen *Schuld und Schuldgefühl* zu unterscheiden, die Schuld zu ertragen und zu verarbeiten und die Schuldgefühle als Ausdruck unverstandener Wünsche und Phantasien zu überwinden. In der Psychoanalyse nach Melanie Klein wird dies theoretisch als die Balance zwischen paranoid-schizoider und depressiver Position beschrieben. Wie kann man dabei dieses »Verarbeiten« der Schuld verstehen?

In »Frühling« gibt es *keine ewige Verdammnis* für den Mord an einem anderen Menschen, sondern eine *Buße* (das ist die Anerkennung der Schuld), eine Absage an die Selbstbestrafung (das drücken offenbar die Schläge des Meisters aus) und eine Form der *Wiedergutmachung* und Reparation (das Erbe des Meisters anzutreten, sich mit ihm und der Lehre zu identifizieren und auch darin, sich fürsorglich dem neuen Kind und Schüler zuzuwenden). Der »Ort der Stille« könnte in diesem Zusammenhang als ein Ort missverstanden werden, in dem all dieser emotionale Ballast abgeworfen werden kann.

An anderer Stelle haben wir auf den Unterschied von »Loswerden« und »Loslassen« verwiesen: *Loswerden* bedeutet aus psychoanalytischer Sicht Abspalten, Verdrängen, emotionale Dissoziation und führt nicht zur Befreiung von Schuld und Leiden. *Loslassen* bedeutet dagegen, die negativen Affekte im Leben zuzulassen, aber sich nicht mit ihnen zu verbinden, sich nicht an sie zu fixieren, sondern durch Einsicht und Mitgefühl zu verarbeiten, was als eine Art Loslösung verstanden werden kann. Der »Stille Ort« wäre dann ein seelischer Zustand, in dem die eigenen Handlungen und Taten aus einem Abstand der »reinen Beobachtung« klar betrachtet werden können: Einsicht in die eigene Unwissenheit und Mitgefühl mit den anderen und sich selbst angesichts der Unvollkommenheiten und Unvorhersehbarkeiten der eigenen Handlungen. Hier kann ich eine *Quelle der Wiedergutmachung,* die im psychoanalytischen Denken eine wichtige Rolle spielt, entdecken. Das wäre aus buddhistischer Sicht eine Form, karmische Wirkungen aufzuheben.

Wenn ich in diesem Zusammenhang an meine eigene Lebensschuld denke – es sind vor allem zwei wesentliche Ereignisse, die ich hier nur andeuten möchte (der »Stein« auf dem Rücken) –, dann erlebe ich immer wieder ein Schwanken zwischen dem Gefühl, dass diese Handlungen unverzeihlich sind, und einer Form der Anerkennung ihrer Unvermeidlichkeit. Diese Unvermeidlichkeit besteht darin, dass die schuldhafte Handlung aus einem Wirkungsgefüge entstanden ist, das nur begrenzt der eigenen bewussten Kontrolle unterworfen war.

Die aktuellen und vergangenen Handlungen sind aber zugleich Ausdruck und Symptom der eigenen Persönlichkeit (Böhm, 2016). Der entscheidende Schritt scheint in der Verarbeitung deshalb gerade darin zu bestehen, die Verantwortung für dieses Handeln zu übernehmen und die Handlungen als Ausdruck und Symptom der eigenen Person anzuerkennen. Dies scheint mir verdichtet in dem Bild des Jungen in »Frühling« und des jungen Meisters bei seinem Aufstieg mit dem angebundenen Stein zum Ausdruck zu kommen: die grundlegende menschliche Situation des *unschuldig Schuldigwerdens.* Um leben zu können, muss der Mensch ins Leben eingreifen, sich der Welt und den anderen annähern, das Leben beeinflussen, auf es einwirken, es bestimmen, sich von ihm bestimmen lassen, sich aber auch immer wieder trennen, ohne zu wissen, welche »Schäden« dies in der Welt, beim anderen und bei sich selbst bewirkt.

Daher beeindrucken mich persönlich vor allem die beiden Filme »Frühling« und »Bodhidharma« aus dieser Perspektive der Schuld so stark, weil sie ein illusionäres Missverständnis des meditativen »Stillen Ortes« aufdecken: Selbst in größter Abgeschiedenheit ist es *unvermeidlich, zu handeln* (um physisch und psychisch zu überleben). Und auch Nicht-Handeln kann als eine Form von Handeln aufgefasst werden! Und jede Handlung hat ungewisse Folgen: Der Kleine in »Bodhidharma« fängt den kleinen Vogel ein, der für ihn als verlassener Waisenjunge eine Art Übergangsobjekt im winnicottschen Sinne ist: Die Folge seiner »Fürsorge« ist allerdings der Tod des Vogels. In »Frühling« hat das Eingreifen des Kindes für mich eine andere Bedeutung: Es ist wie ein Verweis auf die angesprochene anthropologische Dimension des Menschlichen, nämlich in die Natur einzugreifen und eingreifen zu müssen, sie zu zähmen und kontrollieren zu wollen, verbunden mit einer lustvollen emotionalen Komponente, die zwischen sadistischer Lust an der Grausamkeit und der Freude über die eigene Wirkmächtigkeit schwankt.

Erneut verstehe ich hier die Suche nach einem »Stillen Ort« in seiner ambivalenten Dimension: Sie könnte danach also sowohl defensiv motiviert sein (die *Illusion eines handlungsfreien Ortes,* an dem man dem menschlichen Grunddilemma entkommen kann – vielleicht wie die Höhle im Dreijahresretreat oder die Klause des Einsiedlers in »Samsara«) als auch progressiv als ein Ort, in dem das eigene Handeln in achtsamer Übereinstimmung mit der gegenwärtigen Situation geschieht. In »Samsara« gibt es diesen kleinen Moment, in dem Pema mit ihrem Sohn das Schifflein im Bach sich seinen Weg suchen lässt: *Den Wandel zu bestimmen zu versuchen oder sich mit dem Wandel zu verbinden,* wäre hier die entscheidende Differenz. Nach meinem Verständnis ist Letzeres der Kern der daoistischen und buddhistischen Weisheit. Der »Stille Ort« ist dann aber kein Ort der Abgeschiedenheit, sondern ein Ort, an dem man mit der jeweiligen Lebenssituation achtsam verbunden bleibt, ohne sich über diese Situation zu setzen und sie kontrollieren zu wollen. Ist das die Botschaft in »Samsara« mit dem Wassertropfen, der ins Meer geworfen werden soll? Auch dies würde ich in einem bipolaren Sinne verstehen wollen: Die *Selbstbehauptung* ist die eine Seite (den Tropfen vor dem Austrocknen zu schützen) mit der unvermeidlichen Schuld; die *Verbindung mit dem Ganzen* ist die andere Seite (siehe auch Kapitel 8). Beide sind Gegensätze, die in der Schwebe gehalten werden können, wenn es – wie wir beschrieben haben – zur Entwicklung von Ambiguitätstoleranz gekommen ist. Der japanische Zenmeister Dogen hat die eindrückliche Metapher der Bootsfahrt für die *Meisterung des Lebens* gefunden, die ich selbst auch für die psychoanalytische Praxis hilfreich finde (siehe auch Kapitel 7 bzw. 8; Elberfeld, 2006a; Zwiebel, 2013).

Ein anderer wichtiger Aspekt aller drei Filme ist für mich die *Lehrer-Schüler-Beziehung*. Wie empfinde ich die dargestellten Meisterfiguren? Wie schon genauer beschrieben, haben mir die Filme auch meine eigene *Sehnsucht nach einem authentischen Meister* bewusst gemacht und mich zum Nachdenken darüber gebracht, was denn die Eigenschaften und Funktionen eines Meisters sind. Aber vor allem wecken die Filme die Frage nach der konkreten Beziehung zu Meistern in meinem Leben. So blieb ich mein ganzes Leben mit meinem ersten Lehranalytiker in lockerem Kontakt, obwohl ich wohl wie viele Kandidaten und spätere Analytiker die Phantasie entwickelte, seine Meisterschaft überflügeln zu können. Es drückt sich offenbar darin der Wunsch nach der eigenen Meisterschaft aus (oder in psychoanalytischer Terminologie: die Überwindung des Ödipuskomplexes). Aber auch dies mag eines der vielen Missverständnisse im Leben sein, geht es doch bei einem anderen Verständnis von Meisterschaft *nicht um Konkurrenz, sondern um eine Form der Gegenseitigkeit,* auch um einen möglichen Austausch der Plätze von Meister und Schüler.

In jedem Fall lösen die Filmbilder die Frage nach der analytischen und der buddhistischen Meisterschaft aus. Aber was ist überhaupt mit der Meisterschaft gemeint? In einem weitesten Sinne könnte man von einem »Meistern des Lebens« sprechen, für das der konkrete Meister als *Vorbild* dient. Er verkörpert dieses »Meistern des Lebens« in gewisser Weise wie gute Elternfiguren, die ihren Kindern den Weg ins Leben und auch aus dem Leben zeigen: die Beziehung zum anderen Geschlecht, das verantwortungsvolle Leben in der Gemeinschaft, den Umgang mit Schmerz und Leiden, die Toleranz für Widersprüche und den Abschied vom Leben. Psychologisch gesehen repräsentiert der Meister ein *gutes, inneres Objekt,* das das eigene »Meistern des Lebens« mit ermöglicht. Karlfried Dürckheim nennt es den »Inneren Meister« (2001). Dieses Bild vom Meister wäre danach eine wesentliche Komponente des »Sicheren Ortes«. Aber ich frage mich, ob die Bedeutung des Meisters nicht über diese Beschreibungen hinausgeht. Betrachtet man den Meister als »Weg-Weiser« in dieser doppelsinnigen Bedeutung, dann spielt eben der Meister als *Repräsentanz von Weisheit und Mitgefühl* eine die elterliche Funktion überschreitende Rolle.

In den Filmen ist eindrucksvoll für mich, wie die Funktionen der Elternschaft, des Lehrers und des Meisters im Verständnis des »Weg-Weisers« verschmelzen. Als Elternersatz stehen die Fürsorge und Erziehung im Vordergrund, als Lehrer die Vermittlung von Wissen und als Meister das konkrete Vorleben, also zu zeigen, wie man das Leben in ganz konkreter Weise, in Mitgefühl und Weisheit »meistern« kann. Für den buddhistischen Meister kann man wohl formulieren, dass es nicht nur um das »Meistern« des Lebens in einem alltäglichen Sinne geht, sondern um die besonderen Erweiterungen der menschlichen Möglichkeiten im Sinne eines Erwachens, das sich eben als Weisheit und Mitgefühl oder auch als Realisierung des »Stillen Ortes« erweist. In »Frühling« ist dies auf wunderbare und einfache Weise visualisiert: der sorgsame Umgang mit den Kräutern, der Hinweis auf die Verantwortung mit ihren Folgen, der Hinweis auf die Einfachheit des Lebens und die grundlegend positive Haltung dem Leben gegenüber. Auch in »Bodhidharma« finden sich diese Komponenten, hier aber auch noch das Vorleben bezüglich des Sterbens: Kibong wird die Aufgabe übertragen, die sterblichen Überreste des Meisters zu »versorgen« – eine Fürsorge über den Tod hinaus. Es ist übrigens in Indien eine Aufgabe des Sohnes, die sterblichen Überreste des Vaters dem Feuer zu übergeben. Dies löst bei mir persönlich die Erinnerung an das Sterben meiner Eltern aus: In beiden Fällen erlebte ich ihre Haltung dem Tod und dem Sterben gegenüber als vorbildhaft, mit der Folge, dass meine Angst vor dem Sterben sich milderte.

Die Filme zeigen aber noch einen anderen wichtigen Aspekt, nämlich den Unterschied zwischen der Beziehung zum *konkreten, realen Meister* und der Beziehung zu einem *imaginären, virtuellen Meister*. Als Psychoanalytiker beispielsweise begegnet man vielen »Meistern«, nur wenigen in konkreter Weise – der eigene Lehranalytiker, die Supervisoren und Lehrer während der Ausbildung, die namhaften Kollegen auf den Tagungen –, aber vielen in virtueller Weise: die großen Namen mit ihren Schriften, angefangen bei Freud bis hin zu modernen psychoanalytischen Meistern wie Bion, Lacan, Kohut etc. Man kann durchaus eine Art Meister-Schüler-Beziehung zu einem abwesenden, vielleicht schon gestorbenen Meister entwickeln, wie dies ja viele Psychoanalytiker auch tun, wenn sie sich als Freudianer, Kleinianer, Winnicottianer etc. verstehen. Auch im Buddhismus findet sich diese Differenzierung: Auch hier ist und bleibt Shakyamuni Buddha der große Meister, auf den sich alle späteren, lebenden und toten Meister beziehen und bezogen haben. Die Filme legen nahe, dass für die Entwicklung auf dem buddhistischen Weg die konkrete, reale Begegnung und Begleitung durch einen *lebenden Meister* unabdingbar ist. Der Schüler erlebt auf diese Weise ganz real, im alltäglichen Umgang, den Meister als Modell und wie das »Leben gemeistert« werden kann.

In der Auseinandersetzung mit den Filmen entdeckte ich einen ungelösten Konflikt in meiner Beziehung zu den Meistern oder zur Meisterschaft: Meine Gebundenheit an den analytischen Meister (Freud und seine Nachfolger, aber auch meine analytischen Lehrer und Kollegen) hat – wie ich nur langsam realisierte – eine tiefere Verbundenheit mit einem buddhistischen Meister eher erschwert. Die stärkste innere Bindung habe ich an den buddhistischen Meister Shunryu Suzuki, dessen körperliche Nähe ich aber nie erlebt habe, weil er schon lange tot war, bevor ich seine Schrift »Zen-Geist – Anfänger-Geist« (1990) kennenlernte. Den real erlebten Meister Baker-Roshi konnte ich aus unterschiedlichen Gründen – nicht alle sind mir wirklich durchsichtig – nicht im Sinne einer tiefen Meister-Schüler-Beziehung voll besetzen. Diese erlebe ich bei meinem Freund Gerald Weischede in seiner Beziehung zu Baker-Roshi, der über diese Thematik noch berichten wird. Diese tiefe Verbundenheit wird in den Filmen allerdings in eindrücklicher Weise dargestellt und auch im Schrifttum als absolut notwendiger Schritt auf dem »meditativen Weg« angesehen. Dies muss sich aber auf einer wirklichen, realen Ebene abspielen und nicht in einer imaginären, fiktiven Welt: Freud oder Shunryu Suzuki sind dann imaginäre Meister, die den Test der realen Begegnung nicht mehr bestehen müssen, sodass die Bindung an diese Repräsentanzen ein Schutz vor Enttäuschung und Desillusionierung im wirklichen Leben sein kann. Die Filme machen mich persönlich also auf einen Mangel aufmerksam, der sich durch eine ambivalente, zweifelnde Hingabe an den »meditativen Weg« manifestiert. Es ist interessant, dass ein kenntnisreicher Kritiker unseres letzten gemeinsamen Buches über Buddhismus und Psychoanalyse (Zwiebel u. Weischede, 2015) diese »Leerstelle« bei mir deutlich benannt hat. Aus psychoanalytischer Sicht könnte man diese ganze Thematik auch aus der Sicht der Vater-Sohn- bzw. Vater-Tochter-Beziehung besprechen, was aber den Rahmen dieses Textes sprengen würde. Festzuhalten bleibt bei einer Übertragung auf den »analytischen Weg« und den »meditativen Weg« die Unterscheidung zwischen der *Identifizierung mit der Person* des Lehrers, Meisters oder auch Vaters und der *Identifizierung mit der Praxis oder Methode* – also der Praxis auf dem »Sitzkissen« und auf der »Couch«. Die Ablösung von der Person würde eine Überwindung der personalen Bindung bedeuten, aber gleichzeitig die »Bindung« an den Weg zu garantieren haben.

Interessant in diesem Zusammenhang ist, dass in den Filmen *reale Väter* kaum auftauchen: In »Frühling« steht der Meister an der Stelle des Vaters; in »Bodhidharma« ebenfalls, der Vater von Kibong hängt als Erinnerungsbild an der Wand – der imaginäre Vater; und in »Samsara« wird Tashi selbst Vater und scheint an dieser Rolle zu scheitern, vielleicht, weil er ebenfalls diese »Leerstelle« des abwesenden Vaters erfahren hat. Aber in allen drei Filmen übermittelt der Meister den Schülern eine zentrale Botschaft, die man auch als »väterlich« beschreiben kann: Sie beinhaltet im Kern die Antwort auf die zentrale Frage der »Meisterung des Lebens« und des Sterbens.

Was diese »Väter« allerdings vorleben, ist eine *Kultur des Verzichts:* der Verzicht auf Sexualität, auf die Beziehung zu einer Frau oder einem Partner, der Verzicht auf Materielles, auf Ruhm und Erfolg. In Kapitel 8 sprechen wir in diesem Zusammenhang über die Rolle der Sublimierung aus psychoanalytischer Sicht. Es bleibt zu betonen, dass dies eine psychologische Perspektive ist. Wie Gerald Weischede ausführt, braucht der Weg zum »Erwachen« sicher die Fähigkeit, eine große Frustrationstoleranz zu entwickeln, auch zu sublimieren, dann aber verwirklicht sich nach seiner Auffassung eine solche Tiefe der Erfahrungen, dass es gar nicht mehr um Verzicht geht, sondern um das jeweilige Einordnen der Sexualität, von Ruhm und Erfolg etc. in das Ganze – sprich in den konkreten jetzigen Augenblick. Es geht dann wohl mehr um eine Stimmigkeit im Rahmen des Ganzen. Anstelle des Verzichts – das wäre die psychologische Dimension – stellt sich die Frage: *Ist mein Handeln oder Nicht-Handeln heilsam oder unheilsam, bringt es mehr oder weniger Leid in (meine) die Welt?* Oder noch elementarer ausgedrückt: Woran binde ich mich jetzt, wovon löse ich mich jetzt, in diesem Moment der anstehenden Entscheidung?

In Übereinstimmung zu realen Vätern im Leben verweisen die Meister ihre Schüler also auf eine Form der Sublimierung (im Sinne des Verzichts), im Unterschied zu ihnen aber auch auf eine *Praxis, die Verzicht voraussetzt und zugleich überschreitet:* nämlich die Identifizierung mit einer Haltung dem Leben gegenüber, die durch die Bindung an die Lehre und Praxis des »meditativen Weges« bei gleichzeitigem Lösen von Leid verursachenden Bindungen verwirklicht werden kann. Es ist dies übrigens eine Beschreibung, die auch auf die Entwicklung des Psychoanalytikers zutrifft: der erfahrene Verzicht in der Beziehung zum eigenen Lehranalytiker wird durch die Identifizierung mit der Haltung und Praxis der Psychoanalyse überwunden. In »Frühling« und »Samsara« revoltieren die Schüler, indem sie diesen sublimierenden Weg des Verzichts infrage stellen und ins weltliche Leben gehen, ohne dass der Meister sie aufzuhalten versucht. Hier sind sie in der Tat wie »gute Väter« oder auch echte Meister, indem sie nämlich die *Autonomie anerkennen* und vermitteln, dass jeder Mensch ein Recht hat, seinen eigenen Weg zu suchen und zu gehen. Damit praktizieren sie gleichsam die Botschaft des Buddha: »Sei dir selbst ein Licht!« Sie bleiben aber auch bereit, die Schüler wieder aufzunehmen, die Revolte also als notwendigen Schritt der Lebensmeisterung anzuerkennen. Diese Meister haben also ihren eigenen Narzissmus überwunden, wie es sich ja auch ganz klar in ihrer Lebensführung zeigt.

Mich erinnert dies an die Erfahrung mit meiner zweiten Analytikerin, der ich von meinen ersten buddhistischen Gehversuchen erzählte, ohne dass sie dies ausschließlich als Vermeidung und Widerstand gegen die Arbeit mit ihr interpretierte. Sie ließ mich also auch »gehen«, wie die Meister in den Filmen, in der vertrauensvollen Erwartung, dass ich auch wieder zurückkehren würde, was sich auch bewahrheitete.

Vielleicht ist das eine der größten Sehnsüchte vieler Menschen, einen Meister zu finden, dessen Lehre und Lebenspraxis in Übereinstimmung sind. Aus meiner Erfahrung ergeben sich hier viele Enttäuschungen von Schülern – seien sie nun Analytiker oder buddhistische Schüler –, wenn sie diesen Wunsch in der Realität doch als Ausdruck einer Idealisierung erkennen müssen. Daher sind die Skandale in analytischen und buddhistischen Kreisen so katastrophal, weil sie dieses gute »innere Objekt« der »Meisterung des Lebens« ernsthaft gefährden.

Aber gehört nicht zum Meister auch die »*Kunst des Scheiterns*«, die Zweifel, wie sie etwa der Meister in »Bodhidharma« ausdrückt oder Apo in »Samsara«, indem er als letzte Botschaft eine Frage stellt und keine Gewissheit postuliert?

Endlich: Meinen Weg gefunden (G. W.)

Die »Suche« des Menschen ist die *Suche nach weniger Leiden* und es ist die *Suche, die große innere Unruhe zu beenden* oder sie zumindest zu besänftigen. Intuitiv spüren die Menschen, dass dies etwas mit Stille und Ruhe zu tun hat, zuerst mit äußerer Stille und Ruhe, dann mit der inneren. Im Laufe der Zeit entwickelt sich dann so etwas wie ein *Weg*, der kontinuierlich gegangen, gepflegt und kultiviert werden kann.

In allen drei Filmen ist ein zentraler durchgehender Strang die *Schüler-Lehrer-Beziehung*, eine Beziehung, die mich persönlich sehr betrifft, stehe ich doch nun seit mehr als dreißig Jahren (seit 1983) als Schüler in Beziehung zu meinem Zenlehrer. Lehrer hat es in meinem Leben ab dem 18. Lebensjahr allerdings einige gegen. Dazu zähle ich auch meine Ausbildungslehrer und Lehrerinnen in den verschiedenen Formen der Therapie, aber im Speziellen die Lehrer, die mich auf meinem spirituellen Weg begleitet haben: Karlfried Dürckheim, Maria Hippius, Hildegund Graupner, Harada Seki-Roshi und Richard Baker-Roshi. Der Wunsch nach einem »Lehrer« ist zu Beginn meiner Studienzeit aufgekommen, der Wunsch nach einer Person, mit der ich die Dinge besprechen konnte, die mich wirklich betreffen: die Erfahrungen als Kleinkind mit meinem Asthma, durch die starken Hustenanfälle immer wieder in die Nähe des Erstickens zu kommen; eine diffuse Angst, das Leben könnte gleich zu Ende sein, die mich als Kind immer mehr oder weniger begleitet hat. Diese und andere tiefgreifende Erfahrungen mit dem Asthma führten, gerade in der Pubertät, zu einer tiefen Einsamkeit, die ich erst in der Zeit meines Studiums wieder auflösen konnte. Gerade in der Zeit der starken Veränderung, der Pubertät, hatte ich kaum jemanden, mit dem ich sprechen konnte (siehe auch die Überlegungen zur An- und Abwesenheit in Kapitel 7). Hier wird deutlich, wie wichtig tragende Beziehungen gerade in der Entwicklung hin zum Erwachsenen sind und welche fatalen Wirkungen ein Nicht-Vorhandensein solcher Beziehungen haben können: Beziehungslosigkeit und die Unfähigkeit, langfristig tragende Beziehungen eingehen zu können.

Ein Nur-auf-sich-Bezogensein, ein Allein-mit-sich-Klarkommen ist dann – und hier hat eine solche Entwicklungsgeschichte schon etwas Tragikomisches – natürlich eine gute Voraussetzung für sehr langes Meditieren auf dem Sitzkissen: zu wissen, ich kann es allein, ich werde an diesem Alleinsein nicht zerbrechen und ich werde auch nicht verrückt. Wichtig war in diesem Zusammenhang aber auch die Erfahrung, dass *radikale Entscheidungen* möglich sind. Diese Radikalität habe ich auch in meinem weiteren Leben immer wieder dann an den Tag gelegt, wenn Lebenssituationen für mich nicht mehr tragbar waren, sei es in Beziehungen oder, noch wichtiger, in unhaltbaren Arbeitsbedingungen. Waren sie nach langem Ausprobieren und Aushalten nicht mehr wirklich befriedigend, habe ich sie beendet, mit all den daraus zu erwartenden Konsequenzen.

Richard Baker-Roshi – ich würde ihn, neben meinen anderen Lehrern, als den wichtigsten Lehrer bezeichnen, als meinen »Wurzellehrer« – ihm begegnet zu sein, war ein wirkliches Glück, war und ist er doch eine gute »Mischung«: Zum einen ist er ein im besten Sinne Intellektueller mit schier unglaublichem Wissen und zum anderen eine Person, die ganz und gar durchdrungen ist vom Zen. Sein Wissen und das gleichzeitige tiefe Ergriffensein von dieser uralten Tradition haben mich damals sehr berührt und tun es auch immer noch. Und es hat mir die Entscheidung leicht gemacht, mich ebenfalls auf diesen Weg zu begeben.

Im Alter von 33 Jahren habe ich, wieder sehr radikal, mein bisheriges Leben aufgegeben und folge seitdem dem *Zenweg*. Begonnen hat dieser Weg mit einem Aufenthalt in einem japanischen Kloster, gefolgt von einem zehnjährigen Leben in einem Kloster in den USA. Weitere sechs Jahre verbrachte ich in einem Kloster im Schwarzwald. Bei den beiden letzten Klöstern war ich jeweils als Gründungsdirektor, zusammen mit meiner Frau Gisela, am Aufbau beteiligt.

Einer der wichtigsten Aspekte in der Lehrer-Schüler-Beziehung ist das *»Binden und Loslassen«*. Ein Schüler möchte sich an den Lehrer binden, möchte einen Lehrer »haben« und der Lehrer möchte einen Schüler »haben« und ihn an sich binden. Gleichzeitig aber will der Schüler seine Autonomie nicht verlieren, stark geprägt von einer Angst, »abhängig« zu werden. Aber auch der Lehrer will keinen »abhängigen Schüler«, sondern einen, der ihm ganz zugewandt ist, aber gleichzeitig einen eigenen Stand hat. Hier entsteht im Laufe der Zeit eine Art *Pendelbewegung*, die es dem Schüler ermöglicht, sich nach und nach, in seinem Rhythmus und seiner Geschwindigkeit, immer weiter auf die Praxis einzulassen. Aber auch für den Lehrer ist es eine Pendelbewegung zwischen Strenge – dem Beharren auf den Regeln und der Tradition – und einem gütigen Lassen, das man als »großväterliches« oder »großmütterliches« Verhalten bezeichnen könnte. Es sind dies die Qualitäten, die der Lehrer Apo immer wieder an den Tag legt und so Tashi sehr deutlich machen, dass es letztendlich »seine« Entscheidungen sind, die er zu treffen hat. Der Lehrer ist hier Begleiter auf dem Weg mit den entsprechenden Erfahrungen und den »neuen Landkarten«, aber auch mit der klaren Botschaft, dass die Hauptarbeit auf diesem Weg vom Schüler zu leisten ist.

Dieses *Sein-Lassen* ist eine wichtige Lehrerqualität. Apo lässt seinen Schüler Tashi einfach gehen, obwohl er ihn hätte aufhalten können. Auch im Film »Frühling« greift der Lehrer in das Weggehenwollen seines Schülers nicht ein. Es ist dies die Fähigkeit, dem Schüler einen *Rahmen* zu geben, sozusagen als Angebot, das der Schüler annehmen kann oder eben auch nicht. Ein »guter« Lehrer ist streng in einem solchen Rahmen, gleichzeitig aber auch komplett nachgiebig und unterstützend in dem, was der Schüler macht, auch außerhalb des Rahmens der Praxis. Hier tritt bei den Lehrern ein großes Maß an Vertrauen zutage, dass der Schüler schon das Richtige für sich tut, und sei es auch, den Praxisweg nicht fortsetzen zu wollen – was sich in den Filmen aber eben nicht bestätigt, denn das in sie gesetzte Vertrauen wird belohnt.

Für das gegenseitigen Bezogensein von Lehrer und Schüler wird im Zen das Bild von *Henne und Ei* benutzt: Wenn das Küken im Ei so weit entwickelt ist, dass es schlüpfen will, wird es das nicht allein können, die Eierschale ist zu widerstandsfähig. Es macht daher erste Klopfzeichen mit seinem Schnabel an die Schaleninnenwand. Daraufhin beginnt die Henne, ebenfalls Klopfzeichen zu machen, um dann mit einem ersten Aufbrechen der Schale zu beginnen, am Anfang nur ein wenig, denn das Küken muss nun seinen Teil an dem Aufbrechen leisten. In einem Hin und Her des Aufbrechens der Schale kann das Küken dann schlüpfen. Dies ist ein ganz zutreffendes Bild auch für die sich entwickelnde Lehrer-Schüler-Beziehung: Vom »Bebrüten« über das Stadium des »Kükens« bis hin zum sich entwickelnden Praktizierenden macht es die, oft auch lang dauernde, Reife und Entwicklung im Zen deutlich. Es ist dies auch ein »*Sich-Aufrichten-am-Lehrer*«: Dieser leistet Widerstand dem Schüler gegenüber, der Schüler wird gefordert, aber gleichzeitig stellt dies keine Blockade dar, die den Schüler aufgeben lassen würde, ein »Reiben am Lehrer«, das den Schüler wachsen lässt. Nach langen Jahren der Lehre steht dann irgendwann der Schüler in seiner ganzen Aufrichtung neben seinem Lehrer. Es ist die Anerkennung des Lehrers dem Schüler gegenüber, dass er jetzt »neben« ihm stehen kann. Dies ist möglicherweise der Moment, in dem die Übertragung von Lehrer zu Schüler in einem ersten Schritt begonnen hat. Die Lehrlinie kann jetzt weitergetragen werden, benötigt aber noch viele weitere Jahre des Lernens, des tiefen Erfahrens und Erlebens.

All diese Prozesse und ebenfalls die weiter unten beschriebenen habe ich als Zenschüler durchlaufen, mit vielen Widerständen, Zweifeln und ab und zu auch dem Wunsch, diesen Weg nicht weiter zu praktizieren. Ich habe mich immer wieder gefragt, wieso ich dann doch *weitergegangen* bin. Entscheidend hierfür waren, im Rückblick betrachtet, zwei Ereignisse:

Zum einen: Mein Aufenthalt in einem traditionellen japanischen Kloster war schwierig für mich. Der gesamte Ablauf des klösterlichen Alltags mit seinem Stundenplan und seiner fast unerbittlichen Durchsetzung, brachte mich immer wieder an den Rand meiner Möglichkeiten. Von heute aus betrachtet sind meine Ich-Selbst-Strukturen damals radikal infrage gestellt worden und tief erschüttert worden. Inmitten einer wieder einmal äußerst schwierigen Durchgangsphase wurde mir sehr unvermittelt klar, dass *diese Zenpraxis die Grundlagen und Grundfragen meiner menschlichen Existenz berührt.* Eine Berührung, die ich mir von meinen therapeutischen Selbsterfahrungen und therapeutischen Ausbildungen immer gewünscht hatte, mich in dieser Tiefe aber nie erreicht hatte. Und hier waren sie, die direkten, unvermittelten Erfahrungen und Einsichten in mein Leben. Es war wie ein Wachwerden für diesen Weg, ein Sich-Öffnen für die drei Grundlagen der buddhistischen Lehre und Praxis: Erwachen ist möglich, mein psychisches und geistiges Leiden kann beendet werden, und es ist möglich, zu wissen, wie ich in der Welt existiere und wie die Welt tatsächlich existiert.

Das zweite Ereignis, das mich auf den Weg »gehalten« hat, war das Ablegen der *Gelöbnisse.* Dies beschreibe ich weiter unten; es ist die Zufluchtnahme zu Buddha, Dharma und Sangha. Es war eine Neuausrichtung, die mir enormen Halt gegeben hat und immer wieder gibt: die Person Buddha als Vorbild, aber auch als Ausgangspunkt für meine Praxis; der Dharma als eine wirklich ganz und gar überzeugende Lehre; und die Sangha, eine mittlerweile große Gruppe ebenfalls Praktizierender, die mich immer wieder unterstützt und die ich unterstütze.

Natürlich beinhaltet eine Schüler-Lehrer-Beziehung immer auch Aspekte einer Eltern-Kind-Beziehung. Je nachdem, wie offen der Schüler dem Lehrer gegenüber ist, ist eine mögliche Einflussnahme vonseiten des Lehrers schon bedeutend. Eine solche Einflussnahme ist ja erwünscht, ist aber einerseits oft mit Ängsten vor Abhängigkeit und Manipulation verknüpft. Andererseits ist eine solche Beziehung oft wie eine *weitere Sozialisation,* aber dieses Mal nicht eine, die von den Eltern, den Ausbildungsstrukturen oder allgemein von der jeweiligen Gesellschaft vorgegeben sind, sondern in diesem Fall ist es eine Sozialisation, eine Erziehung, die sich der Meditierende, vielleicht zum ersten Mal in seinem Leben, sich *selbst ausgesucht* hat. Die Bezeichnung Sozialisation oder Erziehung ist hier möglicherweise nicht ganz stimmig, besser ist vielleicht ein *Eintreten in eine Struktur,* die sowohl Elemente des Lernens aufweist – das Studieren von Texten, das Arbeiten an und mit Koans und die sehr wichtigen Belehrungen des Lehrers – als auch solche, die dadurch wirksam sind, dass sich der Meditierende einfach nur auf sie einlässt. Dazu zählen natürlich das oft lange Meditieren auf dem Sitzkissen, das Befolgen eines herausfordernden Stundenplans und Tagesablaufs und die Ritualisierung vieler, auch alltäglicher, Handlungen. Es ist weniger ein Lernen, sondern ein Sich-Einlassen auf diese ungewohnten Strukturen, die dann durch ihre Wirksamkeit zu entsprechenden Veränderungen führen. Hier ist das zeitweise Leben in klösterlichen oder klosterähnlichen Bedingungen natürlich von großer Bedeutung, wie dies in allen drei Filmen deutlich wird. Die Beziehungen und Auseinandersetzungen zwischen dem Alltag und einem klösterlichen Leben machen ja einen wichtigen Teil des Spannungsbogens der Filme aus.

Die Grundlage einer solchen Beziehung ist immer die von tiefem *Vertrauen* des Schülers in den Lehrer, ein Vertrauen in die Fähigkeiten des Lehrers, ein guter Begleiter auf den Weg zu sein. Ein solches Vertrauen entwickelt sich in der Regel durch gemeinsame Erfahrungen, hier im klösterlichen Alltag, aber auch im Studium des eigenen Geistes, bei dem der Lehrer ein unverzichtbarer Begleiter ist. Die Arbeit mit und an Koans ist ein typisches Beispiel, an der ich sicher gescheitert wäre, hätte mich mein Lehrer nicht immer wieder mit großer Geduld, aber auch Unnachgiebigkeit und Strenge zum Koan »zurückgeführt«. Ausweichen, sich nicht einlassen wollen, mit einem Wort: »Widerstände« sind ein großes Hindernis auf dem Weg, die in der Regel nur mit einem Lehrer des Vertrauens aufzulösen sind. Im Laufe der Jahre hat sich bei mir ein Vertrauen in den Lehrer, aber auch in die klösterlichen Umstände und Gegebenheiten entwickelt.

Entscheidend aber war die Entwicklung eines *Vertrauens in meinen eigenen Geist* (»trust in mind«): Es ist dies die Erfahrung, dass mein Geist im Laufe dieses »Trainings« sich selbst immer genauer studiert hat, sich kennengelernt hat, sich angenommen und akzeptiert hat, »so wie er ist«.[26] Im Laufe der Zeit haben sich auf dieser Grundlage mehr und mehr *sich selbst verstärkende Veränderungsprozesse* entwickelt, die eine große Eigendynamik an den Tag gelegt haben und immer noch legen, natürlich unterstützt vom Lehrer und den »guten Bedingungen« eines klösterlichen Alltags, aber insbesondere durch das sehr

---

26 Hierzu aus philosophische Sicht Harry Frankfurt: »Was genau macht es uns Menschen *möglich*, uns selbst ernst zu nehmen? Im Grunde ist es etwas, das elementarer und grundlegender für unsere Menschlichkeit und auch unscheinbarer ist als die Vernunftbegabung oder die Liebesfähigkeit. Es ist unser besonderes Talent, uns von dem unmittelbaren Inhalt und Fluss unseres eigenen Bewusstseins abzusetzen und eine Art Spaltung innerhalb unseres Denkens einführen zu können. Dieses elementare Manöver etabliert eine nach innen gerichtete kontrollierende Überwachung. Es schafft eine elementare reflexive Struktur, die es uns ermöglicht, unsere Aufmerksamkeit direkt auf uns selbst zu richten« (Frankfurt, 2016, S. 18).

regelmäßige und häufige *Zazen*. Zazen verstanden als das präzise Einnehmen der Buddhahaltung auf dem Sitzkissen, eine Sitzhaltung, die dann mehr und mehr zu »meiner Haltung« geworden ist. Über die Jahre ist so ein tiefes Vertrauen in diese Form von Eigendynamik und Selbstentwicklung meines Körpers und Geistes entstanden. Es ist ein *Selbstvertrauen* auch im Sinne von »Treue zu sich selbst«.

In allen Filmen wird deutlich, dass die erwähnten Fähigkeiten der jeweiligen Lehrer von unschätzbarer Wichtigkeit sind. Sie sind Begleiter, die den Schüler immer wieder aus seiner Ich-Selbst-Bezogenheit herausholen und so den so wichtigen Abstand zu der jeweiligen Situation herstellen und dem Schüler auf diese Weise deutlich machen, in welchen größeren Rahmen seine Handlungen einzubetten sind. Dazu bedarf es gut geschulter Lehrer (und Analytiker auf dem bedingt vergleichbaren »analytischen Weg«), um diesem von den Schülern in sie gesetzten Vertrauen gerecht werden zu können. Apo im Film »Samsara« legt diese Fähigkeiten an den Tag, ebenfalls der Meister in »Frühling« und auch der Meister in »Bodhidharma«, der streng und fast unerbittlich sich als sehr traditioneller Lehrer zeigt: Diese Strenge und Unbeugsamkeit des Lehrers scheint im Gegensatz zu der Aussage zu stehen, das Leben doch einfach zu lieben: »Wie schön ist die Welt doch für den, der sie zu lieben versteht!«

Bei diesem Meister aus »Bodhidharma« dreht sich vieles um den Körper, dennoch bleibt ein Gefühl von Ablehnung dem Körperlichen gegenüber zurück. Ist Erleuchtung für ihn ausschließlich die Erleuchtung des Geistes? Was ist mit dem »*Erleuchtungskörper*«? In allem ist der Lehrer sehr streng mit sich selbst. Diese Strenge erwartet er auch von seinen Schülern. Ist es nur durch Strenge möglich, Befreiung zu erlangen? Der schwache Körper muss scheinbar bezwungen werden. Rührt daher auch sein eigenartiges Verhalten, keine Medizin zu sich zu nehmen, und wenn sie dann von seinem Schüler unter nicht unbeträchtlichen Mühen besorgt wird, sie nur widerwillig oder gar nicht (er lässt sie verbrennen) einzunehmen?

Hier schimmert aus meiner Sicht eine Art *Körperfeindlichkeit* durch, die mir auch aus meiner Praxis bekannt ist: Erwachen ist ausschließlich das Erwachen des Geistes. Der Körper ist eher ein Vehikel, ein Behälter, in dem all dieses stattfindet. Es hat länger gedauert, bis ich realisiert habe, dass *die Zenpraxis sehr körperlich ist,* beginnend mit einer klaren Körperhaltung auf dem Sitzkissen bis hin zur den vielen Achtsamkeitsübungen, die den Fokus richten auf den Atem, die »Vier Edlen Körperhaltungen« (das Feste, das Flüssige, das Warme, das Kalte), das Lebendigsein und den toten Körper. Dass dieser lebendige Körper nicht nur die Grundlage für alles Leben bedeutet, sondern der Meditation immer »vorausgeht« und so den Geist immer wieder über seine Materialität bindet und im jetzigen Augenblick *verankert,* all dies ist mir erst durch langes Üben und genaues Studieren deutlich geworden.

Eine wichtige Frage im Rahmen der traditionellen Lehrlinie ist die nach ihrer möglichen *Weitergabe.* In »Samsara« wird Tashi im Rahmen einer großen Zeremonie Lehrer, an den große Erwartungen vonseiten seiner Klosterbrüder, aber auch von seinem Abt und Lehrer gestellt werden. In welcher Form findet eine »Übertragung der Lehrlinie« statt? Traditionell wird davon ausgegangen, dass dies »außerhalb der Schriften« passiert, es ist die Übertragung von Herz zu Herz und von Geist zu Geist. Eine solche Übertragung ist in der Regel nur möglich, und so habe ich es erlebt, wenn Lehrer und Schüler für eine längere Zeit in einem klösterlichen Rahmen zusammenleben. Dieses gemeinsame Leben besteht dann aus Meditation, Ritualen, Belehrungen, mündlichen Unterweisungen, Koanarbeit, aber eben auch aus Alltag und Alltäglichem und schafft so einen »Raum der Übertragung«. In allen drei Filmen sind die Lehrer sehr darum bemüht, all dies innerhalb ihrer jeweiligen Tradition an die nächste Generation weiterzugeben. Diese *Räume der Übertragung,* in ihren jeweilig anderen Kontexten, machen die Filme wunderbar »sichtbar«:

Die schwimmende, von der Welt abgeschlossene Insel in »*Frühling*«, auf der es »zwei Räume« gibt: ein einziger Raum im Inneren des Tempels, der aus zwei weiteren Räumen besteht, dem Schlafraum und dem Tempelraum, beide nicht durch eine Wand getrennt, aber durch eine Tür, die frei im Raum steht und durch die Lehrer und Schüler zwischen den beiden »Räumen« wechseln. Nur einmal wird dies durchbrochen, als der verliebte Schüler auf kürzestem Weg an der Tür vorbei zu dem Mädchen unter die Bettdecke kriecht. Räume sind, dies macht der Film deutlich, auch dann unterschiedlich, wenn sie nicht materiell unterscheidbar sind, sondern anders behandelt werden. Raum im Raum, endlos sich öffnende Räume in Räumen: eine wunderbare Metapher für Welten jenseits von Welten. Der zweite »Raum« auf der Insel ist der Außenraum, die Plattform, auf der der kleine Tempel steht. Dieses »Außen« dient dem Alltäglichen, wie Essen und Gesprächen, als Bootsanleger, aber dieser Raum dient auch der »Bearbeitung« des Herz-Sutras, die sich der bereuende Schüler »einritzt« und an dem er sich eine ganze Nacht lang abarbeitet. Besonders beeindruckt hat mich in diesen Szenen die Hilfe, die der Schüler von den Polizisten bekommt. In einem Nachspann (dargestellt im »Making-of« des DVD-Bonusmaterials) zum offiziellen Film beteiligen sich sogar viele Filmmitarbeiter am Einritzen des Herz-Sutras in das Deck der Insel. In diesen »Inselräumen« findet – nicht direkt sichtbar, aber wirksam – die Übertragung der Lehre statt, deren Ausdruck dann der zurückkehrende Schüler ist, um den Tempel seines Lehrers zu übernehmen.

Die »Räume der Übertragung« in »*Bodhidharma*« sind die ganz traditionellen klösterlich-buddhistischen Anlagen, die so konzipiert und aufgebaut sind, dass sie die Praxis auf Schritt und Tritt unterstützen. Viele der Filmbilder zeigen diese Gebäude und vermitteln, auch durch die langsame Kameraführung, dem Zuschauer einen Eindruck von Stille und Praxisatmosphäre. Aber auch die Abgeschiedenheit der Tempelanlage vom alltäglich bewegten Leben spielt hier eine wichtige Rolle. Und immer wieder sind die mündlichen Unterweisungen des alten Lehrers zu vernehmen, für seine Schüler, aber auch für die Zuschauer, die somit direkt in diese Prozesse mit einbezogen werden. Dieser Film ist von allen drei Filmen der, der den Zuschauer in direktester Weise an dem Filmgeschehen teilhaben lässt.

Auch in »*Samsara*« findet eine Übertragung der Lehren in einem ganz traditionellen Kontext statt: ein tibetisches Kloster, ebenfalls abgeschieden auf einem kleinen Berg. Der Film zeigt das Klosterleben auch als alltägliches Leben, immer wieder durchdrungen von Ritualen und ritualisierten Festen. Der Höhepunkt der Übertragung der Lehrlinie findet dann in der großen Zeremonie statt, in der Tashi den Eintritt in die Lehrlinie vollzieht und ihm vonseiten seiner Mitstreiter hohe Erwartung entgegengebracht werden.

Übertragung, dies machen alle drei Filme sehr deutlich, ist ein *längerer Prozess des Wandels* »*innerer Räume*«. Dabei werden bekannte »Alltagsräume« verlassen zugunsten von »*Praxisräumen*«, die durch die Art und Weise ihres Aufbaus diesen Wandel beschleunigen und unterstützen.

Das, was man in der Regel als Weg, als Suche, als spirituellen Weg bezeichnet, ist immer erst einmal eine Suche nach einem »anderen Ort«. Dieser ist dadurch gekennzeichnet, dass er sich außerhalb des normalen, in der Regel immer sehr bewegten Lebens befindet. Es ist die *Suche nach weniger Bewegung*, was man als Stillwerden oder als Stille beschreiben könnte, aber auch die Suche nach einer anderen Geschwindigkeit. Der *stille körperliche Ort* geht dem still werdenden Geist sozusagen voran.

Dieser *andere Rhythmus* steht in allen drei Filmen im Vordergrund: Die Insel im Film »Frühling« erfordert allein durch ihre Lage auf dem Wasser verlangsamte Geschwindigkeitsabläufe, da sie nur mit einem Boot zu erreichen ist. Aber auch die Größe der Insel, ihre räumliche Beschränkung macht andere Rhythmen erforderlich. In »Bodhidharma« spielt ebenfalls die räumliche Abgeschiedenheit eine große Rolle. Der Alltag steht in diesem Film oft im Vordergrund, und es entsteht eine Art Sog, durch den der Zuschauer in diese sehr intensiven, oft verlangsamten Rhythmen hineingezogen wird. In »Samsara« wird diese Geschwindigkeitsveränderung schon zu Beginn des Filmes deutlich: Tashi hat drei Jahre, drei Monate und drei Tage mehr oder weniger bewegungslos in seiner Höhle verbracht. Der Film beginnt mit der Botschaft an den Zuschauer: Es bedarf einer stark reduzierten körperlichen Geschwindigkeit, eines anderen Rhythmus, um mit der inneren, geistigen Unruhe anders umgehen zu können, um so den Geist ebenfalls zur Ruhe kommen zu lassen. Die Suche nach dem Stillen Ort beginnt mit dem Aufsuchen eines solchen äußeren Ortes.

Ein weiterer wichtiger Aspekt auf dem »Weg« ist der der *Zufluchtnahme*. Im Film »Frühling« kehrt der Schüler auf die Insel zurück und nimmt Zuflucht bei seinem Lehrer (hier auf der Flucht vor der Polizei), die dieser ihm auch gewährt. Die Zufluchtnahme ist in der buddhistischen Praxis ein zentraler Begriff. Mit ihr wird die Hinwendung zu einem neuen Lebensabschnitt beschrieben, die traditionell von einer Zeremonie begleitet ist und in der Gelöbnisse abgelegt werden. In der Regel ist diese Zufluchtnahme verbunden mit der Entscheidung, seinem Leben eine Neuausrichtung zu geben, die sich dann ganz konkret auf drei Ebenen bezieht:

- Eine Zufluchtnahme zum »Buddha« bedeutet, die Person Siddhartha Gautama, der vor etwa 2.500 Jahren gelebt hat, zum Vorbild zu nehmen als einer »erwachten« Person, die ein Leben frei von Gier, Hass und Verblendung verwirklicht hat.
- Die zweite Ebene der Zufluchtnahme bezieht sich auf die Lehre des Buddha, in der sowohl die Philosophie als auch die praktischen Übungen dargelegt werden.
- Die dritte Ebene beschreibt die Notwendigkeit, diese Praxis und Neuausrichtung in einer Gruppe, der Sangha, gemeinsam zu verwirklichen. Dies ist in der Regel eine Klostergemeinschaft; im Rahmen einer Laienpraxis kann sich aber ebenfalls eine solche Sangha etablieren.

In einer Zeremonie wird diese Neuausrichtung verbunden mit dem Ablegen von Gelöbnissen, von denen die fünf grundlegenden die Folgenden sind: *nicht zu töten, nicht zu stehlen, nicht zu lügen, kein sexuelles Fehlverhalten an den Tag zu legen und keine berauschenden Mittel zu nehmen, die den Geist trüben.* Diese Gelöbnisse haben sicher Ähnlichkeiten mit den christlichen Geboten, sind in ihrer Ausrichtung aber ganz anders konzipiert. Bei ihnen geht es in allererster Linie darum, dass die Person, die die Gelöbnisse ablegt, sie auf sich selbst anwendet.

Das Gelöbnis, nicht zu lügen, bedeutet so betrachtet, *dass die Person sich selbst nicht mehr belügt,* dass die Person (ab sofort) immer ehrlich zu sich selbst ist. Dies ist natürlich ein Einübungsprozess, setzt dieses Gelöbnis doch voraus, dass die Person die (inneren) Lügen, Halbwahrheiten und Erklärungs- und Beschönigungsmuster, die sie tagtäglich auf sich selbst anwendet, erkennt und beendet. Auf dieser Grundlage sind es nicht immer »die anderen«, die die Unwahrheit sagen; es ist somit eine Art Rücknahme und Anwenden der Gelöbnisse auf sich selbst.

Diese Anwendung der Gelöbnisse führt dann zur *Entwicklung eigener Grundsätze,* die, auf die eigene Person angewendet und an sich selbst ausprobiert, weniger Regeln und Gesetze von außen notwendig machen. So konnte ich neue Grundsätze entwickeln, die im Rahmen meiner Meditations- und Achtsamkeitspraxis mehr und mehr ein Leben ermöglichen, dessen neue Ausrichtung und Zielsetzung zunehmend an Mitgefühl und Weisheit ausgerichtet sind.

Der »*Stille Ort*« als ein Ort, an dem die innere Unruhe ein Ende hat: Dies ist kein einmaliges Finden, sondern ein *andauerndes, Immer-wieder Herstellen dieses Ortes,* täglich neu. Um dies zu veranschaulichen, ist es sinnvoll, sich einen Fluss vorzustellen, durch den es einen senkrechten »Schnitt« gibt, der Fluss wird sozusagen von der Seite her betrachtet. Dieser Fluss stellt unseren Geist dar: Am oberen Ende des Schnittes ist das Wasser des Flusses bewegt, der Geist ist bewegt in seinen alltäglichen Aktivitäten. Je weiter man sich auf der Schnittlinie nach unten bewegt bis hin zum Grund des Flusses, desto ruhiger fließt das Wasser, desto ruhiger wird der Geist. Er sinkt sozusagen ab, wird ruhiger und ruhiger. Am Grund fließt der Fluss langsam und stetig, der Geist ist ruhig und reagiert nicht (mehr) auf die Aktivitäten an der Oberfläche. Aber er ist nicht unbewegt, sondern *im Gewahrsein verankert.*

Aus der Sicht täglicher Praxis, aus der Sicht des Studiums des Geistes stellt sich hier die Frage, wo ich mich auf dieser senkrechten Linie gerade aufhalte: Bin ich mit meinen alltäglichen geistigen Aktivitäten beschäftigt, bin mit ihnen verstrickt oder halte ich mich eher in »stillen Gewässern« auf? Hier ist mir im Laufe der Zeit immer deutlicher geworden, dass ich *eine Wahl habe hinsichtlich des Aufenthaltsortes meines Geistes.* Ich habe eine Wahl, auch im Alltag in Verbindung mit dem ruhigen Geist zu treten, sei es durch die Praxis des Atems, die Beschäftigung mit Koans oder durch meine Achtsamkeitspraxis. Dieses Bild eines Flusses ergibt aber nur Sinn, wenn wir es nicht als ein dualistisches begreifen, als: Entweder befinden wir uns im bewegten Alltagsgeist oder im wenig bewegten, stillen Geist. Das Bild macht deutlich, dass mögliche Geisteszustände auf der senkrechten Linie *gleichzeitig vorhanden* sind. Alle Zustände des Geistes sind gleichzeitig anwesend, der unruhige Geist wird gleichzeitig begleitet vom ruhigen Geist, auch wenn die Aufmerksamkeit auf dem Alltäglichen ruht. Der Geist ist immer »ein Wasser«, mal liegt der Schwerpunkt auf der Aktivität, mal auf der Stille, aber alle Geisteszustände sind immer gleichzeitig aktiv.

Das folgende Koan hat mich schon früh in meiner Praxis angesprochen, beschreibt es doch eine alltägliche Lebenssituation als Ort meiner Praxis: Der nicht geschäftige Geist, der ein *Nicht-Tun im Tun* in Gleichzeitigkeit ermöglicht: »*Während Yunyan den Boden fegte, sagte Daowu: ›Zu geschäftig.‹ Yunyan antwortete: ›Du solltest wissen: Da ist jemand, der nicht geschäftig ist.‹ Daowu sagte: ›Wenn das so ist, dann gibt es einen zweiten Mond.‹ Yunyan hielt den Besen hoch und fragte: ›Welcher Mond ist das?‹*« (Book of Serenity, 1988, Koan 21, S. 91; eigene Übersetzung). Yunyan macht hier sehr deutlich, dass er sich nicht mehr in der alltäglichen Dualität bewegt. Für ihn ist das Fegen als körperliche Tätigkeit nicht zu trennen von der Stille seines Geistes, die gleichzeitig vorhanden ist und ein »Angekommensein« in der jeweiligen Bewegung des Fegens erlaubt. Es ist eine *gleichzeitig gelebte Bipolarität* im Sinne von »Nicht eins, nicht zwei«.

Diese Wirksamkeit des stillen Geistes ist natürlich immer vorhanden, ob eine Person sich dessen bewusst ist oder nicht. Aus einer Praxissicht jedoch ist es entscheidend, dass der Geist eine Art großer Raum ganz verschiedener Aktivitäten sein kann und daher der Wunsch nach Stille (Suzuki nennt es den »inner most request«, das tiefste innere Anliegen, Ansinnen oder Ersuchen, aber auch der tiefste innere Auftrag), nach dem Erschauen von Wahrheit, »kultiviert« werden kann. Das immer wieder erneute Aufsuchen des Sitzkissens macht es möglich, in der Unbewegtheit des Körpers *die Stille des Geistes zu entwickeln*. Dieses Kultivieren der Stille des Geistes, aus der heraus die Welt mit »anderen Augen« betrachtet und erlebt werden kann, ist der Dreh- und Angelpunkt der buddhistischen Meditation.

Zum Schluss dieses Kapitels zeigt folgender Koan die Bandbreite, in denen sich unsere drei Filme bewegen: »*Eines Tages stieg der von der Welt Verehrte auf seinen Thron. Manjushri machte einen Schlag mit dem Hammer und sagte: ›Beachtet den Dharma des Dharmakönigs genau; der Dharma des Dharmakönigs ist so.‹ Der von der Welt Verehrte verließ darauf seinen Sitz*« (Book of Serenity, 1988, S. 3, Koan 1; eigene Übersetzung). Der »Ort der Stille«, hier beschrieben als der Thron, auf dem der Buddha sitzt, aber auf den sich jeder Meditierende ebenfalls begibt, und der Alltag, hier repräsentiert durch Manjushri, der traditionell die Weisheit und das Mitgefühl verkörpert. Dualistisch gesehen werden hier zwei Orte beschrieben, das Sitzkissen und der Alltag. Das Sitzkissen ist der Rückzug aus dem Alltag mit dem tiefen Wunsch, in diesem Körper- und Geisteszustand für lange Zeit (»für immer«) verweilen zu können. Aber früher oder später »ruft« dann der Alltag, und hier hat der Meditierende dann keine andere Wahl, als sich komplett einzulassen, sich ganz in die alltäglichen Angelegenheiten zu »verstricken«. *Dieses Sich-ganz-Einlassen ist dann gleichzeitig durchdrungen vom Geist des Zazen*, vom Geist des Buddha auf seinem Thron – eine Balance, welche die beschriebene Dualität zugunsten eines »Sowohl-als-auch«, eines »Alles-ist-gleichzeitig« auflöst. Mit dieser »Aufgabe« entlassen die Filme den Zuschauer.

10 Ein Blick zurück

In der »dichten Beschreibung« der drei Filme entdecken wir in einem *ersten Schritt* das Grundthema unseres Buches: die *Darstellung eines »Stillen Ortes«*, den wir auch als Metapher für einen mentalen Zustand der Ruhe, Klarheit und Befreiung verstehen. Als Zuschauer entdecken wir eine Sehnsucht nach einem solchen Ort, der in den Filmen als einsame Insel in einem See, als abgelegener Tempel auf einem Berg oder als Kloster fernab des städtischen Lebens repräsentiert ist. Dieser »Stille Ort«, den man auch als einen inneren Ort der Ruhe, Gelassenheit und Freiheit auffassen kann, wird immer wieder von einer anderen Welt infrage gestellt oder sogar gefährdet, die sowohl als ein Draußen (die alltägliche Welt mit ihrer Hektik, Unruhe und den vielen äußeren Versuchungen und Gefahren) als auch ein Drinnen (die menschlichen Bedürfnisse, Triebe und Sehnsüchte) zu verstehen ist.

Diese grundlegende menschliche Situation wird in den Filmen aus einer buddhistischen Perspektive betrachtet: Alle spielen in einem monastischen und buddhistischen Milieu, in dem ein intensiver Übungsweg in der Begleitung eines Meisters im Zentrum steht. Das Ziel der Erleuchtung wird allerdings nur in »Bodhidharma« explizit ausgesprochen. Aus dieser buddhistischen Sicht kann man sagen, dass die Filme eine wesentliche Grundaussage visualisieren: nämlich die *grundlegende Unwissenheit des Menschen,* die sich auf die *Täuschung* über die basalen Bedingungen des Daseins bezieht (nämlich die Leerheit, Unbeständigkeit und Leidhaftigkeit) und das damit verbundene Leiden des Menschen.

Diese Aussage wird vielleicht am stärksten in »Bodhidharma« visualisiert und auch ausgesprochen, da hier der Kontrast zwischen den dunklen Bildern und den gelegentlichen Aufhellungen besonders eindrücklich ist: Wir verstehen dies als eine bildliche Darstellung der verdunkelten (sprich: getäuschten) Mentalität des Menschen mit seiner Sehnsucht und Suche nach Einsicht, Erhellung, Klärung und Erwachen – etwas, das ja gern als »Erleuchtung« beschrieben wird und in dem das Erwachen aus der Dunkelheit als Metapher für die Unwissenheit ja auch impliziert ist.

In »Frühling, Sommer, Herbst, Winter ... und Frühling« wird besonders stark die Thematik des Wandels und der Vergänglichkeit visualisiert, wie es sich ja auch schon im Filmtitel niederschlägt: Mensch und Natur befinden sich in einem ständigen Veränderungsprozess, der sich in dem Wechsel der Jahreszeiten und in dem Weg zwischen Geburt und Tod als Lebenszyklus manifestiert. Aber dies ist nur die eine Perspektive, die Sicht aus einer relativen Perspektive; besonders in »Bodhidharma« wird betont, dass auch die Sicht von Geburt und Tod, von Leben und Tod eine Täuschung sei. Wenn alles im Wandel ist und die Vergänglichkeit universal ist, dann sind Geburt und Tod Täuschungen, die durch die menschlichen Konzepte des Denkens gebildet werden. Vor allem die Vorstellung eines festen Selbst wird hier als wesentliche Quelle der Täuschung angesehen. Diese Thematik klingt auch in »Samsara« mit dem starken Bild des Tropfens, der sich mit dem Meer vereinigt, an.

Alle drei Filme kreisen letztlich um diese zentrale Frage: *ob sich der Mensch aus seiner unvermeidlichen Verstrickung mit der Welt lösen kann und ob es einen Weg der Befreiung gibt, den wir hier als »Stillen Ort« charakterisiert haben.*

Dieser Weg der Befreiung wird in der buddhistischen Sicht, die in diesen Filmen visualisiert wird, als ein *meditativer Weg* beschrieben. Aber hier stoßen die Filme an eine natürliche Grenze, weil die meditativen Erfahrungen nur schwer filmisch darstellbar sind. Andeutungen finden sich in »Bodhidharma«, wenn Kibong in seinem stillen Sitzen die Erinnerung an sein Zuhause kommt.

Eine wunderbare Beschreibung dieses meditativen Weges finden wir bei der buddhistischen Nonne Tenzin Palmo: »Unser Geist ist so ungezähmt, so außer Kontrolle, ständig erschafft er Erinnerungen, Vorurteile, mentale Kommentare. Bei den meisten Menschen ist er gleichsam immer in Aufruhr. Innere Anarchie! Wir haben keine Wahl bei unserer Denkweise, und die Emotionen verschlingen uns. Die Meditation ist der Ort, an dem du den Sturm zu besänftigen beginnst, dem unaufhörlichen Geschwätz des Geistes ein Ende setzt. Wenn das erst einmal erreicht ist, kannst du zu den jenseits des vordergründigen Lärms existierenden, tieferen Bewusstseinsebenen vordringen. Damit geht eine allmähliche Nicht-Identifizierung mit unseren Gedanken und Gefühlen einher. Du erkennst ihre substanzlose Natur und glaubst nicht länger total an sie. Das schafft eine innere Harmonie, die du dann auch in dein Alltagsleben einbringen kannst« (Mackenzie, 2010, S. 45 f.).

Diese Beschreibung trifft vielleicht das Ende von »Bodhidharma« am deutlichsten, in dem die Nicht-Identifizierung mit unseren Gedanken und Gefühlen am Beispiel vor allem von Haei-ji gezeigt wird: Er trennt sich vom Bündel des Meisters, das er in das Feuer wirft, und der Ruf des Vogels betrifft ihn nicht mehr. Aber auch Kibong zieht mit seinem Ochsen als Ausdruck seiner wahren

Natur durch die Weite der Landschaft. Hier hat ein Prozess der *Desidentifizierung* stattgefunden als ein wesentlicher Übungsweg der buddhistischen Praxis; es sei an die Bemerkung von Dogen erinnert: *das Studieren und das Vergessen des Selbst* (siehe Seite 110 f. und 154).

Im *nächsten Schritt* suchen wir einen filmpsychoanalytischen Zugang zu den Filmen. Nach unserer heutigen Kenntnis verstehen wir die Filmpsychoanalyse als Dialog zwischen Film und Psychoanalyse, wobei es vor allem um drei wesentliche Kontexte geht, die sich gegenseitig zu erhellen vermögen: die Beschreibungen von menschlichen Problemlagen; von möglichen Veränderungsprozessen, die diese Problemlagen modifizieren oder überwinden helfen; die Reflexion der eigenen Erfahrungen des Filmzuschauers.

Nach unserem Verständnis beschreiben alle drei Filme auf der manifesten Ebene menschliche Problemlagen aus buddhistischer Sicht und sie beschreiben auch mögliche Veränderungs- oder Entwicklungsprozesse. Diese buddhistische Perspektive, die man auch als eher existenziell beschreiben kann, kontrastieren wir mit der psychoanalytischen Perspektive, da auch die Psychoanalyse – wenn auch aus einer psychologischen Sicht – die zentralen Problemlagen des Menschen und möglicher Veränderungsprozesse ins Auge fasst. Da in den Filmen die psychoanalytische Perspektive niemals explizit thematisiert wird, versuchen wir hier viel eher als im ersten Zugang *das Implizite, den Subtext* der Filme zu erspüren. Dabei verwenden wir eine Art Kunstgriff, sowohl die drei Filme als eine Ganzheit zu betrachten (sie gleichsam übereinanderzulegen) als sie auch als Ausdruck einer inneren Welt der Protagonisten und darüber hinaus als ein einheitliches filmisches »Subjekt« aufzufassen. Dieses Übereinanderlegen der drei Filme gelingt bei »Frühling« und »Bodhidharma« recht leicht, weil sie sehr ähnlich sind, sie zenbuddhistisch inspiriert sind, von einem südkoreanischen Regisseur geschaffen wurden und »Frühling« vielleicht sogar eine künstlerische Antwort auf »Bodhidharma« sein könnte, da es erstaunliche Ähnlichkeiten gibt. »Samsara« kommt aus der tibetischen Tradition, die sich doch von der Zentradition in einigen wesentlichen Punkten unterscheidet. Die Fokussierung auf die »innere Welt« entspricht dem psychoanalytischen Zugang, bei dem es ja um das Verstehen der seelischen Dimension des menschlichen Lebens geht, allerdings in einer Betonung des individuellen Schicksals, das als einzigartig angesehen wird: Wir sagen, dass die Psychoanalyse die unbewusste Wirklichkeit des einzelnen Menschen studiert.

Bei diesem Zugang stoßen wir auf die Rolle der *kindlichen Erfahrung und Entwicklung,* die in allen drei Filmen dargestellt ist – auch hier vor allem in »Bodhidharma« und »Frühling«. Dabei stellen wir drei wesentliche Punkte heraus, die wir als wichtige *motivationale Quellen der spirituellen Suche* (eben nach einem »Stillen Ort«), aber auch als *wichtige Hindernisse dieser Suche* beschrieben haben:

Wir sprechen *erstens* von der *Abwesenheit des primären Objektes* in der kindlichen Erfahrung, die zu einer Art Leerstelle im Inneren des Subjektes führt, die sowohl geschützt als auch kompensiert werden muss. Dies lässt sich aus unserer Sicht als Konfrontation mit der Vergänglichkeit verstehen, die unter bestimmten Umständen eine traumatische Qualität bekommen kann, also wenn diese Erfahrungen von Verlust, Trennung und Tod auf eine kindliche Persönlichkeit treffen, die diese schmerzlichen Erfahrungen noch nicht verarbeiten, sondern die damit verbundenen Affekte der Trauer, Wut und Schuld nur abspalten kann. Wir sprechen mit Charles Brenner (1986) von den »Katastrophen der Kindheit«. Die beiden Jungen in »Bodhidharma« und »Frühling« sind Waisenkinder und können sich an ihre Eltern nicht erinnern. Tashi aus »Samsara« ist als Kind ins Kloster gegeben worden und entdeckt die Sehnsucht nach dem primären Objekt (der Blick auf die mütterliche Brust) in einem entscheidenden Augenblick seines Lebens, obwohl er weit vorangeschritten ist auf dem spirituellen Weg. Einige Hinweise aus biografischen Notizen berühmter Meister der Meditation legen die Vermutung nahe, dass dieser Befund ein wichtiges Element bei der Suche nach dem »Stillen Ort« ist. In unserer selbstreflexiven Analyse haben wir dies auch in unserem persönlichen Leben gefunden, ohne dies in allen Einzelheiten zu vertiefen. Die Abwesenheit des primären Objektes, die ganz verschiedene Manifestationen haben kann, trägt wohl zu einem verletzten Ich-Selbst bei, das sowohl nach einer Heilung sucht, aber sich auch immer wieder durch verschiedene Kompensationen schützen muss, sodass wir hier einen zentralen Widerstand in der spirituellen Praxis sehen.

Neben dieser frühen Verlusterfahrung erkennen wir ein *zweites* Element, das man damit auch in Verbindung sehen kann: Mit dem Wunsch, sich die Welt und die Objekte anzueignen als Ausdruck der libidinösen und sadistischen Grundverfassung des Menschen, entsteht eine *schuldhafte Konstellation,* die lebensbegleitend oder sogar lebensentscheidend sein kann. Vielleicht gibt es kein größeres Motiv für die Suche nach einem »Stillen Ort« der Befreiung als die Plage und Qual des inneren *Gewissens,* das eine Folge der kindlichen Taten und Wünsche ist – ein Schicksal der frühen Erfahrungen. In »Frühling« wird dies eindringlich mit dem Stein auf dem Rücken symbolisiert, in »Bodhidharma« in dem verfolgenden Ruf des Vogels, der erst am Ende seine Macht über das Erleben des Kindes verliert. Diese Rolle der kindlichen Erfahrung und Entwicklung, die von der Psychoanalyse mit zentralen Begriffen wie unbewusste Konflikte, Objektbeziehungen, Narzissmus etc. beschrieben und im Buddhismus eher marginal behandelt wird, kommt bei dieser Lesart des Subtextes der Filme überaus deutlich zur Geltung. Am stärksten wird die Rolle der Triebhaftigkeit in »Samsara« als gleichsam ewiger Grundkonflikt zwischen Begehren und Verzicht durchgespielt. An dieser wesentlichen Stelle meinen wir die Nähe, aber auch die Ferne zwischen Buddhismus und Psychoanalyse zu erkennen: *Der analytische Weg intendiert die Befreiung zur sinnlichen Befriedigung* (die in der neurotischen Hemmung blockiert ist), *der meditative Weg intendiert die Befreiung von allen Anhaftungen an lust- und unlustvollen Erfahrungen.* Der Eremit in »Samsara« verdeutlicht dies eindringlich: Wenn die sexuelle Lust als leer, vergänglich und letztlich leidvoll erkannt wird, ist eine Befreiung von ihr möglich – so jedenfalls der Hinweis des Alten. Die Filme vermitteln aber auch die Einsicht, dass dies ein lebenslanger Prozess ist, der immer wieder von Gelingen und Scheitern begleitet sein wird. Wir haben hier die Thematik des Verzichts angesprochen, die aber auch in der Psychoanalyse ein großes Thema ist, denn auch sie studiert die Bipolarität von Befriedigung und Verzicht.

Als *drittes* wesentliches Element arbeiten wir die *Meister-Schüler-Beziehung* heraus, die wir jedoch auf die innere Welt unseres filmischen Subjektes beziehen. Danach verstehen wir das Kind, den jungen Mann, den Erwachsenen und den Meister als *Repräsentanten bestimmter seelischer Erlebens- und Verhaltensmodi. Als zentrale Lebensaufgabe kann man danach nicht die Überwindung von kindlichen und jugendlichen Wünschen, Erwartungen und Ängsten verstehen, sondern ihre Umwandlung und Integration in eine Form von innerer »Meisterschaft«, die Ausdruck eines Erwachsenwerdens ist.* Das Schlussbild von »Frühling« zeigt den neuen Meister, wie er seinen kleinen Schüler zeichnet. Im übertragenen Sinne kann man das so verstehen, dass er mit seiner eigenen Kindlichkeit in Kontakt bleibt und sich von ihr immer wieder ein Bild macht – also nicht annimmt, dass er diese überwunden hat. Wenn die Kindlichkeit für Allmachtsphantasie, die Jugend für Revolte und Auflehnung, das Erwachsensein für Anerkennung der Wirklichkeit steht, dann kommen im Meister alle diese Haltungen potenziell vor, werden in ihrer Widersprüchlichkeit toleriert und führen gerade daher zu Weisheit und Mitgefühl. In diesem Zusammenhang erwähnen wir die Arbeit von Susan Nelman (2015) mit ihrer Betonung der Kluft zwischen Sein und Sollen im Prozess des Erwachsenwerdens. »Sein« steht dann für das Erkennen und Akzeptieren der Wirklichkeit, so wie sie ist, und das »Sollen« steht für das Wunschdenken. Knapp gesagt, betrachten wir also die Filme unter dem Aspekt der Problemlagen des Menschen gerade aus dieser zentralen Perspektive: Psychoanalytisch gesprochen geht es ums *Erwachsenwerden,* buddhistisch gesprochen um die Erreichung der *»inneren Meisterschaft«,* die man auch als Erwachen beschreiben kann. In beiden Modellen bleibt es wesentlich, dass die phasenspezifischen Erlebens- und Funktionsmodi der verschiedenen Lebensabschnitte nicht abgespalten werden, sondern ein Kontakt zu ihnen aufrechterhalten bleibt. In der Psychoanalyse spielen Begriffe der Regression und Progression eine wichtige Rolle, die die ständige Bewegung zwischen alten und neuen Erlebens- und Handlungsmustern zu erfassen versuchen. Mit dieser Konzeptualisierung sind auch dysfunktionale Prozessen beschrieben, die als Leid verursachend angesehen werden. Im Buddhismus werden diese Konzepte nicht explizit verwendet und auch für die von uns besprochenen Filme haben sie sich nicht aufgedrängt: »Frühling« hat einen stark zyklischen Charakter, in dem der Wandel und die Wiederholung sehr betont wird, »Bodhidharma« ist deutlich linearer, ebenso wie »Samsara«. In allen drei Filmen imponiert jedoch das offene Ende, das die wesentlichen Lebensfragen an den Zuschauer zurückgibt.

Beispielsweise findet sich im Bonusmaterial der DVD von »Frühling« ein alternativer Schluss, in dem der Junge erneut im Teich mit den Tieren spielt, ihnen diesmal aber Steine in das Maul stopft, an denen sie elendig zugrunde gehen. In der endgültigen Fassung hat Kim Ki-Duk offenbar eine mildere Version gefunden. Die alternative Fassung würde eine eher *skeptische Haltung* ausdrücken, die davon ausgeht, dass prinzipiell von einer ewigen Wiederkehr des Gleichen auszugehen ist: Die Natur des Menschen ist danach eine Gegebenheit, sie kann transformiert und kultiviert werden, ist aber unter bestimmten Umständen jeder Zeit in ihrer archaischen Form wieder aktivierbar. Und außerdem beginnen mit jeder neuen Generation die grundlegenden Lebensprobleme von Neuem. Da Regression und Progression relative Konzepte sind und vor allem ihre Manifestationen wie alles andere auch vergänglich sind und außerdem diese gern als Entwertung der jeweiligen Praxis des Buddhismus (hier vor allem die Meditation) oder auch der Psychoanalyse (hier vor allem in ihrem klassischen Setting) benutzt werden, verwenden wir Regression und Progression nicht als zentrale Bezugspunkte für unser Verständnis der Filme.

Schließlich beschäftigen wir uns ausgiebig mit der Frage der *Veränderungsprozesse*. Wie gesagt, bleibt das Ende in allen drei Filmen offen, und man kann nur bedingt von einer Entwicklung der Protagonisten sprechen, zumal alle drei Meister am Ende der Filme gestorben sind und es bis auf »Frühling« ganz offen bleibt, wie die Schüler ihr weiteres Leben gestalten werden. Außerdem gehen wir ja weniger von einer erzählten Lebensgeschichte aus, sondern von gleichsam universalen Lebenssituationen. Anhand der Filmbilder eröffnet sich aber eine verbindende Thematik zwischen Psychoanalyse und Buddhismus, die wir als *Bipolarität von »Binden und Lösen«* detailliert beschreiben und an einzelnen Filmbildern zu belegen versuchen. Demnach steht eben nicht das Konzept von Regression und Progression im Vordergrund der Überlegungen, sondern das Konzept von »Binden und Lösen«. Dabei verstehen wir den »*Sicheren Ort*« als einen vor allem inneren Zustand, in dem sichere Bindungen an den Körper, das Selbst und andere Personen und Orte möglich sind. Dies setzt aber gleichzeitig auch bestimmte Lösungsprozesse voraus, weshalb wir von einer Bipolarität im Sinne der gegenseitigen Bedingtheit sprechen. Kindheit, Jugend, Erwachsensein und Alter bringen und erfordern jeweils unterschiedliche Gewichtungen dieser Bipolarität. Allerdings betont die Psychoanalyse vor allem die Etablierung dieses »Sicheren Ortes«. Im Buddhismus spielt dagegen die Suche nach dem »Stillen Ort« eine zentrale Rolle: Im Vordergrund stehen dann Prozesse des Loslassens in ganz unterschiedlichen Kontexten, wie sie auch im Zusammenhang mit den zentralen Grundannahmen der buddhistischen Erfahrung beschrieben sind (wie in der Formulierung der »Vier Edlen Wahrheiten«). Mit dieser »Entdeckung« der Bipolarität von »Binden und Lösen«, die durch die intensive Auseinandersetzung mit den Filmen zustande gekommen ist, haben wir eine *implizite Brücke zwischen Buddhismus und Psychoanalyse* gefunden – was uns selbst überrascht hat:

Sowohl die psychoanalytische als auch die buddhistische Praxis kann man in ihrem Kern als einen dauerhaften Übungsweg des Praktizierens von »Binden und Lösen« verstehen. Daher steht auch die Suche nach einem »Sicheren Ort« und nach einem »Stillen Ort« in einer wechselseitigen Bedingtheit. Allerdings ist klar, dass die buddhistische Praxis stärker das Loslassen betont – auch wenn dies nur im Zusammenhang mit bestimmten Bindungen (etwa an den Meister, die Gruppe und die Lehre) realisierbar ist –, während die psychoanalytische Praxis stärker das Binden betont – auch wenn in der Realisierung der freien Assoziation und der gleichschwebenden Aufmerksamkeit das Loslassen ebenfalls eine zentrale Rolle spielt. Daher schlagen wir vor, die häufige Betrachtung dieser Disziplinen aus der Sicht der *Regression oder Progression durch die Betrachtung der Bipolarität von »Binden und Lösen« zu ersetzen.* Dies wird den notwendigen und wichtigen zukünftigen Dialog zwischen Buddhismus und Psychoanalyse nach unserer Auffassung wesentlich erleichtern.

Literatur

Batchelor, S. (1998). Buddhismus für Ungläubige. Frankfurt a. M.: Fischer.
Batchelor, S. (2002). Verse aus der Mitte. Berlin: Theseus.
Batchelor, S. (2012). A secular buddhism. Journal of Global Buddhism, 13, 87–107.
Batchelor, S. (2013). Buddhismus 2.0. Buddhismus aktuell, 2, 20–25.
Bauer, T. (2015). Die Kultur der Ambiguität. Eine andere Geschichte des Islams. Berlin: Verlag der Weltreligionen.
Beckwith, C. I. (2015). Greek Buddha. Pyrrho's encounter with early Buddhism in Central Asia. Princeton: Princeton University Press.
Böhm, T. (2016). Symptom und Ausdruck im Willen zur Macht. Vortrag an der Nietzsche-Werkstatt in Sils Maria.
Böhme, G. (2012). Ich-Selbst. Über die Formation des Subjekts. München: Wilhelm Fink.
Böhme, G. (2014). Bewusstseinsformen. München: Wilhelm Fink.
Book of Serenity (1990). Transl.: Thomas Cleary. Hudson, NY: Lindisfarne Press.
Bowlby, J. (1975). Bindung. Eine Analyse der Mutter-Kind-Beziehung. Frankfurt a. M.: Fischer.
Brenner, C. (1986). Elemente des seelischen Konflikts. Theorie und Praxis der modernen Psychoanalyse. Frankfurt a. M.: Fischer.
Cong-Rong-Lu (2008). Aufzeichnungen aus der Klause der Gelassenheit. Die 100 Kôan des Shôyôroku. Aus dem Chinesischen übersetzt und kommentiert von Dietrich Roloff. Oberstdorf: Windpferd.
Dogen (1985). Writings of Zen Master Dogen. Moon in a dewdrop. San Francisco: North Point Press.
Dogen Zenji (2001–2008). Shobogenzo. Die Schatzkammer des wahren Dharma-Auges. Band 1–4. Heidelberg: Werner Kristkeitz.
Dumoulin, H. (1985). Geschichte des Zen-Buddhismus. Band I: Indien und China. Bern: Francke-Verlag.
Dürckheim, K. (2001). Der Ruf nach dem Meister. Die Bedeutung geistiger Führung auf dem Weg zum Selbst. München: Barth.
Elberfeld, R. (2004). Phänomenologie der Zeit im Buddhismus. Stuttgart-Bad Cannstadt: Frommann-Holzboog.
Elberfeld, R. (2006a). Auf Bootsfahrt mit Dogen. Zen und Philosophie. In K. Baier (Hrsg.), Handbuch Spiritualität. Zugänge, Traditionen, interreligiöse Prozesse (S. 292–303). Darmstadt: Wissenschafliche Buchgesellschaft.
Elberfeld, R. (2006b). Kreativität und das Phänomen des »Nichts«. In G. Abel (Hrsg.), Kreativität. Kolloquienbeiträge. XX. Deutscher Kongreß für Philosophie, 26.–30. September 2005 an der TU Berlin. (S. 520–533). Hamburg: Meiner.
Elberfeld, R. (2010). Sich selbst erlernen heißt, sich selbst vergessen. Japanisch-buddhistische Perspektiven der Selbstzurücknahme. In B. Gronau, A. Lagaay (Hrsg.), Ökonomie der Zurückhaltung. Kulturelles Handeln zwischen Askese und Restriktion (S. 53–72). Bielefeld: Transcript.

Frankfurt, H. G. (2016). Sich selbst ernst nehmen. Berlin: Suhrkamp.
Freud, S. (1923a). »Psychoanalyse« und »Libidotheorie«. GW XIII (S. 211–233). Frankfurt a. M.: Fischer.
Freud, S. (1923b). Das Ich und das Es. GW XIII (S. 237–289). Frankfurt a. M.: Fischer.
Freud, S. (1930). Das Unbehagen in der Kultur. GW XIV (S. 419–506). Frankfurt a. M.: Fischer.
Freud, S. (1937). Die endliche und die unendliche Analyse. GW XVI (S. 59–99). Frankfurt a. M.: Fischer.
Fromm, E., Suzuki, D. T., Martino, R. de (1972). Zen-Buddhismus und Psychoanalyse. Frankfurt a. M.: Suhrkamp.
Falkenström, F. (2003). A buddhist contribution to the psychoanalytic psychology of self. International Journal of Psychoanalysis, 84, 1551–1568.
Funke, D. (2011). Ich – Eine Illusion? Bewusstseinskonzepte in Psychoanalyse, Mystik und Neurowissenschaften. Gießen: Psychosozial-Verlag.
Giacoia, O. Jr. (2016). Zeit und menschliches Leben. Die Überwindung des Ressentiments in der »großen Gesundheit«. Vortrag bei der Nietzsche-Werkstatt in Sils Maria.
Green, A. (2001). Todestrieb, negativer Narzissmus, Desobjektionalisierungsfunktion. Psyche – Zeitschrift für Psychoanalyse und ihre Anwendungen, 55 (9–10), 869–877.
Hakuin (2010). Wild Ivy. The spiritual autobiography of zen master Hakuin. Translated by N. Waddell. Boston u. London: Shambala.
Hamburger, A., Leube-Sonnleitner, K. (2014). Wie im Kino. Zur Filmanalyse der Gruppe. Methodologie der psychoanalytischen Filminterpretation anhand von Lars von Triers »Melancholia«. In R. Zwiebel, D. Blothner (Hrsg.), »Melancholia« – Wege zur psychoanalytischen Interpretation des Films (S. 72–109). Göttingen: Vandenhoeck & Ruprecht.
Heenen-Wolff, S. (2012): The concept of »general seduction« and the corresponding psychoanalytical technique in the first iterview. Vortrag auf der EPF-Tagung 2012 in Paris.
Hesse, H. (1922/2016): Siddhartha. Eine indische Dichtung. Frankfurt a. M.:Suhrkamp.
Hirschmüller, A. (2008). Sublimierung. In W. Mertens, B. Waldvogel (Hrsg.), Handbuch psychoanalytischer Grundbegriffe (S. 721 ff.). Stuttgart: Kohlhammer.
Hoffer, A. (Hrsg.) (2015). Freud and the Buddha. The couch and the cushion. London: Karnac.
Kakar, S. (2002). Psychoanalyse und östliche Traditionen des Heilens. Zeitschrift für psychoanalytische Theorie und Praxis, 17 (3), 199–214.
Kakar, S., Clement, C. (1993). Die Verrückte und der Heilige. Religiöse Ekstase und psychische Grenzerfahrung. München: Biederstein.
Khair Badawi, M.-T. (2011). Being, thinking, creating: When the army attacks the environment and transference fights back. Revue Française de Psychanalyse, 75 (4), 1035–1043; International Journal of Psychoanalysis, 92 (2), 401–409.
Küchenhoff, J. (2016) Loslassen und Bewahren: Erfahrungen in Zwischenräumen. Psyche – Zeitschrift für Psychoanalyse und ihre Anwendungen, 70, 154–179.
Laplanche, J., Pontalis, J. B. (1972). Das Vokabular der Psychoanalyse. Frankfurt a. M.: Suhrkamp.
Leuzinger-Bohleber, M. (2007). Forschende Grundhaltung als abgewehrter »common ground« von psychoanalytischen Praktikern und Forschern? Psyche – Zeitschrift für Psychoanalyse und ihre Anwendungen, 61, 966–994.
Lexikon der östlichen Weisheitslehren (1994). München: Barth.
Mackenzie, V. (2010). Das Licht, das keinen Schatten wirft. Die außergewöhnliche Lebensgeschichte von Tenzin Palmo. Bielefeld: Theseus.
Magid, B. (2002). Ordinary Mind: Exploring the common ground of Zen and psychoanalysis. Boston: Wisdom.
Magid, B. (2008). Ending the pursuit of happiness. A Zen guide. Boston: Wisdom.
Magid, B. (2013). Nothing is hidden. The psychology of Zen Koans. Boston: Wisdom.
Mertens, W. (1999). Traum und Traumdeutung. München: Beck.

Moncayo, R. (2012). The signifier pointing at the moon. Psychoanalysis and Zen Buddhism. London: Karnac.
Moser, U. (2016). Frühe Störungen, Mikrowelten und Beziehungsregulierung. Fragmente zu einer Theorie des Phantasierens. Frankfurt a. M.: Brandes & Apsel.
Moser, U., von Zeppelin, I. (1996). Die Entwicklung des Affektsystems. Psyche – Zeitschrift für Psychoanalyse und ihre Anwendungen, 50, 32–84.
Mumonkan (1989). Die torlose Schranke Mumonkan. Zen-Meister Mumons Koan-Sammlung. Übers. u. hrsg. von Koun Yamada. München: Kösel.
Neiman, S. (2015). Warum erwachsen werden? Eine philosophische Ermutigung. Berlin: Hanser.
Nietzsche, F. (1886/1999). Jenseits von Gut und Böse. Vorspiel einer Philosophie der Zukunft. Kritische Studienausgabe, Bd. 5. Berlin u. New York: dtv/de Gruyter.
Nietzsche, F. (1889/1999). Ecce homo. Kritische Studienausgabe, Bd. 6. Berlin u. New York: dtv/de Gruyter.
Palmo, J. T. (2016). Interview in: Buddhismus aktuell, 4, S. 53–54.
Pelled, E. (2007). Learning from experience. Bion's concept of reverie and Buddhist meditation. International Journal of Psychoanalysis, 88, 1507–1526.
Pirsig, R. (1978). Zen und die Kunst ein Motorrad zu warten. Ein Versuch über Werte. Frankfurt a. M.: Fischer.
Pirsig, R. (1991). Lila oder ein Versuch über die Moral. Frankfurt a. M.: Fischer.
Rey, H. (1994). Universals of psychoanalysis in the treatment of psychotic and borderline states. London: Free Associations Books.
Rosa, H. (2016): Resonanz. Eine Soziologie der Weltbeziehung. Berlin: Suhrkamp.
Rubin, J. (1996). Psychotherapy and Buddhism: Toward an integration. New York: Plenum.
Rubin, J. (2006). Psychoanalysis and spirituality. In D. M. Black (Ed.), Psychoanalysis and religion in the 21st century (pp. 132–149). London u. New York: Routledge.
Sabbadini, A. (2014). Moving images. Psychoanalytic reflections on film. London u. New York: Routledge.
Scharff, J. M. (2010). Die leibliche Dimension in der Psychoanalyse. Frankfurt a. M.: Brandes & Apsel.
Schneider, G. (2008). Filmpsychoanalyse – Zugangswege zur psychoanalytischen Interpretation von Filmen. In P. Laszig, P., G. Schneider (Hrsg.), Film und Psychoanalyse. Kinofilme als kulturelle Symptome (S. 19–38). Gießen: Psychosozial-Verlag.
Seel, M. (1999): Versuch über die Form des Glücks. Studien zur Ethik. Berlin: Suhrkamp.
Seel, M. (2014). Aktive Passivität. Über den Spielraum des Denkens, Handelns und anderer Künste. Frankfurt a. M.: Fischer.
Seeßlen, G. (2017). Martin Scorsese. Beschreibung der Arbeit eines Filmemachers. In P. Bär, G. Schneider (Hrsg.), Martin Scorsese. Im Dialog: Psychoanalyse und Filmtheorie, Bd. 13 (S. 13–28). Gießen: Psychosozial-Verlag.
Shedler, J. (2012). Die Wirksamkeit psychodynamischer Psychotherapie. Psychotherapeut, 56, 265–277.
Storck, T. (2016). Von Wellen und Eisbergen. Zum aktuellen Kurs der psychoanalytischen Konzepte und der analytisch begründeten Verfahren. Vortrag am 8.10.2016 auf der Tagung der Arbeitsgemeinschaft für Verhaltensmodifikation e. V. (AVM) in Bamberg.
Suzuki, S. (1975). Zen mind, beginners mind. Informal talks on Zen meditation and practice. New York: Weatherhill.
Suzuki, S. (1990). Zen-Geist – Anfänger-Geist (7. Aufl.). Berlin: Theseus.
Suzuki, S. (1999). Branching streams flowing in the darkness. Oakland CA: University of California Press.
Tanahashi, K. (1999): Enlightenment unfolds. The essential teachings of Zen master Dogen. Boston u. London: Shambala.

Tanahashi, K., Boissevain, F. J. (2012). Hoher Himmel, Großer Winde. Gedichte und Kalligraphie des Zen-Meisters Ryokan. Berlin: Edition Steinreich.
Tessier, H. (2011). Metapsychologie, Privattheorie und epistemologische Wahl: Für eine Ethik der psychoanalytischen Praxis. Vortrag in München, April 2011.
Thich Nhat Hanh (1993). Das Diamant-Sutra. Kommentare zum Prajnaparamita. Zürich u. München: Theseus.
Thich Nhat Hanh (2001). Aus Angst wird Mut. Grundlagen buddhistischer Psychologie. Fünfzig Verse über die Natur des Bewußtseins. Berlin: Theseus.
Thich Nhat Hanh (2004). Wie Siddharta zum Buddha wurde. Eine Einführung in den Buddhismus. München: dtv.
Waddell, N. (1988). Die Zen-Lehre vom Ungeborenen. Leben und Lehre des grossen japanischen Zen-Meisters Bankei Eitaku (1622–1693). München: Barth
Weischede, G. (2006). In welcher Welt leben wir eigentlich? Lesebuch eines Zen-Adepten. Schalksmühle: Pomaska-Brand.
Weischede, G., Zwiebel, R. (2009). Neurose und Erleuchtung. Anfängergeist in Zen und Psychoanalyse – ein Dialog. Stuttgart: Klett-Cotta.
Weiss, H. (2015). Überlegungen zum agora-claustrophoben Dilemma des Borderline-Patienten. Psyche – Zeitschrift für Psychoanalyse und ihre Anwendungen, 69, 916–935.
Weiss, H. (2016). Der Turm. Über die Anziehungskraft eines Rückzugsortes. Psyche – Zeitschrift für Psychoanalyse und ihre Anwendungen, 70, 134–153.
Welwood, J. (1998). Unconditional love. In M. Waldman (Ed.), The art of staying together. New York: Putnam.
Widlöcher, D. (2010): Distinguishing psychoanalysis from psychotherapy. International Journal of Psychoanalysis, 91, 45–50.
Wilber, K. (1988). Die drei Augen der Erkenntnis. Auf dem Weg zu einem neuen Weltbild. München: Kösel.
Wilber, K. (1999). Das Wahre, Schöne, Gute. Geist und Kultur im 3. Jahrtausend. Frankfurt a. M.: Fischer/Krüger.
Yalom, I. (2015): Denn alles ist vergänglich. Geschichten aus der Psychotherapie. München: Btb-Verlag.
Zwiebel, R. (2007a). Von der Angst, Analytiker zu sein. Das Durcharbeiten der phobischen Position. Stuttgart: Klett-Cotta.
Zwiebel, R. (2007b). Ist psychoanalytisches Denken interkontextuell? Filmpsychoanalytische Überlegungen zu Hitchcocks »Spellbound« In R. Zwiebel, A. Mahler-Bungers (Hrsg.), Projektion und Wirklichkeit. Die unbewusste Botschaft des Films (S. 149–178). Göttingen: Vandenhoeck & Ruprecht.
Zwiebel, R. (2008). Der letzte Traum: Filmpsychoanalytische Anmerkungen zu »Stay« (Marc Forster). In: P. Laszig, G. Schneider (Hrsg.), Film und Psychoanalyse. Gießen: Psychosozial-Verlag.
Zwiebel, R. (2013). Was macht einen guten Psychoanalytiker aus? Grundelemente professioneller Psychotherapie. Stuttgart: Klett-Cotta.
Zwiebel (2014). Über psychoanalytische Arbeitsmodelle. Eine kurze Einführung in die filmpsychoanalytische Diskussion von »Melancholia«. In R. Zwiebel, D. Blothner (Hrsg.), »Melancholia« – Wege zur psychoanalytischen Interpretation des Films (S. 7–25). Göttingen: Vandenhoeck & Ruprecht.
Zwiebel, R. (2015a). Über einige Ängste des Psychoanalytikers aus filmpsychoanalytischer Sicht. Psyche – Zeitschrift für Psychoanalyse und ihre Anwendungen, 69, 936–961.
Zwiebel, R. (2015b). Modelle der Wirksamkeit. Überlegungen zur psychoanalytischen Qualität. Vortrag am Gießener Institut für Psychoanalyse und Psychotherapie, 1.12.2015.
Zwiebel, R. (2017). Out of balance – das Ringen um einen »Sicheren Ort«. Filmpsychoanalytische Anmerkungen zu »In Treatment«. In Vorbereitung.

Zwiebel, R., Blothner, D. (Hrsg.) (2014). »Melancholia« – Wege zur psychoanalytischen Interpretation des Films. Göttingen: Vandenhoeck & Ruprecht.
Zwiebel, R., Hamburger, A. (2016). Michael Hanekes »Das weiße Band«. Ein filmpsychoanalytischer Dialog. Psyche – Zeitschrift für Psychoanalyse und ihre Anwendungen, 70 (12), 1159–1184.
Zwiebel, R., Mahler-Bungers, A. (Hrsg.) (2007). Projektion und Wirklichkeit. Die unbewusste Botschaft des Films. Göttingen: Vandenhoeck & Ruprecht.
Zwiebel, R., Weischede G. (2015). Buddha und Freud. – Präsenz und Einsicht. Über buddhistisches und psychoanalytisches Denken. Göttingen: Vandenhoeck & Ruprecht.